# Roms Vergangenheit

und

# Deutschlands Recht.

---

## Ein Überblick

über die Geschichte des römischen Staates in ihrem Zusammenhange mit dem gegenwärtigen Rechtsleben.

Eine Festschrift.

Von

**Dr. Rudolf Leonhard,**

o. ö. Professor der Rechte an der Universität Marburg.

**Leipzig,**

Verlag von Veit & Comp.

1889.

# Roms Vergangenheit

und

# Deutschlands Recht.

---

## Ein Überblick

über die Geschichte des römischen Staates in ihrem Zusammenhange

mit dem gegenwärtigen Rechtsleben.

Eine Festschrift.

Von

**Dr. Rudolf Leonhard,**

o. ö. Professor der Rechte an der Universität Marburg.

**Leipzig,**

Verlag von Veit & Comp.

1889.

Druck von August Pries in Leipzig.

Seiner Excellenz

dem

Kaiserlichen Wirklichen Geheimen Rathe

und

Präsidenten des Reichsgerichts

# Dr. Eduard von Simson

zum 60jährigen Doktor-Jubiläum

ehrerbietigst überreicht.

Die Juristische Facultät

der Universität Marburg.

## Hochverehrter Herr Reichsgerichts-Präsident!

Eure Excellenz hat bei meinem Eintritte in den preußischen Justizdienst mir, dem unbekannten Untergebenen, eine so wohlwollende Fürsorge geschenkt, daß ich eines Anlasses zu öffentlicher Danksagung herzlich froh bin.

Die Pflege des Rechts ist von Eurer Excellenz mit der Theilnahme an den edelsten Bestrebungen des Deutschen Volks in so hohem Grade verknüpft worden, daß die Antheilnahme an dem bevorstehenden Feste über den Kreis der Fachgenossen weit hinaus reichen wird.

Kein anderer Anlaß war somit zu dem Versuche geeigneter, welchen die im Auftrage der hiesigen juristischen Facultät verfaßte Festschrift macht.

Inmitten der von Tag zu Tag zunehmenden Zweifel an dem Werthe einer eingehenden Erforschung der Vergangenheit will sie für die geschichtliche Rechtsforschung um ein Interesse werben, das man ihr mehr und mehr zu verweigern beginnt.

Möge ihr Werth nicht allzusehr hinter der Bedeutsamkeit des Ereignisses, welches sie hervorrief, zurückbleiben.

Marburg, 14. April 1889.

**R. Leonhard.**

# Inhalt.

## Erster Abschnitt: Römische Quellen deutscher Gedanken.

### Erster Theil: Das Ziel.



### Zweiter Theil: Die Ausgangspunkte.



## Zweiter Abschnitt: Roms Aufschwung.

### Erster Theil: Roms Fortbildung durch den Ständekampf.



### Zweiter Theil: Das altrömische Rechtsleben.



### Dritter Theil: Römische Emporkömmlinge.



## Dritter Abschnitt: Das römische Weltreich.

### Erster Theil: Die Zerklüftung der Volksklassen.

### Zweiter Theil: Die Lähmung des römischen Adels.



### Dritter Theil: Der Sieg des Weltbürgerthums.



## **Vierter Abschnitt:** Weltrecht und Christenthum.

### Erster Theil: Das römische Weltbürgerthum.



### Zweiter Theil: Die Grundzüge des römischen Weltrechts.



### Dritter Theil: Der Aufschwung des Christenthums.



## **Fünfter Abschnitt:** Das christliche Weltreich.

### Erster Theil: Lichtseiten des byzantinischen Reichs.



### Zweiter Theil: Die Vollendung des Weltrechts.



### Dritter Theil: Grundzüge des byzantinischen Rechtslebens.



### Vierter Theil: Das Ziel der Wanderung.

## Erster Abschnitt.

# Römische Quellen deutscher Gedanken.

## Erster Theil: Das Ziel.

### § 1. Geschichtliche Weltanschauung und Rechtsbetrachtung.

Als ich den Gruß erwog, der dem Lenker des Reichsgerichts zu seinem Jubelfeste geziemte, schweifte mein Blick von der Höhe des Schloßbergs in die Ferne über das Haus, welches einst die Wohnstätte Savignys war, und über das Lahnthal, dessen Reize Goethe für alle Zeiten verewigt hat. Da gedachte ich der Stadt, nach welcher meine Augen gerichtet waren. Ihr ehrwürdiges Bild schmückt ein bedeutsames Blatt in den Erinnerungen des Jubilars. Wohl darf die Heimath Savignys und Goethes an einem Festtage Erwähnung finden, welcher uns klar legt, daß das römische Recht, die deutsche Dichtung und der Ruhm des Vaterlandes nicht so weit auseinander liegen, wie man allzu oft wähnt.

Das Deutsche Reichsgericht erstritt der ruhmreiche Heldenkaiser seinem Volke als herrlichen Siegespreis. Der Mann aber, dem er die höchste Ehre erwies, als er ihn an die Spitze des neuen Gerichtshofes stellte, ist ein früherer Lehrer des römischen Rechts und zugleich das Haupt eines Bundes, der sich zusammengeschlossen hat, um das Andenken des deutschen Dichterfürsten zu ehren.

So liegt es denn nahe, bei seinem Jubelfeste die Geister Savignys und Goethes heraufzubeschwören, damit sie bei einem Huldigungsgange als Führer voranschreiten.

Die Gleichzeitigkeit der Blüthe unserer vaterländischen Dichtung und des Aufschwungs der geschichtlichen Rechtsschule ist wohl erklärbar. In mehrfacher Hinsicht wiesen die beiden großen Söhne Frankfurts der Denkart unserer Zeit denselben Weg. Die Achtung vor den Lehren der Vergangenheit war verloren gegangen, sie stellten sie wieder her. Die Geschichtswissenschaft war verflacht, sie gaben ihr eine neue Tiefe. Endlich waren sie es, welche den unzerreißbaren Zusammenhang zwischen der Vergangenheit Roms und dem Geistesleben der Gegenwart eindringlicher betonten, als es vor oder nach ihnen ein Dritter vermocht hat.

Aber trotzdem war ihr Einfluß doch nicht so groß, daß es überflüssig wäre, ihn in unsere Erinnerung zurückzurufen.

Daß die Ueberwindung einer rein naturwissenschaftlichen Weltanschauung ein Fortschritt war, ist bereits nicht mehr unangezweifelt. Mit Unrecht will man unser Jahrhundert das naturwissenschaftliche nennen. Unsere Achtung vor der Erkenntniß der Natur ist eine Erbschaft früherer Zeiten. Was die Gegenwart vor diesen voraus hat, ist nicht die Einsicht in die Naturgesetze, es ist die Culturgeschichte; „das culturgeschichtliche Jahrhundert" dürfen wir das unserige nennen.

Es kann weder die Absicht noch die Aufgabe eines Rechtslehrers sein, den Ruhm der Naturwissenschaften zu verkürzen. Ist ja doch ihr Aufschwung selbst dem Rechte zu gute gekommen. Sie waren es, welche den Boden des Vaterlandes von den Scheiterhaufen säuberten, auf denen die Hexen brannten. Die Möglichkeit, ohne Scheu über den Inhalt der Rechtsquellen reden zu dürfen, haben sie auch dem Juristen im heißen Kampfe mühsam erstritten. Ihre voraussetzungslose Betrachtungsart ermöglicht es, auch auf dem Rechtsgebiete ohne Vorurtheil die Gedankenreihen zu betrachten, welche sich in gesetzmäßiger Weise im Kopfe des Staatslenkers, des Richters und des Privatmanns entwickeln. Allein trotzdem vermochte dieser Wissenszweig nicht zu verhindern, daß an die Stelle des Irrwahns, welchen er beseitigte, ein älterer und gefährlicherer trat, derselbe, welcher vor alten Zeiten die römische Cultur an den Rand des Abgrunds führte. Es ist dies das Hinstreben zu einem Naturzustande, den nur die Dichtung golden nennt, während die Geschichtswissenschaft ihn als den unvollkommenen Ausgangspunkt aller Gesittung nachweist. Dieses Streben ist nicht bloß ein Nachklang früherer Zeiten; es scheint vielmehr, als wolle es gerade jetzt zu neuer Kraft anschwellen. Selbst einsichtige und wohlmeinende Männer möchten am liebsten die Vorgeschichte unseres Denkens als eine abgethane und gleichgiltige Sache über Bord werfen.

Nicht blos auf dem Gebiete des Erziehungswesens, auch auf demjenigen der Rechtswissenschaft drängt eine gewaltige Strömung zu einer rein modernen Bildung, d. i. zur geschichtlichen Unwissenheit hin.

So sieht denn das deutsche Volk den überlieferten römischen Gedankenreichthum, in dessen Aufnahme es zur Größe erstarkte, ernstlich gefährdet. Wer sich hiergegen auflehnt — und eine solche Auflehnung erscheint beinahe als ein Pflichtgebot — kämpft für die Erhaltung der unserem Vaterlande errungenen Geistesmacht und Menschenwürde.

Wir dürfen nicht müde werden, immer wieder daran zu erinnern, daß dasjenige, was den Menschen vom Thiere unterscheidet, vornehmlich seine Geschichte ist und daß der Unterschied um so größer ist, je mehr er gewußt und empfunden wird. Nicht blos als der edelste Theil der Natur erscheint uns der Mensch, sondern als Ergebniß, Erbe und Werkzeug einer Entwickelung, welche nach festen Gesetzen aus unerforschlicher Ferne nach unergründlichen Zielen durch uns hindurchfluthet.[1]

## § 2. Der Standpunkt des Geschichtsforschers.

Die Einsicht in unsere Bestimmung, das Glied einer unendlichen Kette zu sein, hat uns von schweren Irrthümern erlöst. Sie erzeugte den Gedanken der Entwickelung auf dem Gebiete der Geschichte eher, als Darwin ihn auf naturwissenschaftlichem Felde nachgedacht hat. In ihrem Dienste stand Goethe ebenso wie Herder, in ihrem Dienste stand Savigny nicht minder als Hegel.

Unter dem Namen der Rechtsgeschichte kannte das vorige Jahrhundert nur „Rechtsalterthümer", „ein Kehrichtfaß und eine Rumpelkammer". Uns ist die Geschichte des römischen Rechts dagegen kein Cabinet von Raritäten mehr, sondern ein erschütterndes Drama, in welchem das Recht einem Helden vergleichbar mit andern Gewalten ringt, bald siegreich, bald durch eigene Schwäche zu Boden sinkend. Uns ist daher auch das römische Weltreich gleichsam ein lebendiges Wesen, das von der Wiege bis zum Grabe in Freud und Leid sich fortentwickelt, kämpft, siegt und schließlich untergeht, uns jedoch als

[1] Vgl. Wundt, Ethik. Stuttgart, 1886. S. 370 ff.

die Erben des Kampfpreises zurückläßt. Dadurch allein wird die volle Würde, der volle Werth unseres Rechtes erkannt. Wohl ist die Zeit dahin, in welcher die deutsche Wissenschaft sich vor dem beschriebenen Pergament urteilslos zum Boden neigte, in der man lehrte, daß im alten Rom auf unerklärliche Weise die ewige, unwandelbare Vernunft niedergeschrieben ist, welche zu beurteilen als ein Frevel wider die Güte der Vorsehung galt. Aber auch der entgegengesetzte Irrtum ist beinahe überwunden. Er stellte die Geschichte der Natur entgegen und predigte den schönen, aber gefährlichen Gedanken, daß die Grundzüge unseres Rechtes allen Menschen seit aller Ewigkeit klar in das Herz geschrieben sind und daher jeder, auch der Kenntnißlose und Verwilderte, die Fähigkeit hat, sie in jedem Augenblicke aus der Tiefe seines Bewußtseins herauszuzaubern. So sehr diese Lehre dem menschlichen Hange der Selbstüberschätzung schmeichelt, so sehr widerspricht sie dem Inhalte der Geschichtsquellen ebenso sehr wie den Beobachtungen der Reisenden in fernen Ländern. Wir finden in der Vergangenheit wie in der Wildniß Bildungsstufen, welche von den obersten unentbehrlichsten Grundsätzen unseres Rechtes so gut wie nichts besitzen, wir sehen, daß die Geschichte es ist, die auch uns zu unserm Rechte erzogen hat.

Darum tragen gerade in der allerneuesten Zeit geschäftige Hände aus den Tiefen der Bibliotheken sowie aus den dunkelsten Erdtheilen, selbst aus der Rechtspflege der Kaffern, der Malayen und der Rothhäute, unaufhörlich die überraschendsten Mittheilungen zusammen, welche wohl geeignet sind, den Glauben an unwandelbare Rechtssätze zu vernichten und welche darauf hinstreben, an die Stelle des unnachweisbaren Naturrechts eine zur Verbesserung strebende Culturgeschichte zu setzen.

Freilich droht auch von dieser Seite eine unausgesetzte Gefahr. Die verwirrende Ueberladung kann leicht die Uebersichtlichkeit des Ganzen vertilgen. Wo die Geschichte aufhört, in geschlossener Vollständigkeit uns gegenüberzutreten, da schwindet der Glauben an das planmäßige Werden der Rechtsentwickelung und damit auch an den Werth ihrer Ergründung.

So sind wir denn drauf und dran, die Bedeutung der einzelnen Ueberlieferungen zu überschätzen und zu vergessen, daß es auch hier erst die angemessene Gestaltung ist, welche dem rohen Stoffe Leben und Werth einhaucht. Wer keinen festen Standpunkt bei der Zusammenfassung der Quellen einhält, der schwimmt im Geschichtsstrome dahin, wie in einem schäumenden Meere, stets geblendet, stets betäubt, ohne Beobachtungskraft und ohne Zufriedenheit.

Es ist Selbsttäuschung, wenn erfolgreiche Geschichtsschreiber sich rühmen, aus einer völlig unbefangenen Beobachtung einzelner Thatsachen ein verständliches Gesammtbild gewonnen zu haben. Im Alterthume trieb sie nur allzu oft das Bestreben zu unterhalten und zu erfreuen. Statt der Geschichte schrieb man Romane. Noch mindere Unbefangenheit besaßen diejenigen, welche für Erziehungszwecke arbeiteten und den Weltverlauf als einen Kampf dämonischer Finsterlinge mit reinen Lichtgestalten schilderten, damit die liebe Jugend sich an jenen ein abschreckendes und an diesen ein erbauliches Beispiel nehme.

Ueber solche ästhetische und pädagogische Auffassungen ist man hinausgekommen. Allein man irrt sich, wenn man meint, zu einer völligen Unbefangenheit gelangt zu sein, ja überhaupt jemals gelangen zu können. Von der Nothwendigkeit eines festen Standpunktes, der durch seine Bestimmtheit beschränkt ist, kommen wir bei unsern Beobachtungen nicht los. Ja man muß sogar behaupten, daß eine Geschichtsbetrachtung, welche sich von dem Wunsche, gewisse Antworten aus den Quellen herauszulesen, gänzlich frei macht, undurchführbar ist.

Diese Ansicht wird den Widerspruch mancher hervorrufen, denen sie sich als ein Frevel wider die Würde der Wissenschaft darstellen mag. Der Unbefangenheit des Wahrheitsfreundes scheint es zu widersprechen, wenn er sich bei seiner Arbeit von einem Wunsche, einer Zweckmäßigkeitserwägung treiben läßt.[1] Wer dies meint, übersieht die Mängel des Handwerkszeuges menschlicher Beobachtung und die unüberschreitbaren Grenzen der menschlichen Fassungskraft. Die volle Wiedergabe eines umfangreichen Quelleninhalts in einer gedrängten Darstellung ist nicht anders als auszugsweise möglich. Dem Wirklichen gegenüber ist und bleibt der Umfang unseres geistigen Gesichtskreises unter allen Umständen ein Procrustesbett. Wer also Geschichte schreiben will, der

[1] Vgl. z. B. Taine, essai sur Tite Live. Paris, 1874. S. 79. 80.

steht vor seinem Gegenstande wie der Landschaftsmaler vor einem inhaltreichen Naturbilde, welches er in den engen Rahmen einer Leinwand zusammenpressen will. Aus dem bunten Wirrwarr, der dem Beobachter in die Augen springt, müssen aufklärende Grundstriche herausgehoben werden. Was er aufzeichnet und was er fortläßt, darüber sitzt bei dem Künstler sein Empfinden zu Gericht.

Indem der Geschichtsschreiber ihm insoweit gleicht, ist er doch in einer anderen Hinsicht von ihm verschieden, weil das Gefühl, welches ihn leitet, niemals der bloße Schönheitssinn sein darf. In diesem Punkte ist der Darsteller vergangener Zeiten dem Baumeister ähnlicher als dem Maler. Sein Werk soll nicht blos gefällig sein, es soll auch einem bestimmten Zwecke entsprechen. Wie ein Haus den Bewohner gegen Wind und Wetter schützt, so ist jedes weitergreifende Geschichtswerk ein Bau, welcher von dem, der in ihm eindringt, gewisse Gedankenströme fernhält. Nur allzuleicht kann er ihm das Hoffnungslicht versperren, nur allzuleicht den Stürmen der Muthlosigkeit und der Weltverachtung den Zutritt gestatten; denn weit mehr als Schlagworte und allgemeine Lehren wirkt eine glaubwürdige Schilderung des Weltverlaufs auf unsere Denkart.

Ist dem aber so, so kann es nicht wohl zweifelhaft sein, welche Empfindung es ist, welche uns treiben soll, sobald wir die unübersichtliche Masse der Geschichtsquellen in den engen Rahmen einer Gesammtdarstellung zu einem übersichtlichen Ganzen zusammendrängen. Wir müssen uns hierbei auf denselben Standpunkt stellen, auf welchen uns unser Lebensschicksal hingewiesen hat, den Standpunkt des Genossen eines bestimmten Gemeinwesens, welches uns die Pflichten auflegt, an seinem Gedeihen Antheil zu nehmen. Das Gebiet der Geschichte aus der Vogelperspective zu betrachten, ist dem Menschen verwehrt. Der Gesichtswinkel, unter dem allein wir den Gesammtstrom, in dem wir selbst dahinfließen, richtig anschauen können, ist somit der „praktisch politische". Die Denkart eines Freundes des Vaterlandes und der Menschheit, welche den Eigennutz dem Gesammtwohle unterordnet, ist nicht blos die Richtschnur des Handelns, sondern auch die einzige Lehrmeisterin der Betrachtung der Vergangenheit. Wer nicht von ihr getrieben wird, dem ist es verwehrt, bei der Erforschung der Quellen die richtigen Fragen zu stellen und kann darum auch keine nutzbringende

Antwort erhalten. Die Vaterlandsliebe macht nicht blind, sondern sehend.

Die Geschichte ist eben unter allen Umständen die Lehrmeisterin der Politik, mag sie es wollen oder nicht. Nach ihren Erfahrungen haben sich stets die Staatsmänner gerichtet, nach ihnen richtet sich das Volk. Ihre Lehren beeinflussen das Wohl der Lebenden und das Glück der Zukunft. Wer sie wissentlich aus unedlen Gründen verfälscht, an dessen Halse wäre der bekannte Mühlstein nicht übel angebracht.

Da es also der Geschichtswissenschaft nicht gegeben ist, unwirksam und einflußlos zu sein, so muß sie sich bestreben, unter allen Umständen unschädlich und, wenn möglich, sogar gemeinnützig zu werden, d. h. die Erfahrungssätze, welche für das Wohl der Völker bedeutsam sind, herauszuheben.

## § 3. Die Gesetzmäßigkeit geschichtlicher Entwickelung.

Wer gewöhnt ist, die Weltgeschichte in stetem Hinblick auf ihre gegenwärtigen Nachwirkungen anzuschauen, dem gestaltet sie sich unwillkürlich zur Hilfswissenschaft einer politischen Gesundheitslehre und Heilkunde. Wie aber der Arzt seine Recepte nicht nach freiem Belieben verschreiben darf, sondern nach den gegebenen Naturgesetzen, so sind auch dem Staatsmanne und dem Richter feste Bahnen ihres Ermessens durch geschichtliche Entwickelungsgesetze verzeichnet. Wie man aber das Naturgesetz nur durch Verallgemeinerung möglichst vieler Anwendungsfälle zu gewinnen vermag, so können auch die erfahrungsmäßigen Regeln der Staatsentwickelung nicht anders gefunden werden, als durch unausgesetzte Vergleichung von Lebenserfahrungen und Ueberlieferungen. Der Glauben an solche Entwickelungsgesetze erzeugte die Größe Goethes, die Schöpfungskraft Savignys.

Und doch scheint diese Ueberzeugung von Tage zu Tage abzunehmen. Die Stimmen ihrer Leugner erhalten einen steten Zuwachs. Wie kommt es, so fragen wir, daß eine so wunderthätige Kraft mehr und mehr schwindet? Es kann doch keinem Zweifel unterliegen, daß Arbeitskraft und Arbeitslust gelähmt werden, sobald die Ueberzeugung nachläßt, daß sie bei aller Unvollkommenheit doch zu einem erfreulichen Gesammtergebnisse hinführen müssen.

Das Schwinden dieser Ueberzeugung beruht theils auf ungründlicher Beobachtung, theils auf parteilicher. Viele betrachten die Geschichte in derselben Art, wie der impressionistische Maler die Natur ansieht, d. h. stückweise und oberflächlich. Die gründliche Anschauung, welche das Geschehene mit früheren Eindrücken vergleicht, glauben beide, die künstlerischen und die geschichtlichen Apostel einer flüchtigen Beobachtungsweise, als unnatürliche Schöpfungen verlästern zu dürfen. Solchem Impressionismus erscheint allerdings der Weltverlauf als ein Chaos.

Allein nicht blos Mängel der Willenskraft, auch eine weitverbreitete Einseitigkeit des Empfindens hemmt die Einsicht in die Geschichte des römischen Rechts. Selbst diejenigen, welche mit Geduld ihr Wissen zu einem Gesammtbilde zu ordnen vermögen, sind dennoch vielfach außer Stande, bei diesem Bilde ein richtiges Augenmaß für die Größe der Dinge anzuwenden, sowie Licht und Schatten mit richtiger Stärke zu vertheilen. Vorliebe und Abneigung entstellen das Gemälde, welches sie in sich entwerfen. Die empfindsame Grundstimmung ihres Herzens, welche zwischen Haß und Entzücken hin und her schwankt, läßt sie zu einer unparteilichen Schätzung der Vorzeit niemals gelangen. Sie sind unfähig, die Menschheit als Ganzes mit Theilnahme zu betrachten, weil ihr Gefühl über einen Theil unseres Geschlechts hinaus nicht mitzulieben vermag.

Auf dieser Denkart beruht die weitverbreitete Unterschätzung des römischen Rechts, welche sich auf eine Liebe zu dem eigenen Volke gründet. Sie hindert den Glauben an die Gesetze der Fortentwickelung, welche nur dem geduldigen und vorurtheilslosen Betrachter in die Augen springen.

Diesem aber können sie schwerlich entgehen. Es ist allerdings wahr, daß die Welt in stetem Flusse begriffen ist, aber es ist nicht wahr, daß sich in jedem Augenblicke alles ändert. Nur das Schwache und Untüchtige wird fortgeschwemmt, das Brauchbare steht wie der Fels in der Brandung. Es ist wahr, daß sich oft veraltete Regeln wie eine Krankheit forterben, es ist aber auch ebenso wahr, daß gerade das Beste aus unseren geistigen Besitzthümern ererbt ist.

Im Ganzen verdanken wir der Vergangenheit mindestens so viel, wie wir ihr vorzuwerfen haben. Es ist wahr, daß es nicht seit aller

Ewigkeit vorhandene Rechtssätze giebt, aber es giebt Rechtssätze, von denen wir glauben müssen, daß sie für die Ewigkeit erkämpft sind.

Der gewaltige Gährungsproceß der Geschichte wogt also nicht ziellos auf und nieder. Das ungeheure Meer menschlicher Gedanken und Empfindungen klärt sich mehr und mehr ab und seine Erschütterungen dienen seiner Veredelung. Die Weltgeschichte arbeitet also für die Menschheit, jedoch nur in ihr für das einzelne Volk und für den einzelnen Menschen. Nach ihren ewigen Gesetzen muß ein jeder, der ja selber ein Stück dieser Weltgeschichte ist, sich regen und richten, und dasjenige Volk wird am Meisten gedeihen, dessen Berather jene Gesetze am Besten kennen und beachten.

Allein die große Menge ist — trotz Savigny und Goethe — von dieser Ansicht noch weit entfernt.

Die Gesetzmäßigkeit des gesammten Weltverlaufs steht und fällt mit der Gesetzmäßigkeit der Theile, aus denen er sich zusammensetzt, d. i. des Geisteslebens der Einzelnen. Dieses Letztere aber können und wollen viele nicht beobachten, weil die Ergebnisse solcher Betrachtung nicht immer erfreulich sind. Auch wird die Mehrheit unserer Zeitgenossen wenig geneigt sein, eine Beschränkung ihres Rechts zu unvorbereitetem Urtheilen zu dulden. Leben wir doch mitten im Zeitalter des Dilettantismus, zwischen den Kunsterzeugnissen unentwickelter Liebhaber der Musen und den Zeitungsartikeln unwissender Volksbelehrer. Früher waren die geschulten Meister grausam genug, um die Pfuscher zu verfolgen. Heute mögen sich die Meister wohl hüten, daß sie nicht selber in die Hände der Pfuscher fallen, denen zu folgen die große Menge nur allzu oft durch ihre Unwissenheit gezwungen ist. Nur die Achtung vor der Lehrkraft der Geschichte und vor dem Werth vielseitiger und gründlicher Geschichtskenntnisse vermag hier zu helfen. Nur sie kann den Irrwahn derjenigen beseitigen, welche gerade vor allem auf politischem Gebiete jedem Unwissenden das Recht zusprechen, das Schwert seiner Selbstbewunderung trotzig gegen alle Lehren der Vergangenheit in die Wagschale zu werfen. „Erst lernen, dann lehren"! Dieser Grundsatz, der längst in Handwerk und Kunst gilt, soll auf dem Gebiete des Rechts und der Politik noch erst zu Ehren kommen.

## § 4. Die culturgeschichtliche Darstellung.

Die Aufgabe, einer ungeschichtlichen Betrachtungsweise in allen Staatsangelegenheiten entgegenzutreten, ist keine leichte. Die Wissenschaft wird sie nur da erreichen können, wo sie sich von der chronologischen Aufzählung der äußeren Schicksale der Völker zur culturgeschichtlichen Darstellung erhebt. Cultur nennen wir Ausbildung durch Pflege. Die Culturgeschichte schildert also die Erlebnisse des Volkes im Zusammenhange mit seiner innern Ausbildung und Umgestaltung. Ihr sind die Römer des Cincinnatus andere Leute als die Legionen Caesars und die Söldner Caracallas. Sie lehrt, daß außer den Reichsgrenzen auch die Grenzpfähle der Gedankenwelt hin und her geschoben werden. Wie bei dem Einzelnen die Glückssterne in der eigenen Brust mit denjenigen der Außenwelt in rascher Wechselwirkung stehen, so auch bei den Völkern. Den Menschen wie das Volk verwandeln die Erfolge nicht immer zum Besseren, während die Mißerfolge beide oftmals kräftigen und neu beleben.

Dieses Streben nach Verwebung der äußeren Schicksale mit dem innern Leben, nach der Einsicht in die Verkettung von Verdienst und Glück, von Schuld und Unheil, lassen uns wieder auf Goethe und Savigny zurückblicken, welche beide im Kampfe gegen eine ungründlichere Weltauffassung auf das gesetzmäßige Wachsen unseres Innern hingewiesen haben. Nur auf diesem Wege vermochten sie den innigen Zusammenhang zwischen unserm Vaterland und Rom zu erfassen, einen Zusammenhang, welcher gerade heutzutage in dem Bündnisse deutscher und römischer Staatsgewalt, deutscher und italienischer Wissenschaft mit erneuter Kraft aufzuleben verspricht. Goethe, Savigny, Deutschland, Rom: diese vier Namen gehören zusammen. In Rom vollendete Goethe die ihm theuerste Kunst, deutsch zu schreiben, von Rom entlehnte Savigny den Beweis für seine Lehre, daß jede Rechtspflege eine nationale und daher die Rechtswissenschaft Deutschlands eine deutsche sein muß. Wie würden wir uns dies erklären können, wenn das Rom des Alterthums und des Mittelalters für uns ein Ausland wäre? Das war es nicht, seitdem der Deutsche nach dem römischen Buchstaben die heimische Schrift formte, und das kann es niemals werden, so lange er seiner Väter gedenkt, die in blutigen

Söldnerdiensten und aufreibenden Römerzügen ihm das Recht erkämpft haben, der vornehmlichste Erbe der römischen Staatsweisheit zu sein, das Recht der Römer zu erobern und fortzubilden. Dies Recht ist dem Deutschen nicht aufgedrängt worden, mag man das Gegentheil noch so oft versichern. Sein Schwert und sein Fleiß haben es erstritten und erarbeitet.

Werfen wir zunächst in diesem Sinne einen Blick auf unser gegenwärtiges Geistesleben, so sehen wir deutlich, daß in ihm zwei Ströme sich geeint haben, wie Fulda und Werra in den Fluthen der Weser. Die deutsche Volkssitte und der wohlklingende Wortschatz führen auf die alte Heidenzeit zurück, Religion, Kunst und Recht auf das mittelalterliche Italien und das Alterthum. Diese Doppelnatur ist eine unvertilgbare Eigenthümlichkeit des Deutschen. Es wird eben so wenig gelingen, seine Lebensart und seine Ausdrucksweise zu romanisiren, wie es je gelingen wird, den Inhalt seiner religiösen, künstlerischen und rechtlichen Gedanken von den Einflüssen zu säubern, welche über die Alpen nach Deutschland kamen. Was vor diesen Einflüssen lag, war arm und öde, und keine Schönfärberei, Vaterlandsliebe kann das vertuschen.

Nicht ohne Grund sehnte sich der deutsche Kaiser nach der römischen Kaiserkrone. Der große Karl erkämpfte seinem Volke den höchsten Beruf und das ruhmreichste Erdenloos. Dem bildungsstolzen Kaiser von Byzanz stellte er ein zweites Weltreich gegenüber, das nicht minder hochfliegende Ziele in Kunst und Wissenschaft anstrebte, als diejenigen waren, mit denen das erstarrende Ostreich prahlte. Der deutschen Nation gab er das heilige römische Reich zum Besitzthum. Als er die Krone des Augustus nahm, erkannte er auch das Recht seiner Vorfahren an. Freilich stand dies Recht nur auf unverstandenen Pergamenten. Unwissenheit und Geistesträgheit umhüllten es, und der deutsche Lehnsstaat konnte es nicht ertragen. Immerhin war es eine hochherzige That Ottos des Dritten, daß er das alte Kaiserrecht in Rom als das geltende Recht bekräftigte, und noch hochherziger und deutscher handelte der große Barbarossa, als er durch seine kaiserliche Gunst dem Studium des Rechts in Bologna den höchsten Aufschwung gab und diesen Ort zu einer Hochschule für die ganze Welt umwandelte, in der der deutsche Edelmann es sich zur Ehre anrechnete, alle anderen

Völker zu überflügeln und in welcher der deutsche Staatsmann und der deutsche Gesetzgeber die Kunst lernten, das eigene Vaterland fortzubilden.

Mit deutschem Blut und deutscher Arbeit sind die Gedanken des Alterthums wiederbelebt. Keinem geringeren als dem Kaiser Rothbart verdankt das Vaterland den Reichthum der Gedanken, welche unser Rechtsbewußtsein erfüllen. So lange man sein schönstes Lebensziel undeutsch schilt, sind die Raben von seinem Geistersitze noch nicht völlig verscheucht.

Freilich konnte das alte Kaiserrecht erst dann völlig in unser Vaterland eindringen, als es in Italien durchgearbeitet und der veränderten Zeit angepaßt war und als die neuen Feuerwaffen den Lehnsstaat beseitigten, mit dem es sich nicht vertrug. Seitdem sind seine Grundzüge mit dem Denken und Fühlen Deutschlands in untrennbarer Weise verschmolzen. Nicht minder als die Weisheit der Propheten und der Evangelisten ist der geistige Schatz des Gesetzbuches des Kaisers Justinian deutsch geworden. Mag immerhin sein Buch dem Volke ebenso unbekannt geblieben sein wie die Ursprache der Psalmen, der Inhalt dieses Werkes begegnet uns auf Schritt und Tritt im täglichen Leben, im Gerichtssaale wie auf der Börse, auf dem Acker des Landmannes wie auf dem Richtersitze des Beamten.

Alles dies wird schwerlich bestritten werden, allein man irrt sich, wenn man wähnt, daß der Einfluß auf unsere Rechtspflege den Werth der Ereignisse erschöpft, welche sich in alter Zeit auf dem Boden der ewigen Stadt abgespielt haben. Eine noch wichtigere Frucht als es unsere Rechtspflege ist, zeitigte die Entwickelung des römischen Staates. In ihr und aus ihr erhob sich eine gewaltige Erscheinung, welche vorher unbekannt gewesen war, eine Völkervereinigung in dem Gedanken einer Zusammengehörigkeit aller Menschen. Daß es eine „Menschheit“ geben kann, welche mehr ist als ein gemeinsamer Name für eine Summe zusammenhangsloser Volksgruppen, dies ist erst durch die Schicksale Roms erwiesen worden. Nur wer sie kennt, begreift die Wirklichkeit und die thatsächliche Macht des aus ihr erwachsenen Zusammenhanges der Völker.

Die in sich zusammenhängende Menschheit ist kein bloßer Begriff, sie ist auch kein Gebilde, welches der Urzeit entstammt, sondern eine allmählich gewordene, durch die Gedanken und die Gefühle der Einzelnen zu einem Ganzen dauernd verknüpfte geschichtliche Erscheinung. Roms Geschichte deckt sich daher mit der Geschichte der zusammenhängenden Menschheit. Wenn die Erinnerung an sie verblaßte, würde das Sittengebot einer höheren Culturstufe, die in ihr erklommen wurde[1], seine Kraft verlieren.

## § 5. Die gestellte Aufgabe.

Wer den Einfluß Roms auf unser Empfinden kennt, wird es nicht beklagen, daß in unserem Jugendunterrichte der römischen Geschichte der Löwenantheil zufällt. Im Grunde genommen ist man damit auch nicht unzufrieden, allein die große Theilnahme, welche die römische Culturgeschichte findet, wird auf das römische Recht in der Regel keineswegs ausgedehnt. Beide gelten als zwei verschiedene Dinge, jene als ein Gegenstand allgemeinsten Interesses, dieses als ein Gebiet, das der Nicht-Jurist nur allzu gern als ein Buch mit sieben Siegeln ansieht, dem nur die Noth der Staatsprüfung eine Beachtung erzwingen kann, und selbst der Jurist beginnt darüber zu seufzen, daß es ihm verwehrt ist, diesem Wissenszweige auszuweichen.

So erklärt es sich, daß die vielgerühmte römische Staatsweisheit für eine Erscheinung gilt, die mit dem römischen Rechte nichts zu thun hat. Gegenüber dem politischen Werthe des letzteren spielt man gern die Rolle des Vogels Strauß, um dem Zwange zu entfliehen, es eingehender zu studiren. So kommt man denn schließlich sogar dahin, überhaupt Privatrecht und Politik für zusammenhangslose Dinge zu halten und glaubt daher auch, von den Juristen des Weltreichs keinerlei Staatsweisheit lernen zu können. Nutzbringende Lehren der Vergangenheit gehen also verloren.

Daraus aber hat sich eine weitere Stimmung entwickelt, welche geradezu gemeinschädlich ist, eine Theilnahmlosigkeit gegen die wichtigsten Lebensfragen der Gegenwart. Seine Freude am Deutschen Reiche dehnt dessen Angehöriger in der Regel nicht auf die Privatrechtssätze aus, bei deren Schwinden das Vaterland in Atome auseinanderfallen müßte. Ist es ja schon beinahe dahin gekommen, daß die Beschäftigung

---

[1] Wundt, Ethik S. 565.

mit Privatrechtsfragen in den nichtjuristischen Kreisen ein beklagenswerthes Vorrecht unwissender und staatsfeindlicher Volksaufwiegler zu werden droht, ja daß sogar die Lobredner einer handwerksmäßigen Rechtspflege in der öffentlichen Meinung ein wohlwollendes Entgegenkommen finden.

Diese Erscheinung ist bedauerlich, aber auch verständlich. In den Kämpfen des Lebens klingt jede Lehre, welche eine Erleichterung der Berufsaufgabe verheißt, wie eine trostvolle Hoffnungsmusik. Nichts aber würde unser Wirken mehr vereinfachen, als die Gewißheit, daß jedes Menschengeschlecht einen neuen Geist mit sich bringt, aus dessen Tiefen es schöpfen kann, unbekümmert um die Erforschung der Vorzeit. Allein das Paradies, das uns also wiedergewonnen zu sein scheint, ist ein Trugbild. Unser Rechtsbewußtsein ist keine Erscheinung, welche von der Vorzeit unabhängig ist. Durch nachweisbare Canäle ist es von Gedankenströmen erfüllt worden, welche der Weltgeschichte entsprangen. Was wir unsere eigenste Persönlichkeit nennen, ist nur der Niederschlag der Weltgeschichte in unserm Innern.

Abwälzen können wir also das Studium der Rechtsgeschichte nicht, wohl aber erleichtern, indem wir uns bemühen, zwei gewöhnlich getrennte Bilder mehr und mehr zu einem einzigen zu einen, die römische Culturgeschichte und den Inhalt der römischen Rechtsquellen. Sie ergänzen sich wechselseitig und erläutern sich. Aber gerade in dieser Vereinigung gewähren sie die Aufklärung über unsere eigene Zeit. Die Schatten Roms und Constantinopels, welche unsere Seelen füllen, der weise Numa wie der ungerechte Appius Claudius, der beredte Cicero wie die leidenschaftliche Theodora, die Träger der siegreichen Adler und der noch siegreicheren Fahne mit dem Bilde des Gekreuzigten, sie alle vermögen uns nicht blos von ihrer Zeit Kunde zu geben, sondern mehr noch von der unsrigen. Sobald wir erwägen, welche Rechtsgedanken durch ihre Wirksamkeit entstanden und in unser heutiges Leben eingedrungen sind, erkennen wir die unsichtbare Kette, die sich von ihnen bis in unser eigenes Innere hinzieht. In die farblose Welt unseres Gerichtssaales, unseres Kaufmannsladens, unserer Bauernstuben wie in den Glanz unserer Fürstenschlösser vermag die Geschichte Roms aufklärende Strahlen zu werfen, welche uns erkennen lassen, daß unserm innersten Empfinden und Denken, wie unserm

Handeln dieselbe Sonne lächelt, deren Strahlen einst Rom und Byzanz emporblühen ließen. Eine unumgängliche Lehrmeisterin der Gegenwart ist das römische Alterthum, nicht eine Merkwürdigkeit, die einem engen Kreise gebührt, sondern ein Gemeingut, dem jeder, auch der Geringste im Volke, den Zoll der Dankbarkeit schuldet.

Dies klarzulegen ist eine Aufgabe, welche nicht gänzlich gelingen kann, deren Lösung voraussichtlich — mag sie noch so ungenügend ausfallen — doch um ihres Gegenstandes willen nicht völlig werthlos bleiben wird.

Den weiten Weg von Romulus bis Justinian müssen wir zunächst in Tagemärsche abtheilen, das ungeheure Drama in Hauptacte zerlegen.

## § 6. Der Plan der Darstellung.

Unser Ziel, die Erklärung des gegenwärtigen Rechtslebens aus der Vergangenheit, weist unserer geschichtlichen Wanderschaft die Richtung und die Ruhepunkte an. Der Werth Roms für die Gegenwart erreicht seinen Höhepunkt nicht da, wo es sich selbst am glücklichsten fühlte, sondern dort, wo es das Werthvollste für die Nachwelt erzeugte, in dem Weltreiche des dritten Jahrhunderts unserer Zeitrechnung. Das heidnische kaiserliche Weltreich bildet also den Mittelpunkt der Darstellung. Ihm voran geht der Aufschwung des römischen Staats zur Weltherrschaft und die Umbildung des Nationalstaates in ein Weltreich, zwei Perioden, denen die nächsten beiden Abschnitte gewidmet sein sollen. Der vierte Abschnitt soll die Umwandlung des heidnischen Weltreichs in ein christliches schildern, der letzte die Umformung des heidnischen Weltreichs in ein christliches in Byzanz.

Unsere Darstellung wird also drei Theile haben: den römischen Staat, das heidnische Weltreich, dem zwei Abschnitte gewidmet sind, (der eine seinem Aufschwung, der andere seinem Untergange), endlich das Reich Constantins, welches die Trümmer des Alterthums sammelt, vereinfacht und rettet.

Diese drei Perioden gewinnen wir aber auch durch eine allgemeine Betrachtung des menschlichen Entwickelungsprocesses. In der Vergangenheit wie im Leben sehen wir überall zwei entgegengesetzte Strömungen, welche im steten Kampfe die Menschheit weitertreiben: die Vereinfachungslust und der Vervielfältigungstrieb.

Das Streben nach Einfachheit bewährt sich überall da, wo es sich um die bloßen Mittel oder Werkzeuge der Cultur handelt, z. B. die Zusammensetzung von Verwaltungskörpern, die Zahl der Gesetzesworte u. dergl. mehr. Mit wenig Mitteln viel erreichen ist ein bekanntes Ziel der Lebensklugheit und der Staatsweisheit. Das Gebiet der Vermehrung dagegen liegt in dem Inhalte des menschlichen Empfindens, denn daß die Formen, in denen der Mensch Freude, Anregung, Mitgefühl und Zufriedenheit empfindet, bei allen Menschen und zu allen Zeiten die gleichen waren, läßt sich nicht behaupten. Der volle Unterschied zwischen dem Kriegsgeheul der Wilden und einer Beethovenschen Symphonie findet sich auch in der Feinheit der Nachhaltigkeit und der Mannigfaltigkeit der verschiedenen menschlichen Empfindungswerkzeuge wieder. Vereinfachung der Mittel und Vermehrung des Gesichts- und Gefühlskreises sind also die beiden Grundgedanken aller Verbesserung, insbesondere auch der Rechtsentwickelung. Beobachten wir nun die Weltgeschichte als Ganzes, so sehen wir, daß diese beiden Strömungen durchaus nicht friedlich neben einander herlaufen, sondern fortwährend heftig an einander prallen. Wo das Trachten nach Einfachheit der Daseinsbedingungen überwiegt, da verkümmern leicht die Ziele und der Inhalt des menschlichen Strebens. So z. B. im alten Palästina, im puritanischen Norden, in den Steppen Rußlands. Umgekehrt kann die Tracht nach einem allzu reichen Lebensinhalte, wie es z. B. die Großstadt erzeugt, leicht eine Ueberschätzung und ein Uebermaß der Mittel, eine Unübersichtlichkeit des Denkens und Empfindens nach sich ziehen. Nicht blos bei dem Thurmbau zu Babel hat das Aufwärtsstreben die Menschen dahin gebracht, daß sie sich gegenseitig nicht mehr verstanden. Man denke an die philosophische Dunkelheit der Renaissance-Zeit, an das Uebermaß der Zeitschriften unserer Tage u. dergl. mehr. Wo nun entweder der Vereinfachungs- oder der Mannigfaltigkeitsgedanke ausartet, da entsteht gewöhnlich ein Rückschlag, der in den entgegengesetzten Fehler verfällt. Wie der vereinsamte Landmann sich nach den Freuden der Stadt sehnt, während der übersättigte Großstädter zur Waldluft hinstrebt, so drängt sich auch die Menschheit bald zum Aufschwunge neuer Unternehmungen bald zur ersehnten Ausspannung der übermüdeten Kräfte.

Der Weg der Weltgeschichte ist also steil und geht im Zickzack aufwärts wie ein Alpenpfad, nicht in gerader Linie wie eine ebene Heerstraße. Eine solche Zickzacklinie ist auch die römische Rechtsgeschichte. Ihre erste Periode, die Ausbilduug des römischen Sonderrechts, strebt zur höchsten Einfachheit; das heidnische Weltrecht, die zweite, zur höchsten Mannigfaltigkeit; die dritte, das christliche Weltrecht, strebt wieder zu einer gemäßigteren Einfachheit zurück. Von diesem Endpunkte aus haben dann weiterhin das heilige römische Reich und die christlich-katholische Weltkirche einen neuen Aufstieg gewonnen, an dessen höchstem Punkt eine Verweltlichung der Religion lag, die den Rückschlag zu einer Vereinfachung hervorrief, aus welcher die Staaten Europas schließlich zu einer neuen üppigen Blüthe emporwuchsen. Schon regt sich wieder in ihrer Mitte trotz aller Achtung vor Kunst und Wissenschaft der Wunsch nach einfacheren Bildungsmitteln und gemeinverständlichen Verhaltungsmaßregeln — vielleicht noch zu frühe.

Diesem Hin- und Herstreben zwischen Reichthum und Beschränkung entsprechen die drei Acte unseres Dramas, das Emporkommen der jugendlichen Roma zu Welterbin, das Glück und das Leid ihres Reichthums, endlich ihr Dahinscheiden zum Wohle der germanischen Nachwelt. Doch darf dieser Trilogie ein kurzes Vorspiel nicht fehlen. Es schildert die schlichten Vorbedingungen, welche den gewaltigen Gang der römischen Culturentwickelung vorbereiteten, u. a. W. die Keime der zukünftigen Größe im ältesten Römerthume.

Ihrer Darstellung ist der folgende Theil dieses Abschnittes gewidmet.

---

# Zweiter Theil: Die Ausgangspunkte.

## § 7. Roms Grenzen.

Jede Entwickelung beginnt in einem festen Rahmen, welchen die Natur und die Vorgeschichte herstellt. Jedes geschichtliche Drama paßt sich der Bühne an, auf welche es hinaustritt, und der Empfindungsweise seiner Spieler und Zuschauer.

Fragen wir in diesem Sinne nach dem Boden und der Bildungsstufe, auf denen das älteste Rom stand, so müssen wir zunächst vieles vergessen, was wir gelesen haben.[1] Griechische Erfindungsgabe hat in späterer Zeit den schlichten Bau des altrömischen Staates mit der Ornamentik unwahrer Phantasiegebilde verziert und unkenntlich gemacht. Römische Religion und römische Geschichte wurden später mit hellenischem Anstriche gefärbt. Die schönen Reden, welche die alten Römer bei Livius und Dionysius von Halicarnassus halten, sind nicht geschichtlicher als die Uhr, welche in Shakespeares Julius Caesar auf dem Forum schlägt. Erst die neuere Wissenschaft schält aus den fragwürdigen Ueberlieferungen den wahren italischen Kern heraus.

Man würde sich jedoch täuschen, wenn man die Ergebnisse solcher Aufklärungen für unerfreuliche halten würde. Vielmehr sind die muthmaßlichen Grundzüge des ältesten römischen Staatswesens überaus ansprechende und entbehren trotz aller Zweifel über den Ursprung des Römervolkes auch nicht der Verständlichkeit. Weit weniger als durch die Abstammung bestimmt sich der Geistesinhalt der Völker wie der Menschen durch ihre Lebensbedingungen und ihre Schicksale. Schon ein Blick auf die Lage Roms und auf die Bildungsstufe seiner Entstehungszeit genügt, um vieles in seiner Eigenart zu erklären.[2]

Zunächst betrachten wir die Landschaft, in deren Mitte die Herrin der Welt aufwuchs, sowohl nach dem Meere zu als auch nach der anderen Seite. Rom war nahe genug am Wasser, um später durch

---

[1] Vgl. Taine, essai sur Tite-Live Paris, 1875. S. 16 ff.

[2] Vgl. Arnold, Cultur und Recht der Römer. Berlin, Ferd. Dümmler's Verlagsbuchhandlung 1868. S. 9 ff.

seine Flotten die Welt zu beherrschen, aber es war auch weit genug entfernt, um zunächst vom Handel gänzlich abgewandt sich vorwiegend dem Ackerbau, dem Dienste der Ceres zu widmen. Während die Gedanken des Phöniciers bis zum fernsten Norden schweiften und ihm seine Heimath zum Stapelplatze fremder Schätze und zum Ausgangspunkte seiner Pläne wurde, hing der Italiker am Mutterlande mit inniger Liebe und verehrte den Grenzgott, der mein und dein auseinanderhält, mit inniger Ehrfurcht. Andrerseits war aber der Boden, dem der Latiner seine Nahrung abzwang, kein Land, in dem „Milch und Honig fleußt"; die Nähe des Meeres machte ihn sumpfig; Tuffhügel und Erdspalten, von schlecht abfließendem Wasser erfüllt, ließen eine fieberschwangere Luft aufsteigen, deren Gefahren nur durch Mäßigkeit abwendbar waren. Hier bewährte sich das Wort Bacons, daß die Natur nur durch Gehorsam gebändigt wird. Dem Römer, wie dem Märker, zwang die Unfruchtbarkeit seines Landes eine Mannszucht ab, welche auf dem Schlachtfelde den Lohn fand, welchen die ärmliche Heimath nur halb gewährte.

Der bescheidene Sinn und die Erkenntniß der eigenen Schwäche verliehen aber auch hier dem schlichten Landmanne die geistige Klarheit über die Vorzüge des Gegners, welche im Kampfe die wichtigste Vorbedingung des Sieges zu sein pflegt. Die Mäßigkeit erzeugte Körperfrische und im gesunden Körper erhielt sich auch ein natürliches Denken und Empfinden, dem die Ueppigkeit des Sybariten und die Habsucht des Karthagers in gleicher Weise widerstrebten. Das fromme Abhängigkeitsgefühl von Jupiter, dem Vater der Weltordnung, hat den Römer der älteren Zeit eben so wenig verlassen wie die Achtung vor dem Kriegsgotte Mars und vor Quirinus, dem Stifter des Vaterlandes.

Noch ungünstiger als der Boden war aber dem Römer die Abgrenzung seines Gebietes nach dem Hinterlande zu. Hier stand es dem Feinde offen. Keine Felsenkette, kein Strom, kein Meer sonderten es von dem Nachbar, der nach dem Kriegsrechte der alten Zeit den Kampfesgegner, welcher ihn nicht knechtete, als Sklaven fortschleppte.

Nicht blos für Altar und Heerd kämpfte der Römer, sobald er in das Feld zog, sondern für die Freiheit seiner Familie wie für die eigene. Freiheit und Leben mußten täglich neu erobert werden, „Sieg oder Sklaverei" so lautete die Losung, welche ihn mit Festigkeit dem Tode in das Auge sehen ließ.

Darum war das alte Rom nicht nur ein Landbauerstaat, es war zugleich ein Kriegerstaat.

## § 8. Kriegsdienst und Rechtsgefühl.

Man würde in unfruchtbare Streitigkeiten gerathen, wenn man die Frage erörtern wollte, ob eine beständige Kriegspflicht ein Volk erzieht oder verwildern macht. Die Antwort wird ganz davon abhängen, welchen Feinden es gegenüberstehen muß. In dem Kampfe mit fremden Rassen wird die Wildheit sicherlich befördert. Das Gefühl, den Gegner nicht zu verstehen, steigert zweifellos die Kampfeswuth zur Grausamkeit. Dagegen werden die Streitigkeiten unter Stammesverwandten und Gesinnungsgenossen unwillkürlich auf beiden Seiten den Trieb erwecken, die Kampfesmittel in ihrer Grausamkeit einzuschränken und inmitten der Leidenschaft des Streites das Menschlichkeitsgefühl mitreden zu lassen.

Das sittliche Uebergewicht, das der Römer später dem Punier gegenüber besaß, beruhte vornehmlich auf der edleren Anschauung über die Behandlung des Feindes, welche er in sich herausgebildet hatte. Diese Anschauung aber war eine Frucht der Erziehung, welche der Streit mit Stammes- und Sinnesgenossen zeitigte. Mit ihr hängt es zusammen, daß in dem Religionscultus des Römers schon frühe eine Göttin auftritt, welche ihn vor allen befähigte, im Rathe der Völker durch sittliche Würde den obersten Rang zu beanspruchen, die Fides, die Göttin der Aufrichtigkeit. In der rechten Hand, welche das Kriegsschwert führt und den Handschlag ertheilt, ist, so lautet die alte Lehre, ihr Sitz. Ihre Diener, die Fetialen, walten ihres Amtes mit peinlicher Sorgfalt. Wo die Treuherzigkeit in Frage ist, ist der alte Römer eher pedantisch als praktisch. Darum fühlt er sich als ein Vorkämpfer dieser seiner Göttin. Wo er im Völkerrechtsverkehre die Treue verletzt glaubt, da sieht er die Grundlagen seines ebenso kriegerischen wie schlichten Gemeinwesens gefährdet. Für die Wahrung dieser Grundlagen zu streiten und zu sterben wird ihm Gewissenssache.

So mußte denn eine Verwickelung die andere erzeugen. Der

Janustempel konnte nicht eher geschlossen werden, als bis die Welt zu Roms Füßen lag.

Die Weltherrschaft, welche Karthago bewußt erstrebt hatte, fiel dem Römer wider seinen eigentlichen Wunsch als die unvermeidliche Folge einer uneigennützigen Weltanschauung zu.

Dieser kriegerische Sinn, der ursprünglich lediglich dem Wunsche der Abwehr diente, war jedoch von höchstem Werthe für die Ausbildung wichtiger Eigenschaften.[1]

Nichts vermag die edelsten Saiten des menschlichen Herzens so erklingen zu lassen, wie die Noth des Vaterlandes. Nicht ohne Grund liebten es die Römer sich eine trojanische Abstammung beizulegen; denn der Geist des getreuen Hektor lebte in ihrem Herzen.

Die stete Kriegsnoth zog aber auch die innere Festigkeit des Staates nach sich. Zunächst freilich wurde durch den Kampf die innere Entwickelung gehemmt. Aber auch dies war ein Glück. Während Karthago in Handel und Gewerbe, Hellas in Kunst und Bildung schnell und üppig emporblühten, um eben so schnell in das Verderben zu rennen, steigt der Römer langsam und bedächtig von einer Bildungsstufe zur andern auf, ohne Uebereilung, ohne Straucheln. Fest und würdig wandelt der freie Bürger Roms durch die Stadt, „während die Sklaven einherspringen". Ebenso langsam wandelt er durch die Weltgeschichte mit ehernem Schritte seinen Zielen zu. Er wandelt langsam, aber er steht niemals still. So war es auch im Rechte. Erst nachdem der Schutz der ererbten Güter voll entwickelt war, trat die Pflege des Verkehrs in den Vordergrnnd. Allein trotz des Widerstrebens gegen jede überflüssige Neuerung hat der Römer doch in den Heimsuchungen, die ihm hellenische und punische Eroberungslust bereitete, den sichern Blick für das Fremdartige schnell gelernt. Schon frühe durfte er sich rühmen, daß ihm nichts Menschliches fremd ist. Schon frühe sah er vieler Menschen Städte und erkannte ihren Sinn, aber er fürchtete mehr die ansteckende Kraft ihrer Laster, als ihn ihre Schätze reizten. Darum besaß er auch nicht die kalte Barbarenverachtung des Hellenen, er kannte nicht das Selbstgefühl des auserwählten Volks, auch nicht den entwickelungsfeindlichen Vergangenheitscultus der ägyptischen Priesterschaft.

---

[1] v. Jhering, Geist des römischen Rechts. Bd. I. § 17.

Mit dem vorurtheilslosen Blicke, welchen die Vaterlandsvertheidigung in höchster Nothlage am besten gewährt, erkannte er, daß die eine Rasse so viel werth ist wie die andere, daß der tiefere Bildungsgrad vor dem Feinde nicht mehr gilt als der höhere. Nicht die Abstammung, nicht die Kenntnisse bestimmten in ältester Zeit in Rom den Werth des Menschen, sondern seine Ehrlichkeit und seine Selbstbeherrschung. Das ist die Denkart jedes erfolgreichen Kriegers, dies war die Denkart des alten Römers. Mehr als alle Aufgaben des Friedens, verlangt der Krieg die höchste Wahrhaftigkeit. Wer zur gerechten Schätzung des Gegners nicht edel und bieder genug ist, der kann kein Schwert rühren.

Ohne diese strenge Soldatenzucht hätte aber auch eine Fortentwickelung des Staates und Rechtes in Rom nicht eintreten können. Der plebejische Krieger erzwang von dem patricischen Priester eine Aufrichtigkeit, welche im Vergleiche mit dem Mysterienwesen des Abendlandes uns geradezu überrascht. Die Priesterschaft redet schon zu Ciceros Zeit über göttliche Dinge mit einem erstaunlichen Freimuth. Aber auch den Trotz der Großen beugten die Beile der römischen Gewalthaber mit so rücksichtsloser Kraft, daß sich die römischen Gesetzgeber, die Decemvirn, schon in alter Zeit rühmen konnten, ihnen sei es gelungen, gleiches Recht für Hoch und Niedrig zu schaffen.

Mit der Abneigung des schlichten Kriegers gegen blendenden Glanz und Schein hängt aber auch der tiefe Ernst zusammen, welcher die römische Sitte heiligt und in den Tugenden Götter sehen läßt. In seinem Innern erblickt der Römer seine besten Nothhelfer, in den Gedanken, die sich anklagen und beschuldigen, erkennt er die Richter seiner Handlungen. Wenn er betet, so verhüllt er sein Haupt. Er fürchtet sein Gewissen mehr als seinen Feind.[1]

Daraus erklärt sich denn auch die vor der Römerzeit unerhörte Milde, welche der siegreiche Bürger Roms den Unterjochten angedeihen ließ, ein Gegenstück der Grausamkeit des rücksichtslosen Karthagers. Ohne diese Milde würden die Römer die aufgerichtete Weltherrschaft nicht haben erhalten können, und was also ihr Empfinden ihnen guthieß, mußte schließlich auch von ihrem Verstande gebilligt werden. Nirgends wurde ein fremdes Recht, eine fremde Religion, eine fremde

---

[1] Vgl. Mommsen, römische Geschichte 7. Auflage. Bd. 1. S. 27 ff.

Sitte von den Römern mehr, als unbedingt nöthig war, geschädigt. Die Provinzen wurden zwar ausgebeutet, aber dabei wurde doch mit liebevoller Sorgfalt den Eigenthümlichkeiten des unterworfenen Landes Rechnung getragen und der Wunsch der Einheimischen möglichst berücksichtigt.

Vor allem aber zeigt der Römer seinen kriegerischen Sinn im Verhältnisse zu der Frau. Nicht ohne Grund zieht Venus den ritterlichen Mars dem russigen Vulkan vor. Der zuchtlose Krieger ist der größte Feind der Weiblichkeit, der ritterliche ihr mächtigster Beschirmer. Und so hat auch der alte Römer vor allen Völkern der Welt die Würde und Reinheit des Weibes am Höchsten geschätzt, Schamlosigkeit am Härtesten bekämpft. Es soll dies ja sogar soweit gegangen sein, daß der Genuß des Weines durch Frauen als eine todeswürdige Verletzung ihrer Würde galt. Die Verecundia, das Schamgefühl, ist ihm neben virtus und fides die höchste römische Tugend. Der Römer räumt der Gattin freilich nicht den Einfluß ein, deren Last den Patriarchen des alten Bundes unbequem wurde, er mordet auch nicht, wie der Hellene, um äußerer Reize willen Völker dahin, er macht auch nicht, wie der Diener der Astarte, den Reiz der Frau zu einer Gottheit, deren Priester in den unwürdigsten Culten schwelgen. Auch in der Schlachtreihe läßt er sich nicht gleich dem alten Germanen durch den Zuruf seiner Frauen aufmuntern. Das römische Heer kennt keine Amazonen. Wohl aber ist die römische Gattin eine ehrwürdige Matrone, die dem Rechte nach als Tochter des Mannes gilt, nach der Sitte aber die Hohepriesterin seines Heerdes und Herzens ist. Ein heiliges Feuer brennt im altrömischen Hause wie im Vestatempel, von keuschen Händen unterhalten. Der Glanz dieses Feuers spiegelt sich im Blicke des Kriegers, der zur Schlacht fortzieht, wie auf seiner Rüstung; dem Heimkehrenden strahlt sein Flackern einen Dankesgruß entgegen, dafür, daß er es nicht von roher Hand auslöschen ließ. Dies Feuer entflammte ihn zum Siege über den Feind, zum Siege über sich selbst, der seinen stolzen Nacken unter das Joch des strengsten Gesetzes der Welt niederbeugte.

Noch eine andere kriegerische Eigenschaft hatte der römische Vaterlandsvertheidiger vor dem denklustigen Hellenen und dem leidenschaftlichen Orientalen voraus, die Gabe nüchterner Beobachtung, die oberste Tugend des Juristen. Richten und Dichten sind zweierlei, der Richter erforscht das Vergangene, der Dichter schafft ein Neues. Freilich kann auch der Beobachter einer gewissen Kraft des verbindenden Denkens nicht entbehren, einer nüchternen Phantasie, die sich nicht eigene Wege sucht, sondern der Erforschung der Wahrheit dient. Diese eigenartige Fähigkeit besitzt aber der Römer im höchsten Maaße, ihr entstammt die Juristensprache, welche bildliche Anschaulichkeit und kriegerische Schlichtheit in wunderbarer Weise vereinigt. Das Eigenthum heißt Hausrecht, die Verpflichtung heißt Band, ihre Tilgung heißt Lösung, die verpfändete Sache ist gebunden, das Nutzungsrecht, das auf der fremden Sache ruht, heißt Last, diese letztere thut Knechtsdienste, der erste Schritt des Erben in sein neues Besitzthum wird Erbschaftsantritt genannt, die Strafe „verfällt", wie etwa ein Haus über seinen Bewohnern zusammenbricht, ungültige Geschäfte werden eingerissen wie baufällige Gebäude; was völlig ungültig ist, das bezeichnet man als gar nicht vorhanden und dergl. mehr.

So ist denn das Römervolk zwar ein echtes Kind der Noth. Seine Noth aber war die Mutter seiner Tugend und diese die Quelle seiner Welteroberung und seiner Kunst, das Eroberte festzuhalten.

## § 9. Römische Gedanken über die Urzeit.[1]

Weit besser als aus der wirklichen Vergangenheit, welche ein Mensch gehabt hat, erkennen wir seine Eigenart aus der Vergangenheit, welche er gehabt haben will. So spiegeln sich auch in den erdichteten Entstehungsgeschichten eines Volkes die Bestrebungen wieder, für welche es in den Thaten seiner Ahnen erwünschte Vorbilder und belebende Antriebe zu ähnlichem Wirken sieht.

Hieraus ergiebt sich, daß die Ueberlieferungen aus der römischen Königszeit durch den Zweifel an ihrer geschichtlichen Wahrheit ihren Werth nicht verlieren.

Man bestreitet ja kaum noch, daß die römische Königsgeschichte in ihren Hauptzügen eine Dichtung ist. Sie birgt jedoch einen wirklichen Kern in sich und führt in der Umkleidung dieses Kernes Gedanken von höchster Weisheit vor, wie sie wohl einem

---

[1] v. Jhering, Geist des röm. Rechts. Bd. I. § 8.

Volke geziemen, dem die Weltherrschaft zugedacht ist. Den Grundgedanken aller Staatsweisheit, veranschaulicht Romulus, der einerseits die Sorge für die Erhaltung des Staates und die Abwehr des Feindes höher stellt als jede Rücksicht nachbarlicher Freundschaft und andererseits den eigenen Bruder tödtet, weil er durch ihn diejenige Gottheit verletzt glaubt, welche die Eigenthumsgrenzen schützt. Numa dagegen erweitert den Kreis des göttlichen Pflichtgebots, indem er der von Romulus verletzten Fides einen Tempel erbaut. Damit zeichnet er der auswärtigen Politik eine neue Richtschnur vor, deren Befolgung Rom gegen die überlegensten Gegner schützt und deren Mißachtung später den Verfall des Staats nach sich zieht. Unter Numa bethätigt der Römer zugleich die latinische Fähigkeit, auch auf dem Gebiete der Religion von Fremden zu lernen, fremde Gedanken in den eigenen Gesichtskreis zu verweben. Tullus Hostilius veranschaulicht die Nothwendigkeit einer vorurteilslosen und furchtlosen äußeren Politik, Ancus Martius die Milde gegen den Besiegten. Die Empfänglichkeit für fremde Kunst und Sitte findet in Tarquinius Priscus ihren Vertreter, während Servus Tullius durch die Begünstigung der Plebejer den Gedanken der Rechtsgleichheit anbahnt und grundsätzlich bestrebt ist, die Sonderinteressen des Privatvermögens mit dem Gesammtwohl in untrennbarer Weise zu verknüpfen, ein Bestreben, dem das römische Privatrecht seine Vortrefflichkeit verdankt und auch auf dem Gipfel seiner Rechtsentwickelung seine Anerkennung zollte.[1] Das Schicksal des Tarquinius Superbus endlich erinnerte die Römer daran, daß das Gebot der Gottheit mächtiger ist als die Macht des Herrschers. So wuchs die römische Stadt unter dem Schutze von Gedanken empor, deren staatsfördernde Kraft sich nicht blos in Rom, sondern stets und überall in der Weltgeschichte erwiesen hat, und die überlieferte Urgeschichte Roms ist wohl geeignet, als eine anschauliche Elementarlehre der Staatsweisheit dauernde und allgemeine Beachtung zu beanspruchen.

## § 10. Rückblick.

Wir können von der Betrachtung des aufkeimenden Roms nicht scheiden, ohne unter den Bildern neu aufstrebender Völker nach einem Seitenstücke zu suchen.

[1] l. 1. § 1. dig. de just. et jure 1, 1.

Unwillkürlich müssen wir hierbei des weitsichtigen Mannes gedenken, der seinem Volke, als es am Rande des Abgrunds stand, eine tiefernste Grabschrift verfaßte, ohne Zorn und ohne Eifer, aber auch ohne Lebensfreude und ohne Hoffnung. Mit dem erstaunlichen Blicke eines gottbegnadeten Sehers wies er unter dem Gewimmel zahlloser Völker, welche er kannte, auf die Stelle hin, von der die Erben der römischen Herrschaft ausgehen sollten.[1] Im rauhen Walde unter Entbehrung und Noth kämpfte sich ein jugendfrisches Volk zu dem Todesmuthe und der Treuherzigkeit empor, welche Rom früher besessen hatte und zur Zeit des Tacitus fast nur noch dem Namen nach kannte. Der aufstrebende Stamm im wilden nordischen Walde erschien dem edeln Römer inmitten seines vergifteten Volkes wie ein traumartiges Erinnerungsbild an ein Paradies, das seiner Heimath verloren gegangen war. Die Verehrung, welche der unglückliche Mann unserm Vaterlande zollte können seine Kinder nicht besser lohnen, als indem sie anerkennen, was sie seinen Vorfahren verdanken.

Der Erfüllung dieser Pflicht sollen die nächsten Abschnitte gewidmet sein.

---

[1] Vgl. v. Bethmann-Hollweg, Der Civilprozeß des gemeinen Rechts in geschichtlicher Entwicklung. Dritter Band. Bonn, 1866. S. 9. Anm. 3.

## Zweiter Abschnitt.

# Roms Aufschwung.

## Erster Theil: Roms Fortbildung durch den Ständekampf.

### § 11. Die Ziele des älteren Ständekampfes.

Das unfreundliche Gesicht, das die Mutter Natur der jungen Roma zuwandte, erzeugte, so sahen wir, in ihren Söhnen seltene Eigenschaften: Thatkraft, Selbstbeherrschung und Vorurtheilslosigkeit. Allein auch die beste Anlage verkümmert, wo die Bedingungen weiteren Wachsthums ausbleiben.

So geschah es aber nicht in Rom. Dem ungewöhnlichen Entwickelungskeime entsprach eine ungewöhnliche Entfaltung. Roms Schicksale waren eben so eigenartig, wie seine Lebensbedingungen und unter ihnen steht in erster Linie die andauernde Wechselwirkung zwischen äußern und innern Kämpfen.

In andern Staaten drängte der unvermeidliche Parteistreit zum raschen Abschluß. In Rom hielt die stete Kriegsnoth die Entscheidung auf.

Durch Jahrhunderte war die Stadt zugleich Ausgangsstelle unausgesetzter Kriegszüge und Schauplatz innerer unermüdlicher Kämpfe. Wenn das siegreiche Volk nach der Schlacht die blutige Rüstung abgelegt hatte, dann entbrannte in der Toga unter den heimgekehrten Kameraden ein doppelt hartnäckiger Krieg, das Wüthen des Ständekampfes. Den späteren Römern floß er unwillkürlich mit den Wirren ihrer eigenen Zeit zu einem einheitlichen Bilde zusammen. Hatte ja doch sogar das Wort „Plebs“ seine Bedeutung völlig geändert. Wir aber wissen, daß jener ältere Kampf in seinen Zielen, Mitteln und Erfolgen von jenen späteren Unruhen grundverschieden war, welche die

Massen der Armen zum Streite wider die Vornehmen und Reichen führten.

Von der „socialen" Frage war ursprünglich in Rom nicht die Rede, wenn auch hier und da die Hartherzigkeit patricischer Gläubiger den Unwillen der Plebejer entflammte. Der ältere Volkstribun kämpfte nicht für den Proletarier. Auch ein Kastengegensatz lag schwerlich dem Streite zu Grunde. Von einem solchen wird uns nichts berichtet. Nicht einmal von einem Gegensatze der Bildungsstufen können wir in jener schlichten Zeit reden. Der Streit zwischen dem alten Adel und der Plebs war vielmehr eine jener Zwistigkeiten, für welche die neuere Zeit das Wort „Culturkampf" erfunden hat. Es war ein Kampf zwischen Priesterschaft und Heer. Weil er zäh und hartnäckig war, zwang er beiden Theilen eine Neugestaltung ihrer Lebensweise auf, welche eine Versöhnung einseitiger Ziele in sich enthielt. Darum hat er Rom groß gemacht; denn er ließ einen kunstvollen Staatsbau entspringen, der bis zu einem gewissen Grade beiden Parteien Genüge that. Dagegen hat der spätere Kampf der Stände das Römerthum vergiftet und zerstört.

## § 12. Die Kampfmittel der beiden Stände.[1]

Wenn man von allen unbeweisbaren Vermuthungen absieht, so wird man dennoch die Entstehung des Streites der altrömischen Volksklassen begreifen.

Die Patricier waren sicherlich die ursprünglichen Gründer und Herren Roms. Sie treten in geschlossenen Geschlechtern auf, die sich zu einem Bunde an einander schließen. Die Gewalt des unbeschränkten Herrschers, welche die patricischen Häupter bewahrt haben, erscheint als ein Ueberrest der Nomadenzeit, welcher, bei andern Völkern frühe verwischt, den späteren Römern den Glauben erweckte, er sei eine besondere Eigenthümlichkeit des römischen Stammes. Nach der Art des Melchisedek war das Haupt des Hauses zugleich ein Priester und ein Held. Darum wählten auch die Väter aus ihrer Mitte die Geistlichkeit, vor allen die Diener des weltbeherrschenden Jupiter, des

---

[1] Vgl. Karlowa, römische Rechtsgeschichte. Erster Band. Leipzig, 1885. § 9 ff. Bernhöft, Staat und Recht der römischen Königszeit. Stuttgart, 1882. S. 123 ff.

Kriegsgottes, der ihr steter Helfer war, und ihres Staatsgründers Quirinus.

Daß die Plebejer Ureinwohner waren, welche die eingewanderten Patricier unterworfen hatten,[1] steht nicht fest. Sicherlich waren es aber Schutzverwandte, die ursprünglich ohne Heerespflicht, aber auch ohne Gleichberechtigung neben dem Adel geduldet wurden, zum Theil sicherlich zugelaufene Flüchtlinge, zum Theil Unterworfene, welche der mildherzige Römer nicht vernichtete, sondern unter seinen Schutz nahm. So lebten sie denn in zufriedener Bescheidenheit, vom patricischen Gottesdienste nicht ausgeschlossen, zugleich aber Diener ihrer besondern Göttin der „Ceres“. Es scheint ihnen überlassen geblieben zu sein, ob sie sich als Clienten in eine Art Vasallenverhältniß begeben wollten, thaten sie es, so standen sie in religiösem Schutze. Nicht nur der treulose Vasall, auch der treulose Herr war den Göttern verfallen. Wer seine Selbständigkeit mehr liebte als solchen Vortheil, blieb dem Herrendienste fern, aber auch er erfreute sich des königlichen Schutzes.

Aus diesem friedlichen Dasein wurde der plebejische Bauer aufgerüttelt, als die Noth auswärtiger Verwickelungen dazu zwang, das Heer zu erweitern. Der König machte den Schützling zum Mitkämpfer, bald auch zum Unterbefehlshaber, denn im Kriege kann das Verdienst nicht unbelohnt bleiben, sonst verliert das Heer seinen innern Halt. Nur die höheren Stellen blieben ihm verschlossen, denn diese waren bis in die byzantinische Zeit hinein ein Vorrecht des Staatsmannes, nicht ein Ziel des rein kriegerischen Ehrgeizes. Die Umgestaltung des Kriegsheeres zog aber eine Verfassungsänderung mit Nothwendigkeit nach sich. Eine Volksversammlung entstand, in welcher der Plebejer neben dem Patricier stimmte, der Reiche jedoch vor dem Armen die erheblichsten Vorzüge besaß. Hierdurch wahrten zunächst die Patricier ihr altes Uebergewicht.

So war denn Rom im Frieden ein Geschlechterstaat mit Geburtsunterschieden, im Kriege ein Gemeinwesen, das nur in den unteren Stellen auf Gleichheit gegründet war. Dieser Widerspruch mußte sich mit der Zeit auflösen und zwar bald, da der Janustempel nicht geschlossen werden konnte und die dauernde Zurücksetzung der plebe-

[1] Vgl. Bernhöft a. a. O. S. 124.

jischen Kriegshelden, welche sich in jener schlichten Zeit noch nicht auf Bildungsunterschiede zurückführen ließ, einen gemeingefährlichen Mißmuth erzeugte.

Die Aufnahme bevorzugter Plebejer in den Adel war aus religiösen Gründen unmöglich. Blieb ihre Zurücksetzung bestehen, so lief man Gefahr, die Kampfesfreudigkeit der Massen zu lähmen. Es war weniger der Aufstand, welchen man fürchten mußte, als eine Abnahme der Wehrkraft.

Der bekannte Ausspruch des Grafen Moltke, daß das Heer die vornehmste Einrichtung des Staates ist, bewährt sich stets und überall. In wehrlosen Gemeinwesen erzeugt die lebendigste innere Friedensarbeit nur eine Beute des feindlichen Nachbars. Darum stehen die innern Verhältnisse eines Staates mit seiner Wehrverfassung in einer unvermeidlichen, niemals rastenden Wechselwirkung, welche sich zu allen Zeiten und bei allen Völkern nachweisen läßt. Wie im Mittelalter die gepanzerten adlichen Reiter den Lehnstaat nach sich zogen, wie die Söldnerheere zu allen Zeiten die Unumschränktheit des Fürstenthums erzeugt haben, wie endlich die allgemeine Wehrpflicht zum allgemeinen Stimmrechte hingedrängt hat, so bahnte auch hier der ruhmvolle Heldentod der plebejischen Streiter der Freiheit ihrer Familien eine Gasse.

Freilich waren auch die Gegner der Plebs starre Römer und kriegsgeübte Kämpfer. Sie hatten außerdem eine mächtige Waffe in der Hand, welche ihren Gegnern fehlte, die Leitung der religiösen Dinge. Den heiligen Büchern, welche erst sehr spät den Plebejern in Folge harter Kämpfe zugänglich gemacht wurden, entnahmen die patricischen Priester überirdische Beweisgründe, gegen welche sich nichts anführen ließ. Hiergegen besaßen die Plebejer nur eine einzige Wehr, ihre Unentbehrlichkeit im Kriege und die im Lager erlernte Kunst, sich nicht im Streite zu zersplittern. Stets drohten sie mit ihrer Auswanderung, aber sie gebrauchten dieses letzte Mittel nur dann, wenn sie bemerkten, daß man am Ernste ihrer Drohung Zweifel hegte. Im festen Schritt zieht dann das plebejische Heer auf den heiligen Berg, um eine neue Stadt zu gründen, die alten Geschlechter als sichere Beute der Nachbarn zurücklassend. Gegen diese Waffe waren die Väter der Stadt ohnmächtig. Sie waren es um so mehr, als die

Plebs sich Anführer erkämpft hatte, deren Gewalt in der Geschichte ohne Beispiel war: die Volkstribunen.[1]

Wenn man sich von diesen Parteihäuptern eine richtige Vorstellung machen will, so muß man vor allem die Bedeutung vergessen, welche das Wort „Volkstribun" in späteren Zeiten angenommen hat. Die Tribunen der Plebejer waren keine engherzigen Kleinbürger, welche auf die Unwissenheit der Massen und die Unzufriedenheit der Armen rechneten. Hinter ihnen stand die Mehrheit der römischen kriegsbewährten Gutsbesitzer, welche überdies in ihrer plebejischen Volksversammlung einen geordneten Staat im Staate bildete, deren Führer die Tribune waren. Der Proletarier war auch in der plebejischen Volksversammlung zunächst völlig machtlos. Die Hauptaufgabe des Volkstribunen war aber nach Cicero eine Oberaufsicht über die Rechtspflege zum Schutze der plebejischen Parteien wider die vornehmen senatorischen Richter.[2] Er durfte die Urtheilssprüche zwar nicht ändern, aber vernichten.

Wir sehen also hier an der Wiege der römischen Geschichte eine Hauptgewähr des unparteilichen Rechtsschutzes stehen, eine höhere Macht, welche richterlicher Willkür und Unkenntniß die Hände bindet, die oberste Gewähr der Rechtssicherheit, auf deren Schmälerung auffallender Weise gerade in unserer Zeit eine schwer verständliche Strömung hingearbeitet hat.

Diese Oberaufseher der Rechtspflege waren aber zugleich mit religiöser Weihe versehen. Ihre Verletzung ist Majestätsverbrechen. Ursprünglich war der Verwegene, der sie anrührte, vogelfrei, jedermann durfte ihn erschlagen. Darum waren sie mehr als Geister, die blos verneinen. Ihr Widerstand gegen die Regierung, deren Träger sie sind, war stets ein schöpferischer, auf bestimmte durchführbare Ziele gerichteter, und ihr Auftreten von dem Fluche der Lächerlichkeit, mit dem sie Shakespeare umkleidet hat, durchaus frei.

Nicht ein Gegenstand des verächtlichen Spottes, sondern des bangen Entsetzens war der Tribun. Ohne Recht und Fug nimmt er vor der

---

[1] Vgl. Herzog, Geschichte und System der römischen Staatsverfassung. Bd. I. Leipzig 1884. S. 1135 ff. Mommsen, römisches Staatsrecht. Leipzig, 1877. 2. Aufl. Bd. II. S. 261 ff.

[2] Cicero in Verrem I. cap. 15. § 44.

Eingangsthüre des Senats seinen Sitz, man weist ihn nicht weg. Später geht er hinein, keiner wagt ihn hinauszutreiben. Er ergreift das Wort, niemand stört ihn. Schließlich erzwingt er das Recht, seine Zustimmung zu den Senatsbeschlüssen durch Gegenzeichnung abzugeben.

Nur so lange die Vaterlandsliebe einen Mißbrauch dieser unerhörten Gewalt hemmte, war diese erträglich. Als dieses Hemmniß erlahmte, wurde sie eine furchtbare Gefahr. Immer aber erzwang sie die höchste Beachtung.

So erklärt es sich denn, daß der römische Kaiser auf die Macht des Tribunen, welche er sich ertheilen ließ, das höchste Gewicht legte. Das Amt des berufsmäßigen Gegners der Regierung wurde seit Augustus schließlich der wichtigste Bestandtheil der Kaiserwürde. So fiel denn dieser Einrichtung eine doppelte weltgeschichtliche Aufgabe zu. In der älteren Zeit begründete sie die Macht der Volksmehrheit, in der Kaiserzeit diente sie dazu, sie zu vernichten.

Indem wir also einsehen, daß es nicht Pöbelherrschaft, nicht Zügellosigkeit waren, welche den Plebejern als Kampfesziel vorschwebten, so müssen wir uns andererseits hüten, gegen die Patricier ungerecht zu sein. Es liegt nahe, in ihnen eine herrschsüchtige Minderheit zu sehen, welche lediglich aus Eigennutz ihre bevorzugte Sonderstellung zu behaupten suchte.[1] Wenn dies wirklich der Fall gewesen wäre, so würden die Väter der Stadt sicherlich nicht die Kraft besessen haben, so lange Widerstand zu leisten, wie es geschah, die Römer würden auch nicht in späterer Zeit den Ausgang des Streites immer wieder als einen beklagenswerthen hingestellt haben.

Wenn auf Seiten der Plebejer die richtigere Erkenntniß für die Bedürfnisse der auswärtigen Politik stand, namentlich für die Erhaltung der Wehrkraft, so sind die Patricier zweifellos die für die Erfordernisse der inneren Politik Scharfsichtigeren, die eigentlichen Wahrer der überlieferten Weisheit und Gesittung.

Sie waren die Pfleger des fas, des heiligen Rechtes, der einzigen festen Regeln, welche die älteste Zeit kannte.[2] Daß diese religiösen Lehren vorwiegend aus den geheimnißvollen Gedankenkreisen

[1] Vgl. z. B. Taine, essai sur Tite Live. Paris 1879. S. 78.
[2] Vgl. Ihering, Geist d. r. Rechts. § 26.

der Etrusker stammten, ist nicht unwahrscheinlich,[1] ebenso wie es keine allzu kühne Vermuthung ist, daß das räthselhafte etrurische und römische Cermonienwesen, welches zu den schlichten Verhältnissen der italischen Bauern in auffallendem Gegensatze steht, auf orientalische Einwanderer zurückzuführen ist.

Das alte heilige Recht umfaßte nun religiöse Bräuche, Sittenvorschriften und wirkliche Rechtssätze in jener untrennbaren Vermischung, welche wir auch bei andern Völkern, z. B. auch im mosaischen Rechte vorfinden und welche in der Redeweise des rechtsunkundigen Volkes noch heute fortdauert, denn dieses denkt, wenn es von Recht oder Unrecht redet, nicht immer an die Gesetze des Staates.

Daß auch die Plebejer nicht ohne feste Regeln lebten, ist sicher; es ist aber gewiß, daß ihre Gebräuche freier waren als diejenigen der Patricier. Wer zum Herrschen erzogen wird, bedarf strengerer Zucht, als der harmlose Schutzverwandte, der friedlich im engen Kreise dahinwandeln soll. Die Plebejer besaßen ursprünglich keine festgegliederten Geschlechter. Erst später ahmten sie diese Form den Patriciern nach, und es wurde ihnen dies auch nur dann gestattet, wenn eine Ahnenprobe darthat, daß sich unter ihren Vorfahren kein Unfreier befand. Sie besaßen sicherlich nicht von Anfang an die vollen hausherrlichen Rechte über die Frau, vielleicht auch nicht über die Kinder. Durch Scheingeschäfte haben sie sich die erstere erkämpft, die letztere war wohl erst eine Folge des mühsam erstrittenen Rechtes, sich mit patricischen Familien durch Ehe zu verbinden. Die freie Stellung der Frau im plebejischen Hause mußte nothwendiger Weise einen ganz andern Ton und Geist im täglichen Leben hervorrufen, als ihn die strenge, beinahe feierliche Lebensart der edleren Geschlechter nach sich zog. Der Patricier fürchtete die Gunst der Götter zu verlieren, wenn er die alte Sitte ohne das äußerste Widerstreben Preis gab. In dieser vielleicht abergläubischen, jedenfalls aber achtungswerthen Vorstellung lag auch der durchaus richtige Gedanke, daß die römische Selbstbeherrschung kein unverlierbares Erbgut, sondern die Folge einer eigenartigen Erziehung war und daß sie allein den Römern die Macht gab, kenntnißvolleren und reicheren Nachbarvölkern zu widerstehen.

---

[1] Vgl. Cicero, de legibus lib. II. cap. 9. § 21.

Dazu kam das warnende Beispiel hellenischer Städte. Dort hatte die minderberechtigte Klasse vielfach die Rechtsgleichheit erstritten. Dabei war jedoch die edle Sitte der Vornehmen in einem Meere plebejischer Genußsucht und plebejischer Zügellosigkeit ertränkt worden und dies hatte zur Tyrannis und zum Untergange des Vaterlands hingeführt. Im Grunde genommen ist ja auch dies Schicksal den Römern nicht erspart geblieben; daß es sie aber erst ereilte, nachdem die Vorbedingungen eines Weltreichs und eines Weltrechts gegründet waren, dies verdanken wir der Zähigkeit der Patricier. Diesen gelang es, das Unvermeidliche hinzuhalten, bis der politische Verkehr und die Kriegskameradschaft den Schützling innerlich mit dem adlichen Sinne des Beschützers so viel als möglich erfüllt hatte und das Haus des vornehmen Plebejers hinter demjenigen des Patriciers an strenger Sitte nicht mehr zurückstand.

## § 13. Die Erfolge der Plebejer.

Daß die Geschichte des Ständekampfes eine Reihe plebejischer Siege aufweist, ist leicht erklärlich. Die Klugheit des altrömischen Priesters fing sich bei diesem Streite in ihren eigenen Schlingen. Die Kriege, welche er anzettelte, mehrten den Ruhm der plebejischen Helden. Die Berufung auf die heiligen Bücher, welche man in Rom grundsätzlich geheim hielt, entkräftete zwar wohl zunächst nicht den Glauben an ihren Werth, trieb aber die Plebejer dazu, die Einsicht in ihren Inhalt zu erzwingen und sie in freiester Weise auszulegen. Hieraus erklärt sich das Streben der späteren plebejischen Priester nach vollständiger Volksaufklärung, ein Streben, das im Alterthum bei keinem andern Volke seines Gleichen hat. Schon zu Ciceros Zeit bewegten sich in Rom die Oberpriester und die Auguren im Fahrwasser der Aufklärung ohne jede Scheu. Dort gab es nicht, wie in Ägypten, neben einander eine hieratische und eine demotische Schrift. Die Redeweise des Geistlichen ist auch dem Volke ein offenes Buch. Die Göttin der Aufrichtigkeit, die Fides, hatte in den römischen Priestern der Republik ihre getreuesten Diener. Schließlich spaltete die patricische Vorsicht die höchste Staatsgewalt in mehrere Stücke, um sie nicht sogleich gänzlich der Plebs preiszugeben. Dadurch wurde das Staatsamt immer mehr gegenüber dem Priesterthum gekräftigt und verweltlicht. Zunächst behält der Patricier, als er dem Plebejer den Oberbefehl im Kriege einräumen mußte, das Sittenpflegeramt für sich zurück, die Censur. Dadurch kam diese Sittenpflege gänzlich aus der Hand der Staatsverwaltung und der Militärgewalt, aber auch aus der Hand der Priesterschaft, ein ungeheurer Fortschritt auf dem Wege zur Rechtsentwickelung.[1] Die Arbeitstheilung erzeugte auch hier erhöhte Leistungen. Religionspflege, Sittenpflege und Verwaltung bewegten sich in besonderen Bahnen, welche jedoch demselben einen Ziele, dem Wohle des Staates entgegenstrebten. Späterhin wurde die Gerichtshoheit und Marktpolizei von der übrigen Verwaltung zunächst zum Besten der Patricier ausgeschieden. Dadurch kamen die ärmeren Volksgenossen, die bisher von dem reichen Gönner abhängig waren, zu einer Rechtspflege, welche von der innern und äußern Politik völlig getrennt war, und der Handel zu einer besondern Begünstigung. Wenn auch der Consul das Recht hatte, die Anordnungen des Prätors zu hemmen, so mochte er dies doch ohne Grund schwerlich wagen. Somit konnte sich der Bauer und Geschäftsmann nunmehr gegen die höchsten Machthaber auf den Rechtspfleger mit demselben Sicherheitsgefühle berufen, mit dem später der weltgeschichtliche Müller von Sanssouci auf den Berliner Richter pochte.

Was nicht also durch patricische Kurzsichtigkeit verloren ging, das erbeutete der Volkstribun in offenem Kampfe.

Daß die Erfüllung plebejischer Forderungen dem römischen Rechte seine Grundlagen und neue Entwicklungskeime gewährte, ist allbekannt. Ihre größte Errungenschaft ist das Zwölftafelgesetz, die Wurzel der römischen Rechtspflege und das Ende richterlicher Willkür. Der Plebejer errang die Veröffentlichung der Gerichtskalender, die Möglichkeit aus plebejischer Anregung Volksgesetze zu erlassen, den öffentlichen Rechtsunterricht, die weltliche Advocatur, selbst das Hohepriesteramt. Nur diejenigen Priesterthümer, deren Beruf sich in bloßen Ceremonien erschöpft, waren dem praktischen Plebejer niemals eines Kampfes werth.

Daß er aber nicht auch dieses Ziel erstrebte, beweist uns, wie sehr seine Begehrlichkeit eine nüchterne und kritische war. Den Glanz geheimnißvoller Mystik, welcher diese rein patricischen Priesterämter

[1] v. Jhering, Geist d. r. R. Bd. I. § 26.

stets umwoben hat, verschmähten die zielbewußten Krieger, nur das wirklich Gemeinnützige erstrebten sie für sich. Freilich ist hierin auch die Ursache davon zu suchen, daß Rom mit seinem alterthümelnden Ceremonienwesen auf dem Gebiete des Religionscultus hinter seiner sonstigen Entwickelung zurückblieb.

Dafür wurde um so entschiedener die weltliche Natur der Gesetzthätigkeit herausgebildet, das Recht als ein Gegenstand erkannt, der innerhalb der Grenzen menschlicher Berechnung liegt. Die Abänderlichkeit des Gesetzes wurde in den zwölf Tafeln ausdrücklich als ein Hauptgrundsatz aufgestellt, ein gewaltiger Triumph des Entwickelungsgedankens.[1]

So bedeutsame Erfolge für die Fortbildung der Menschheit wären nicht erzielt worden, wenn nicht die Widerstandskraft der Patricier den Tribunen einen immer neuen Sporn gegeben hätte, wirkungsvolle Ansprüche auszusinnen und durchzukämpfen.

So hat denn dieser Kampf, der in steter Anspannung der Verstandeskräfte die Leidenschaften dämpfen lehrte, das Volk nicht entnervt, sondern gekräftigt. Die Gewohnheit unausgesetzt in Feindesaugen zu blicken, gab dem Römer die Widerstandskraft wider die Elephanten des Pyrrhus und die Feldherrnkunst des Hannibal. Sie gab ihm schließlich das erhebende Gefühl, das in den Worten gipfelte: „Ich bin ein römischer Bürger“. Nicht blos der römische Senat war eine Versammlung von Königen, das ganze Heer war von königlichem Sinne erfüllt. Was die sinnreiche Kunst der macedonischen Schlachtreihe, was der Tiefsinn aristotelischer Staatsweisheit nicht vermocht hatte, die eroberte Welt festzuhalten, das gelang der römischen Mannszucht; denn während der Spätहellene in dem Ungriechen immer nur den Barbaren sah und es ihn fühlen ließ, daß er von geringerem Werthe war als er selber, war der Römer ein Regent, der vor allem sich selbst beherrschte.[2] Nicht Grausamkeit, sondern allzu große Nachsicht gegen die verrotteten Zustände der Provinzen haben den Untergang des Römervolks herbeigeführt.

Alle ruhmreichen Völker des Alterthums sanken vor dem Adler-

[1] Vgl. Fustel de Coulanges, la cité antique. Paris, 1864. S. 401.
[2] Vgl. Mommsen, römische Geschichte, Bd. 5. 2. Aufl. 1885. S. 5.

fluge solcher Legionen dahin, entnervt durch ihre Schwäche, der Karthager durch seine Habsucht, der Hellene durch seinen Dünkel, der Bewohner Spaniens durch seine Unbildung, der Ägypter durch die Erstarrung seiner Gedankenwelt.

## § 14. Roms Erziehung durch die Patricier.

Wie der Werth der altrömischen Patricier von der römischen Nachwelt überschätzt und von der nachrömischen verkannt wurde, so geschah es auch mit ihren Erfolgen. Freilich traten diese weniger in die äußere Erscheinung, sie lagen nicht auf dem Gebiete sichtbarer Rechtsvorschriften, sondern auf denjenigen unsichtbarer Gefühlsumwandlung. Die Patricier haben die Pöbelherrschaft dadurch aufgehalten, daß sie ihre siegreichen Gegner hinderten, zum Pöbel zu werden. Der Plebejer hat dem Patricier Gerechtigkeit und Aufrichtigkeit aufgenöthigt, der Patricier aber dem Plebejer die edlere Gesittung und das maßvolle Gebahren.

Der patricische Censor war der größeste Zuchtmeister der Weltgeschichte, ein Hoherpriester des Anstandes mit Vollmachten, welche bei uns kein Mensch, nicht einmal der Herrscher besitzt. Der blinde Mann „mit den hundert Händen", Appius Claudius hat als Censor für das Vaterland nicht viel weniger gethan als sein Ahnherr, der Decemvir. Die neuesten durch zahlreiche Quellenzeugnisse belegten Forschungen Theodor Mommsens über die römische Censur haben dem alten Märchen von der freien Bewegung des römischen Republikaners den Todesstoß gegeben.[1] Das Auge des Censors wachte über allem, was in und außer dem Hause geschah. Kein Oberhofmarschall eines spanischen Hofes war strenger als er. Mit öffentlicher Beschimpfung, mit Ausstoßung aus den oberen Gesellschaftsklassen, mit Vervielfältigung der Steuerlast bestraft er jeden Verstoß gegen den Anstand. Die Unsitte, welche er vornehmlich bekämpft, nennt er „impolitia": Ungeschliffenheit. Wer sein Grundstück in schmutzigen Zustand gerathen läßt, den fordert er ebenso vor sein Gericht wie den Mann, der unpassender Weise seine Frau in Gegenwart der Tochter küßt. Er duldet

---

[1] Mommsen, röm. Staatsrecht. Bd. II, 1. 2, Aufl. S. 319 ff.

in Rom keine schmutzige Straße und kein verhungertes Reiterpferd, keine Grausamkeit wider die Gattin, Kinder und Sklaven, kein verschwenderisches Leben. Unzeitige Scherze im Dienste rügt er mit einer wahrhaft preußischen Disciplin. Bei einer Kavalleriecontrolleversammlung, welche der Censor abhielt, erschien ein Ritter auf einem Pferde, das demjenigen des Edeln von La Mancha glich, während er selber sich eines wohlgepflegten Körpers erfreute. Die Hintansetzung der Pflege des Pferdes gegen diejenige des eigenen Wohles galt aber sicherlich schon damals wie heutzutage als eine kavalleristische Todsünde. „Wie kommt es," fragte der Censor den Schuldigen, „daß Du wohlgenährter bist als Dein Roß?" Der Gefragte erwidert: „Weil ich von mir selbst ernährt werde, mein Pferd aber von meinem Knecht, dem Taugenichts." Dieser unpassende Scherz wird schwer gerügt. Das Gleiche geschieht bei einem ähnlichen Vorfalle, der den Censor als Standesbeamten verletzte. Bei diesem wurden die Ehen zwar nicht geschlossen, wohl aber angemeldet. Alle Angaben, die hier geschahen, mußten an Eidesstatt versichert werden. Man führte dabei den Namen der Gottheit nicht unnützlich, sondern versicherte seine Worte nur mit dem Zusatze: ex animi mei sententia, d. i. „wahr und wahrhaftig", wörtlich übersetzt: „nach meinem Sinn". Also fragte der Censor einen Spaßvogel: „Versicherst Du, daß diese da Deine Frau ist, nach Deinem Sinne?" Der Gefragte antwortet: „Ja, meine Frau ist sie, aber sie ist beim Hercules nicht nach meinem Sinne." Auch dieser Scherz erhielt eine censorische Rüge. Derartige Unziemlichkeiten vermerkte der Censor in seiner Strafliste, so daß im alten freien Rom jeder Bürger gewissermaßen Personalakten besaß, wie sie bei uns ein Vorrecht der Beamten und der Offiziere sind. Die altrömische zügellose Unbeschränktheit ist daher eine Mythe. In Rom herrschte nicht mehr Freiheit, als sie in jedem Erziehungshause zu finden ist, und dies blieb so, bis das Söldnerheer die allgemeine Wehrpflicht verdrängte.[1] Der Privatmann des byzantinischen Despotenreichs war in seinem Thun und Lassen viel unabhängiger als der Römer. Hieraus begreift man den Ausspruch des Dichters, daß Augustus den Römern die Freiheit nicht genommen,

---

[1] Vgl. auch Fustel de Coulanges la cité antique. Paris 1864. cap. XVII. Les anciens n'ont pas connu la liberté. S. 281 ff.

sondern gegeben hat. Daß aber der alte Römer nur durch jene strenge Zucht frei und mächtig sein konnte, begreift jeder, welcher weiß, daß die Willenskraft wie jede andere Eigenschaft nicht ererbt wird, sondern erlernt werden muß.

Aber nicht blos der Censor, sondern auch der Priester war im alten Rom keine unwichtige Macht. Wenn jener für den äußern Anstand sorgte, so wahrte dieser die alten sittlichen Grundgedanken des Römerthums, vor allem das treue Festhalten an dem Gesetzeswort. Daß die Liebe zur Gottheit die Grundlage aller Sittlichkeit ist, wird von Cicero so scharf betont, daß wir annehmen müssen, die Pflege dieser Liebe sei niemals gänzlich in Vergessenheit gerathen. Freilich tritt diese Pflege bei dem römischen Priester sehr zurück, welcher schon in der Heidenzeit ein auffallendes Streben zeigt, auch in weltlichen Dingen eine wirksame Rolle zu spielen. Unter dem Namen königlicher Gesetze oder fas vertrat er noch immer ein geistliches Recht neben dem weltlichen, das durch Bußen gesichert war, wie später das kanonische Recht des Mittelalters. Dieses ergänzte die Lücken des bürgerlichen Rechts, ebenso wie im Mittelalter das kanonische Straf-, Proceß- und Verwaltungsrecht das mangelhafte Recht des Staates ergänzen mußte, und erst als der Glauben an die alten Götter schwand, wurde dieses heilige Recht machtlos.

Der römische pontifex maximus,[1] stand wie der Papst, der noch heute seinen Namen trägt, an der Spitze von Collegien, die den Cardinalscongregationen vergleichbar sind und in einer besonderen Gelehrsamkeit ihren Ruhm suchten. Die Sorge für Kunst und Wissenschaft, namentlich für die Moralphilosophie, galten damals noch als die Hauptbestandtheile der Gewissenspflege, also der eigentlichen Hauptaufgabe der Priesterschaft. Der römische Priester hat zuerst allein das weltliche Recht bearbeitet und dem Volke gewiesen, er hat nach dem Vorbilde des hellenischen Priesters Kunst und Moralphilosophie in den Dienst der Gewissenspflege gestellt. Bei dem römischen Oberpontifex finden wir das älteste Bureau- und Cassenwesen, das vom Staate

---

[1] Mommsen, Staatsrecht. Bd. II, 1. S. 17 ff. Puntschart, der entscheidende Einfluß der Gesetzgebung und der staatlichen Einrichtungen der römischen Republik auf die universale Bedeutung des römischen Privatrechts. Innsbruck. 1880. S. 3 ff.

nachgeahmt wird. Im Tempel sehen wir ein großartiges Depositorium, das mit mehr praktischem Sinne, als Frömmigkeit die irdischen Schätze unter den erhöhten Rechtsschutz des heiligen Hauses stellte. Im heidnischen Rom geht der Wechsler in dem Tempel aus und ein, und erst das Christenthum hat ihn aus der heiligen Stätte vertrieben.

So ist der römische Priester trotz seines ceremoniellen Wesens vor allem ein Mann des Geschäftslebens und der Politik, der die Liebe zu der Gottheit und zu den Menschen nur als eine Nebenaufgabe ansieht. Dem entspricht die Duldsamkeit, mit welcher er später aus politischen Gründen der ganzen Welt ein Pantheon öffnet, in dem jeder seinen Heimathsgott finden konnte, und Rom zu einer Centralstelle machte, in der die Glaubenssätze, die Gebetsformeln und die Ceremonien der ganzen Welt sich in der Kaiserzeit zu einer höhern Einheit verschmelzen durften.

Daß unter der dreifachen Erziehung durch Kriegsdienst, Sittenpflege und priesterliche Sühngewalt, eine Erziehung, wie sie kein zweites Volk der Erde besaß, auf dem Rechtsgebiete außerordentliche Erfolge entstehen mußten, liegt auf der Hand. Die Einsicht in die Ursachen dieser Erfolge erinnert uns aber daran, daß es nicht lediglich der Juristenstand ist, welcher solche Ergebnisse aus sich erzeugt und ihre Fortdauer zu sichern vermag. Zugleich ermahnt sie uns nicht zu vergessen, daß der todte Buchstabe aus sich heraus niemals eine lebendige Gedankenwelt in's Leben rufen kann.

---

# Zweiter Theil: Das altrömische Rechtsleben.

## § 15. Das römische Grundgesetz.[1]

In einer Zeit, welche von dem Streite über den Werth eines geplanten neuen Gesetzbuches durchwühlt wird, drängt sich die Frage hervor, welches das eigentliche Ziel der Gesetzgebung sein soll, jener „Zweck, der der Schöpfer des Rechts ist."

[1] Vgl. Krüger, Geschichte der Quellen und Litteratur des Römischen Rechts. 1888. S. 8 ff.

Gerade das Zwölftafelgesetz vermag darauf hinzuweisen, daß auch diese Größe eine geschichtliche ist. Die Lage des Gesetzgebers ist eine völlig andere, je nachdem er Veranlassung nimmt, sein Volk in einer bestimmten Hinsicht umwandeln zu wollen oder je nachdem er lediglich der richterlichen Thätigkeit ein Ziel zu setzen sucht, dem sie entgegenstrebt. Es giebt eine umgestaltende und eine aufzeichnende Gesetzgebung. Unrichtig ist es nur, die eine als die allein mögliche hinzustellen. Mag immerhin auch der umgestaltende Staatsmann aus der Gedankenwelt des Volks schöpfen, was er von dort entnimmt, war bisher kein Recht und daß auch er neue Gedanken in sich herausbilden kann, sollte nicht bestritten werden.

Dem Weltweisen mag die umgestaltende Rechtsbildung, welche in jeder Zeit das ihr Gemeinnützige zur Norm macht, als das Natürliche erscheinen. Dem Staatsmanne, der das lebendige Menschenherz beobachtet, ist sie nur in bestimmten Schranken möglich. Er weiß, daß das beste Gesetz wirkungslos bleibt, wenn niemand auf seine Beständigkeit mehr vertraut. Das unvollkommenste, aber in seiner Dauer gesicherte Gesetz bestimmt die Handlungen der Menschen mit mehr Bewegungskraft als das beste, von dem man erwartet, daß es schon morgen einem unbekannten noch besseren weichen werde.

Darum gaben auch die Römer ihrem Grundgesetze einen mehrfachen Zielpunkt: möglichste Schonung des Vorhandenen und möglichste Tilgung aller denkbaren späteren Neuerungswünsche, im Uebrigen ein grundsätzliches Festhalten an dem Bewährten.[1]

Daß die Zehnmänner hierbei anders als nach Vorbildern arbeiteten, ist undenkbar. Diese Muster sind aber, auch hierüber ist man wohl einig, sicherlich nicht blos in Griechenland zu suchen. Es scheint vielmehr die eigentliche Hauptarbeit in dem Ziehen einer Mittellinie zwischen dem patricischen heiligen Rechte und den plebejischen Gebräuchen bestanden zu haben. Das heilige Recht ist sicherlich durch den nüchternen Verstand der plebejischen Krieger durchgesiebt und von allen mysteriösen Zuthaten gereinigt worden. Nur das Gemeinverständliche blieb übrig und folgeweise das allein Entwickelungsfähige, unbehindert

[1] Vgl. Hölder, Ueber den Entwurf eines deutschen bürgerlichen Gesetzbuches. 1889. S. 4. (während des Druckes erschienen.)

durch veraltete Zuthaten, welche andern Völkern sich wie ein Bleigewicht an die Füße hängten und sie in die unverständlich gewordenen Anschauungen der Vorzeit fest bannten. Man denke an Indien und Ägypten.

Wenn also diese Gesetzgebung ihrer Abänderung eine freie Bahn ließ, so bemühte sie sich doch andererseits, keinen Anlaß zu solcher Aenderung zu geben. Im Lapidarstil ist sie gehalten und ihre Grundgedanken waren fest und starr wie das Erz, auf dem sie stand.

Die zwölf Tafeln sind also ein Gesetzbuch ganz eigener Art. Sie wollen nicht blos vorhandenes Recht sammeln und niederschreiben, wie der Sachsenspiegel oder Justinians Pandekten. Sie sind also mehr als eine Codification. Sie wollen aber auch durchaus nicht etwa nach dem Vorbilde des Lykurg und Solon dem Vaterlande neue Bahnen anweisen, nicht für neue Ziele neue Mittel schaffen. Sie sind vielmehr eher ein Friedensschluß, als ein Gesetzbuch. Das Recht der herrschenden Kaste sollte mit demjenigen minderberechtigter Schutzverwandter zu einer höhern Einheit verschmolzen werden. Der Plebejer wünschte eine Sicherheit für bestimmte erkämpfte Vortheile, der Patricier erstrebte die Gewißheit dafür, daß nunmehr weiteres Entgegenkommen nicht verlangt werden soll. Beide Theile erstrebten und erreichten eine Genauigkeit des Gesetzeswortes, wie sie eben nur bei Friedensschlüssen vorkommt, welche vor allem sich davor zu schützen suchen, die Quelle neuen Streites zu werden. Diese Genauigkeit zog aber ein Abhängigkeitsgefühl und andererseits ein Sicherheitsgefühl gegenüber dem Gesetze nach sich, welche sich in gleicher Weise nirgends wieder gebildet haben. Dies Ziel war nur erreichbar durch die höchste Einfachheit der Grundgedanken des Gesetzeswerks.

Diese Einfachheit springt uns aber in die Augen, sobald wir das Leben des alten Römers in seinen Grundzügen betrachten, wie es sich unter der Herrschaft des Gesetzes der zwölf Tafeln gestaltet hat, im Hause, wie im nachbarlichen Verhältnisse, im Straßenverkehre wie vor Gericht.

## § 16. Das altrömische Haus.[1]

Das altrömische Haus hat in der ganzen Welt des Alterthums nicht seines Gleichen. Als Hausherr waltet ein Patriarch, dem Rechte

---

[1] Vgl. v. Jhering, Geist d. r. R. Bd. I. § 32.

gegenüber frei, aber der strengsten Sitte unterthan und dem Censor für jeden Unfug verantwortlich, der in seinem Herrschaftsgebiete geschieht. Er hält ein Hausgericht ab, zu dem er in wichtigen Fällen den Rath der Verwandten zuzieht. Frau, Kinder und Knechte arbeiten unter seinem Schutze für das Familiengut. Er ist dessen unumschränkter Herrscher und wirthschaftet frei, doch ist er gezwungen Ordnung zu halten; denn nicht blos dem Kaufmanne, sondern einem jeden liegt schon frühe die Pflicht ob, Bücher zu führen, und Mißwirthschaft wird vom Censor mit schwerem Schimpfe gerügt.

Sitte und Klugheit erfordern, die zukünftigen Herren seines Gutes, seine Erben in seine Pläne einzuweihen. In der Wahl dieser Nachfolger ist er aber nur durch die Sitte beschränkt. Wie er das schwächliche Kind vor Zeugen aussetzen darf, so kann er das ungehorsame von Haus und Hof jagen und ohne Angabe von Gründen enterben, falls er nur die Enterbung in einer zweifellosen Weise feststellt, welche bei dem mündlichen Testament sich den Ohrenzeugen einprägt und bei dem schriftlichen den Gedanken an eine Testamentsfälschung ausschließt. Darum ist er auch selbst an sein Testament nicht gebunden, für jeden andern aber ist es Gesetz. Wenn die Kinder ihn schlagen, so begehen sie eine todeswürdige Majestätsbeleidigung. Versündigen sie sich gegen Dritte, so kann er sie nach Belieben auslösen oder zur Abverdienung der Schuld preisgeben. Aus Gnade gewährt der Herr den Erwachsenen wie den Knechten auf Widerruf ein Sondergut und damit eine thatsächliche Selbständigkeit, aber er hat es in seiner Macht, ihnen alles jederzeit wieder abzunehmen. Selbst wenn die Kinder im Rathe und im Heere über dem Vater stehn, bleiben sie doch im Hause ihm unbedingt unterthänig, bis zu seinem Tode. Den Wittwen und Waisen bestellen die Hausherren im Voraus Beschützer, im Nothfalle tritt ihr nächster Verwandter als Vormund auf und sorgt für die Hilflosen theils durch persönliches Streiten an der Gerichtsstätte, theils durch Auslagen aus dem eigenen Gute.

Die Familie der Frau erscheint bei Lebzeiten des Mannes, wie nach seinem Tode, nur als Gast in seinem Hause, Erbrechte hat sie dort nicht zu erwarten. Die Geschlechter stehen also unverschmolzen auf ihren Gütern in scharf ausgeprägter Eigenart, welcher sich der Einzelne unbedingt fügt, stolz auf seinen Namen, nicht aber auf die besondern Eigenschaften der Person. Dieser strengen Zucht des

Hauses entspricht eine weitgehende Rücksichtnahme gegen den Nachbarn, dem sogar erlaubt wird, die übergefallenen Früchte abzuholen, ein Recht, das der trotzige deutsche Bauer nicht duldete. Auch sonst sind weitgehende Rücksichten für die Nebenwohner geboten. Niemand darf ihnen den gewöhnten Regenwasserzufluß abschneiden noch ändern, und streng verpönt sind mißgünstige Zaubersprüche, welche ihre Ernte verderben.

## § 17. Altrömisches Leben außer dem Hause.

So höflich der alte Römer gegen denjenigen ist, an dessen Nähe ihn seine Scholle bindet, so fest ist sein Auftreten, sobald er in seine Toga gehüllt auf die Straße hinaustritt. Den öffentlichen Spott betrachtet er als todeswürdiges Vergehen, für die schwerere Körperverletzung gilt auch in Rom der Satz: Auge um Auge, Zahn um Zahn, doch setzt das Recht voraus, daß die Parteien sich gütlich vergleichen. Für mindere Beleidigungen giebt es geringere Strafsätze, welche freilich später, als das Geld sich entwerthete, dem Fluch der Lächerlichkeit verfielen. Wenigstens wird erzählt, daß späterhin ein übermüthiger Jüngling ein verwerfliches Vergnügen darin gesucht hat, seinen Mitbürgern in das Gesicht zu schlagen und die gesetzliche Strafe sofort zu bezahlen. Dies habe die Erhöhung der Strafe bewirkt.

Im Geschäftsverkehr ist der Römer ein Feind aller Ausflüchte und Einwendungen, mit Starrheit besteht er auf dem Buchstaben des Gesetzes und Vertrages. Die Geschäfte müssen feierlich abgeschlossen werden in bestimmten Worten und vor Zeugen, welche dem Schuldner jede Möglichkeit des Leugnens abschneidet.[1] „Wie die Zunge gesprochen hat, so soll es gelten", sagen die zwölf Tafeln, wie ja auch noch bei uns schlichte Landleute dem Spruche huldigen: „Was der Bauer geschrieben hat, das hat er geschrieben". Zeugen, die nicht zum Geschäfte zugezogen sind, kommen nicht in Frage, die zugezogenen aber verfallen, wenn sie ihr Zeugniß verweigern, einer schimpflichen Verrufung. Wenn wir endlich bedenken, daß die Göttin der Wahrhaftigkeit und Zuverlässigkeit, die Fides in Rom seit Numa einen eigenen Tempel besaß, so wird man begreifen, daß der Römer in Wortbrüchigkeit und

---

[1] Vgl. v. Jhering, Geist des r. R. Bd. III. 2. § 44 ff.

Lüge mehr sah, als eine bloße Charakterschwäche. Ihm ist beides gewissermaßen ein religiöser Frevel, der schwerste Sühne verlangt. So erklärt sich das alte Gerichtswesen. Mißbrauch des Rechtsschutzes gilt als schmachvoll, falschen Anklägern wurde ein Brandmal auf die Stirne gesetzt. Eben so schimpflich wie grundlose Klagen sind auch lügnerische Einreden. So erklärt es sich, daß jeder gegen den andern Gewalt gebrauchen darf, der ihm nicht sofort vor den Richter folgt, um ihm Rede zu stehen. Die Einleitung des Processes und seine Endigung liegen in der kraftvollen Hand des jugendlichen Gewalthabers, während die Entscheidung der erfahrenen Weisheit des Senators vorbehalten bleibt. Jeder Proceß hat ein bestimmtes Formular, das dem Richter die Schranken seiner Macht festsetzt und später wie ein Protocoll darüber Auskunft giebt, was im Processe gewonnen oder verloren worden ist. Wer in den üblichen Formelworten auch nur ein Wort verfehlt, z. B. statt von Bäumen von Weinstöcken spricht, den muß der Richter abweisen, auch wenn die Bäume, um welche es sich handelt, Weinstöcke sind. Gegen die Ungerechtigkeit des Gewalthabers schützt der Tribun, gegen die Willkür des Richters sichert den mißtrauischen Plebejer der Gesetzesbuchstabe der zwölf Tafeln, der grundsätzlich jede Freiheit richterlichen Ermessens ausschließt. Nur in der Würdigung der Beweismittel, nicht in der Auslegung des Gesetzeswortes ist der altrömische Richter frei. Die Verurtheilung führt, wenn die Schuld nicht getilgt wird, zur Sklaverei. In das Ausland wird der Schuldner verkauft, nicht aus Rücksicht auf ihn, sondern auf seine Familie, welche sich des Verdammten schämt. Mehrere Gläubiger dürfen den Schuldner in Stücke schneiden, ein Satz, der dem milden Sinne späterer Zeiten so unbegreiflich schien, daß man glaubte, man habe nicht die Menschen, sondern nur ihr Vermögen in Stücke geschnitten.

Welche Bedeutung bei einem solchen Volke die Fragen des Rechts hatten, ist begreiflich. Zunächst hält es der Priester für seine Aufgabe, durch feste Geschäfts- und Proceßformulare dafür zu sorgen, daß die Heiligkeit des Gesetzesbuchstabens gewahrt bleibt, namentlich auch, daß die Zugeständnisse, welche die Patricier machen mußten, nicht durch freie Auslegungen noch mehr erweitert wurden. Aus diesen Formularen ist das Rechtssystem hervorgewachsen, dessen Grundgedanken wir in allen Gesetzgebungswerken civilisirter Völker noch heute vorfinden.

Für den Adel galt es als Sache der Pflicht und der politischen Klugheit, dem armen Manne unentgeltlich Gerichtsbeistand zu leisten, der, wie Horaz sagt, schon beim Krähen des Hahns hilfesuchend an seine Hausthür klopft. Es ergiebt sich auch hieraus, warum es die Geistlichkeit für eine ihrer Pflichten hielt, Rechtskenntniß im Volke zu verbreiten, um es vor den Freveln wider die Göttin Fides und ihren entsetzlichen Folgen zu warnen. Kein Volk kann Gerechtigkeit üben, welches nicht weiß, was der Inhalt des Gesetzes von ihm verlangt. Darum lernen die Kinder zu Ciceros Zeit ihr Gesetzbuch auswendig, wie wir den kleinen Katechismus uns aneignen.

So fest also der Herrschaftskreis des Einzelnen umzäunt war, so durfte er ihn doch nicht als ein Faulbett seiner Genußsucht betrachten. Dem Staate gehörte des Römers beste Kraft. So lange er jung war, nahm das Heer und das Staatsamt seine Kraft in Anspruch, dem alternden Staatsmanne fiel die Rechtspflege und die Mitwirkung im Rathe der Alten zu. Es war dies möglich, weil die Geschäfte des Handels, Handwerks und Ackerbaus in Händen lagen, deren Arbeit von der Heerespflicht und der unausgesetzten Kriegführung unberührt blieb, in den Händen des Sklaven, des bescheidenen Clienten und der untersten Volksklasse, der erst Marius das Recht der Waffenführung schenkte[1], endlich auch des Latiners, der im Verkehrsleben ebenbürtig war, nicht aber durch die Bande der Familie und die Macht des Erbrechts die Herrschaft in einem Römerhause erlangen konnte.

## § 18. Nachwirkungen der altrömischen Zustände.

Betrachten wir dieses Rechtsleben der älteren Zeit, so sehen wir, daß es weder bequem, noch eigentlich reichhaltig ist. Seine Größe bestand in seiner Sicherheit, seiner unwandelbaren Heiligkeit und in dem starren Selbstbewußtsein, das die Gewißheit eines so zweifellosen Staatsschutzes dem Einzelnen gewährte. Wer nach solcher Satzung lebte, von dem dürfen wir wohl sagen: „Jeder Zoll ein König“. Das war und blieb der Römer, als Heereszucht, Gewissenspflege und Sittenreinheit

---

[1] Gellius, noctes atticae 16, 10.

dafür sorgten, daß die strenge Form des alten Rechtsschutzes einen würdigen Inhalt erhielt.

Aber selbst als der Kern verfaulte, blieb in der äußeren Haltung die Schale erhalten. Was die spätere Zeit an edler Würde des Auftretens bewahrt und neu belebt hat, das hat seine Wurzel im altrömischen Patricierhause. Wohl erlosch die alte Tugend, aber niemals die Erinnerung an ihr Wesen.

Aber auch die nachrömische Welt, welche vom Patricierthume redet, weist mit dem Wort auch auf das Vorbild altrömischer Familienverhältnisse hin.

Welchen bedeutenden Einfluß dieser Geist auf England und Amerika ausgeübt hat, brauche ich nicht anzuführen, ich erinnere nur an das Recht freier Enterbung, das dem englischen Vater einen ähnlichen Einfluß in seinem Hause giebt, wie ihn in älterer Zeit jeder Römer, in späterer Zeit nur noch der römische Soldat besaß.

Aber auch in unserm Vaterlande sind Nachwirkungen jener römischen Urzeit unverkennbar und erklären die besondere Vorliebe, welche gerade von Seiten edler Fürsten, z. B. Friedrichs des Großen, dem altrömischen Wesen entgegengebracht worden ist.

Da die Geschichtsentwickelung keinen Sprung macht, so müssen wir annehmen, daß auch hier ein Verbindungsglied zwischen dem Alterthum und der Gegenwart vorhanden sein muß. Die Frage, ob es nicht in der Ritterschaft der Provence zu suchen ist, verdient, wenn nicht eine Bejahung, so doch eine Erwägung. Diese Ritterschaft wurde das Vorbild jener adlichen Sitte, zu der sich die Fürstenhäuser bekennen. Ihre Entwickelung hängt aber auch aller Wahrscheinlichkeit nach mit Resten altrömischer Anschauungen zusammen, welche im Schutze der Westgothen von dem Einflusse des Byzantinischen Ostreichs unberührt blieben. Dort hat der altrömische Adelsgeist durch das christliche Gebot des Kampfes für die Armen und Bedrängten eine neue Vorschrift in seinen Gedankenkreis aufgenommen, welche die bevorzugten Stände des Alterthums nicht nur nicht kannten, sondern in späterer Zeit geradezu mit Füßen traten, den Gedanken, daß die bessere Lebensstellung erhöhte Nachsicht, ja sogar eine Pflicht des Schutzes gegenüber den Hilflosen nach sich zieht. Altgermanische Anschauungen mögen dieses Ritterthum noch weiterhin umgestaltet haben. Das in diesem Sinne umgebildete Hausrecht des herrschenden Familienhauptes ist die

Hauptzierde der erblichen Monarchie und die sicherste Gewähr gegen ihre Ausartung in einen orientalischen Despotismus oder ein altrömisches Cäsarenthum. Allein nicht blos dem Fürstenhause ist das Vorrecht solcher Gesinnungen zugänglich. Die Schilderungen unsterblicher Dichter, in welchen das Ritterthum im Gesange ewig fortlebt, haben den Werth edeln Empfindens und Gebahrens selbst jenen Volksklassen klarzulegen versucht, welche im Alterthume und im Mittelalter zur Roheit und Sittenlosigkeit rettungslos verdammt zu sein schienen. Ueberall, wo eine wohlerzogene Familie ihren berechtigten Stolz darein setzt, in strenger Sitte ein leuchtendes Vorbild zu bieten, überall da lebt noch das alte Rom in seiner Reinheit fort.

Allein sowohl der strenge Hauch altrömischer Sitte, als auch die belebende Freude an der Rechtssicherheit weht nicht mehr blos über die Höhen der Menschheit, sondern auch in den Thälern, in welchen die Hütten der Armen stehen. Allüberall, wo ein unabhängiger Richterstand das Gesetz frei von jeder politischen Rücksicht wahrt und im Vertrauen auf ihn Handel und Wandel emporblühen, erfreut man sich des Grundsatzes der unparteilichen gesetzlichen Rechtspflege, welchen einst die Plebejer in harten Kämpfen für die Ewigkeit errungen haben.

Ja, wir dürfen in die Wohnungen der Geringsten hinabsteigen, um auch dort die Macht eines urrömischen Gedankens zu finden, der längst vergessen in bewußtem Hinblicke auf das alte Rom von den Todten auferweckt worden ist und jetzt mit ehernem Schritte welterschütternd und siegreich von Land zu Land wandelt: „die allgemeine Wehrpflicht". Das Bild des Cincinnatus, der vom Pfluge zur Schlacht fortgerufen wird, in wie viel tausend deutschen Landwehrmännern haben wir es sich erneuern sehn! Es war ein Lieblingstraum des großen Friedrich, Führer eines Heeres zu sein, das wie das altrömische für Haus und Heerd kämpft. Was dem königlichen Philosophen eine Zeit, der sein Gedankenflug vorausgeeilt war, nicht gab, dem Heldenkaiser Wilhelm wurde es zu Theil. Da sahen wir das Volk in Waffen wieder, fest, aufrichtig und ehrfurchtsvoll, wie es sich einstmals in Rom erhob, als die Eroberungssucht des ruhmgierigen Puniers es aus seiner stillen Arbeit aufscheuchte.

Der Tempel der altrömischen Fides ist in der deutschen Treue wieder errichtet. Möge es niemals der Furchtsamkeit, Lüge und Schamlosigkeit gelingen, ihn anzutasten, wie es einst in Rom geschah.

Wenn wir freilich dieses Fortleben altrömischer Zustände etwas näher betrachten, so finden wir, daß es nur die Grundgedanken, nicht die Sätze des Rechtes jener Zeit sind, welche andauern. Die altrömischen Rechtsbegriffe scheinen unsterblich zu sein — die Rechtsvorschriften der zwölf Tafeln aber sind fast vollständig verloren gegangen. Auf dem Boden der Treue erbauten die römischen Staatsbaumeister in den Grundbegriffen der Rechtsordnung ein planvolles, unvergängliches Gebäude, aber die schlichten Vorschriften, mit denen sie das Innere dieses Prachtbaues zierten, sind verschwunden. In der späteren Republik und in der Kaiserzeit haben andere Völker einen reicheren Inhalt hineingetragen, indem sie in seine Räume ein Weltrecht einführten, welches das altrömische Stadtrecht verdunkelte. Nur durch dieses Weltrecht wurde der römische Rechtsbau zu einer Heimathsstätte der gesammten Menschheit. Damit dies aber geschehen konnte, mußte zunächst der römische Vaterlandssinn ersterben, der den Eingang zur Pforte seines Rechtstempels mit Eifersucht wahrte. Der Verfall des Römerthums ist somit für uns ebenso zu einer Entstehungsbedingung unseres Rechts geworden, wie seine Blüthe.

---

# Dritter Theil. Römische Emporkömmlinge.

## § 19. Das Emporkommen der unteren Classen.

Der schmerzerfüllte Rückblick auf die entschwundene gute alte Zeit bildet den Inhalt wohlbekannter römischer Klagen, welche durch ihre herbe Bitterkeit die Trauerlieder des Jeremias an erschütternder Kraft überbieten. Und doch erscheinen dem Kenner der römischen Rechtsgeschichte die Ursachen des römischen Verfalls in einem andern Lichte, als sie dem vornehmen Römer der späteren Zeit sich darstellten. Dieser weist immer nur auf den Pöbel hin, der ein Träger aller der Laster wurde, welche in der großstädtischen Unübersichtlichkeit nisten. Daß aber auch der emporgekommene Mittelstand den alten Römergeist vergiftet hat, davon erfahren wir wenig bei den Lobrednern der alten Zeit; denn Cato, Cicero und Juvenal gehörten selbst zu dieser Klasse.

Das Wuthgeheul der Massen folgte nur als Echo der Fühllosigkeit der Mächtigen. Ehe Rom verwilderte, ist es zunächst verbauert. Von Anfang an war es nicht bäurisch. Der Edelmann, der hinter dem Pfluge herging, war kein Bauer — mit ihm verwechselt man in Rom wie anderswo mit Unrecht oft seinen ungebildeten Berufsgenossen.

Bauer und Edelmann sind überall Leute verschiedener Art. Beide suchen zwar nach außen fest aufzutreten, beide halten auf Ordnung im Hause und Treue im Verkehr, beide scheuen die Hinterlist und gehen vorlautem und unsauberem Gebahren gern aus dem Wege. Darum widersteht ihnen beiden das gezierte, lügnerische und vorlaute Wesen des städtischen Pöbels.

Diese Gleichheit wird jedoch von Verschiedenheiten übertroffen. Der Bauer sieht aber in den Eigenthümlichkeiten des Städters dessen eigentliche Kennzeichen und, wenn er sich einmal entschlossen hat, Bürger einer Stadt zu werden, so glaubt er durch Aeußerlichkeiten seine neue Art beweisen zu müssen.

Hierbei zeigt sich dann der Unterschied zwischen ihm und dem Edelmanne, ein Unterschied, welcher auf den Eindrücken des Elternhauses beruht. Die Gewohnheit, auch in der Lebensführung des Privatlebens eine theils beobachtete, theils gefährdete Stellung zu besitzen, erzeugt eine maßvolle Gestaltung des eigenen und eine Schonung fremden Empfindens, welche beide sich da nicht entfalten, wo man ihrer nicht bedarf.

Andererseits besitzt der reichgewordene Bauer, welcher den vornehmen Herrn spielt, in seiner noch unverbrauchten Herzenswärme einen erheblichen Vorzug vor dem Herrn eines größeren Erbguts, welchen das einsame Leben unter abhängigen Dienern leicht gleichgiltig und zurückhaltend macht. Durch Hartnäckigkeit, kluge Berechnung und kühnes Zugreifen vermag daher der schlichte Neuling dem strenger Erzogenen leicht den Rang abzulaufen. Seine Empfindungslosigkeit für ein uneigennütziges Streben verleugnet er aber nur selten; denn die Tugenden, welche er nachahmt, erhalten in ihm ein neue Färbung. Seine Festigkeit erscheint als Eigensinn, seine Aufrichtigkeit verletzt und sein Anstandsgefühl bethätigt sich entweder in einem geschmacklosen Luxus oder in einem trotzigen Widerstreben gegen die allgemeine Sitte.

Dieser reich gewordene Bauer ist jener Römer, der sich seit der Zeit der punischen Kriege neben den Patricier und den im patricischen Geiste erzogenen Plebejer empordrängt, ihn durch seine unverkennbaren Leistungen schlägt, ihn durch eine Art des Streites, an deren Erwiderung den Edeln seine Erziehung hindert, niederzudonnern sucht und schließlich von sich abhängig macht.

Dieser thatkräftige Neuling würde nicht in die Höhe gekommen sein, wenn er nicht unentbehrlich gewesen wäre. Jede siegreiche Eroberung entfesselt die Kräfte der unteren Stände des vom Glück begünstigten Staates. Je anspruchsvoller ein Gemeinwesen hinsichtlich der Zahl seiner Vertreter sein muß, desto genügsamer muß es hinsichtlich ihres Werthes werden. Ueberdies bedurfte die gute Gesellschaft nur allzu sehr der guten Lungen des Emporkömmlings und seiner Freude an ihrer Verwendung, um sich des Pöbels zu erwehren.

Diesen letzteren hatte freilich ein Patricier entfesselt. Dem Censor Appius Claudius konnte es trotz seiner Blindheit nicht entgehen, daß die Versammlungen der plebejischen Gutsbesitzer die allgemeine Volksversammlung in den Hintergrund zu drängen drohten. Er suchte sie zu entwerthen, indem er das besitzlose Volk in sie hineinließ. Leute, welche die Erziehung des Heerdienstes nicht kannten und den militärischen Ehrenstrafen des Censors nicht unterlagen, sollten den wohlerzogenen Mitgliedern der Plebs als gleichberechtigt an die Seite treten. Ein Sturm der Entrüstung durchwogte die bessern Klassen. In der Stadt war jedoch die Maßregel nicht rückgängig zu machen, die städtischen Bezirke blieben das Herrschaftsgebiet der Proletarier, aus deren Mitte der vornehme Plebejer auf das Landhaus hinausflüchtete. Nur die besitzlosen Landleute mußten es sich gefallen lassen, daß man ihnen ihr Stimmrecht wieder abnahm. Dadurch wurde ein Gegensatz zwischen Stadt und Land geschaffen, wie er sich oft wiederholt hat, und an dessen Wiederaufhebung auch bei uns die Volksschule noch heute arbeitet. Der besitzlose Landmann wurde damals ein Bauerntölpel, der keine Stimmrechte hatte und also auch die Rechtssätze nicht zu kennen brauchte.

Wo aber der Bauernknecht rechtlos und verkommen ist, da gedeihen Dünkel, Willkür und Fühllosigkeit der Herren. Diese Herren rechtloser Knechte sind es, welche den städtischen Patriciern zu Hilfe eilen, um sie zu lehren, wie man den schwachen Gegner seine Macht fühlen läßt. So sachverständige Bundesgenossenschaft mochte der schwer bedrängte Adel nicht zurückweisen, aber der Bundesgenosse arbeitete nicht umsonst, er prägte der römischen Gesellschaft sein Denken und Empfinden auf. Solche Bauern waren es, welche in der Religion nicht mehr sehen wollten als ein glänzendes Cermonienwesen, das dem abergläubischen Pöbel eine heilige Scheu einflößen sollte. Sie rissen die Censur an sich, um durch maßloses Poltern wider die Schwächen des Nachbarn den Beweis für den sittlichen Adel ihrer eigenen Person den Mitbürgern in die Ohren zu schreien. Ein solcher Bauer war auch der ältere Cato,[1] jener Sittenprediger, in welchem viele einen Römer von echtem Schrot und Korn sehen wollen. Er war allerdings ein ehrlicher Feind hellenischer Verschlagenheit, aber auch ein Feind hellenischen Zartgefühls und hellenischen Mitleids. Mit echt plebejischer Grausamkeit verlangte er die Vernichtung Karthagos, wie ein habgieriger Gläubiger, welcher auf seinen Schein pocht. Wohl mochte sich dem Freunde griechischer Dichtung, der hierdurch gezwungen wurde, die blühende Handelsstadt zu vernichten, die Möglichkeit eines späteren Untergangs Roms aufdrängen, da er fühlen mußte, daß die Maßlosigkeit begonnen hatte das treibende Element in den Beschlüssen des Senats zu werden. Daß die Kraft, welche sie hervorruft, nur ein Strohfeuer ist, zeigte sich an der Erfolglosigkeit der Splitterrichterei des großen Censors. Ebenso hartnäckige Bauern, wie er, waren jene gierigen Schlemmer, welche jeden griechischen und asiatischen Genuß in der denkbar rohesten Form an sich rissen.

Aber mehr noch als sie waren es ihre Frauen, welche alle Besserungsversuche des Censors siegreich aus dem Felde schlugen.

## § 20. Die Frau des späteren Roms.

Daß die gesellschaftliche Stellung der Frau ein Gegenstand des staatlichen Schutzes ist, hat noch niemand bezweifelt. Daß sie dagegen auch eine Rechtsquelle werden kann, begreift man nur dann, wenn man bedenkt,

[1] Vgl. Jörs, Römische Rechtswissenschaft zur Zeit der Republik. Berlin, 1888. S. 267 ff.

daß die Empfindungen der Menschen ihre Bedürfnisse bestimmen, diese aber den Inhalt des Rechtsschutzes beeinflussen.

Nirgends tritt der Einfluß der Frau auf die Empfindungsweise des Mannes und auf seine Stellung zur Rechtspflege und zur Gesetzgebung so scharf hervor, als inmitten der römischen Sittenfäulniß.

Auch hier waren gesellschaftliche Zustände, welche auf wohlerzogene Frauen berechnet waren, unwürdigen Erbinnen in den Schoß gefallen. Die Römerin der späteren Zeit genießt die äußere Würde ihres patricischen Vorbildes, ohne deren inneres Empfinden zu erlangen. Reich gewordene Bäuerinnen zersprengten die strenge Sitte des alten Herrenhauses. Sie waren die ersten Vorkämpferinnen wider die Beseitigung der Schranken, welche die Würde des Weibes schützen. Sie erzwangen eine neue Eheform, welche den patriarchalischen Hausherrn zu einer komischen Figur herabdrückte, die nicht nur unter dem Pantoffel der Gattin, sondern auch unter demjenigen ihres Sklaven stand; denn sie entrissen ihm die Verwaltung ihres Vermögens, setzten ihn sogar zuweilen auf schmale Kost und ließen ihn durch ihren Knecht mahnen und peinigen, wenn er ihnen das geborgte Geld nicht zurückgab. Auch der Weibervormund wurde aus einem wahren Beschützer ein Schattenkönig. Die Scheidungsfreiheit galt im Widerspruche mit dem heiligen Rechte als alter Grundsatz des weltlichen Rechts — erst jetzt aber begann man sie auszunutzen. Die Römerin der späteren Zeit wird also allmählich zu dem vollen Gegenstücke der altehrwürdigen Matrone, deren Würde sie in ungeschickter Weise nachahmt und deren Selbstbeherrschung sie nicht kennt. Schon lange vor der Zeit der Messalina herrschte ihre Zügellosigkeit in Rom.

Wie diese entstand, ist nur allzu begreiflich. Die Sitte schließt die Frau gegen die Mitwelt strenger ab als den Mann und steigert so in ihr das Gefühl der Eigenart und des Gegensatzes gegen die übrige Menschheit. Deshalb erzeugt sich oft im weiblichen Herzen unter dem Druck ihrer Sonderstellung eine dämonische Kraft, einen Drang nach schrankenloser Willensbethätigung, wie ihn der Mann weit seltener kennen lernt. In der Hütte des schlichten Landmannes und des bescheidenen Kleinbürgers kommt dies Streben durch den Druck der Verhältnisse niemals zur Entfaltung. Anders im Herrenhause des Gutsbesitzers, in welchem in der Abwesenheit des Mannes die Frau frühe lernt, widerspenstige Thiere zu bändigen, und den Knechten mit Festigkeit entgegentreten muß. Dies gilt aber vor allem von dem Hause des Kriegers, in welchem die Bilder des Schlachtfelds mit ihren blutigen Farben die tägliche Unterhaltung erfüllen. Dort steht ein schmerzvoller Tod des Vaters, Gatten, Bruders und Sohnes als ein natürliches Ereigniß unausgesetzt vor dem geistigen Auge der Frau. Dieser stete Blick in das Grab aller Blutsfreunde stählt die Willenskraft der Frau bis zur Härte, die Schrecken der Feldschlacht mit ihren Wunden und Verstümmelungen, welche unausgesetzt ihren Gesichtskreis füllen, üben auf ihre Einbildungskraft und ihr erregbares Empfinden einen herausfordernden Reiz aus, welcher leicht eine unbezwingliche Lust am Ungewöhnlichen und eine Minderung der natürlichen Scheu vor eigenem oder fremdem Leiden erzeugt. Darum ist das Haus des Kriegers nur da ein ritterliches, wo eine überaus strenge Sitte den Frauen die höchste Zurückhaltung aufzwingt und der aufstrebenden Lust, sich der Empfindung des Mannes völlig anzupassen, ein Gegengewicht bietet. Wo dagegen das Weib ihrem kriegerischen Gatten zügellos zur Seite steht, da droht der Geist des Lagers, der Soldatenschenke und der Plünderung die weiblichen Herzen aufzustacheln.

Jene Römerinnen, welche in wildem Taumel die alte Sitte mit bewußter Wildheit zu schänden suchen, sind hierfür ein anschauliches Beispiel. Nachdem dieser Geist einmal eingerissen war, konnte er durch den bloßen Wegfall der allgemeinen Wehrpflicht nicht wieder verschwinden. Die Empfindungsweise der Mutter mußte sich auf den Sohn übertragen und den Herren der Welt nicht als eine Folge fremder Einflüsse, sondern als Erzeugnisse ihrer eigensten Art Hochmuth und Rücksichtslosigkeit einpflanzen.

## § 21. Der Verfall der römischen Rechtlichkeit.

Der Geist verblendeten Hochmuths kennzeichnet die sinkende Republik: Nichtachtung vor allem Bestehenden, vor dem fremden Fürsten wie vor dem eigenen Senator, vor der Menschenwürde und dem Streben nach Menschenschonung, das ist der echte Geist des emporgekommenen römischen Bauern. Auf dem Schlachtfelde mochte wohl dieser Hochmuth dem Dünkel des Hellenen überlegen sein; denn die Nichtachtung fremder Vorzüge ist noch immerhin minder gefährlich, als die Unkenntniß der eigenen Schwächen. Im Innern aber machte er allen wohlmeinenden Bürgern das Leben unerträglich. Nicht allein die Noth, sondern auch das übermüthige Streben nach Grundbesitz, der vor dem mißachteten Handwerke schützen sollte, erzeugte die Kämpfe der Agrarier. Aus Hochmuth ließ sich schließlich der Pöbel zusichern, arbeitslos auf Staatskosten gefüttert zu werden, weil er Handel und Handwerk für eine Schande hielt. Nur die Landwirthschaft galt als adlig, der Kaufmannsstand war den Senatoren verboten; von ihm spricht Cicero in seiner Pflichtenlehre mit Verachtung, den Handwerker nennt er aber geradezu mit dem Barbaren in einem Athem. Sein äußerstes Schimpfwort ist „der Mann aus der fünften Steuerklasse", der arme Teufel. Dieser Ton, welchen Coriolan bei Shakespeare anschlägt, ist erst nach den punischen Kriegen, also viel später aufgekommen, durch Leute, welche Patricier sein wollten, aber es nicht waren. Den reichen Mitgliedern des neuen Geldadels, denen der Ritterrang gebührte, weil sie hohe Steuern zahlten, obwohl sie im Felde keine Ritterdienste mehr thaten, wurden bevorzugte Reihen im Theater eingeräumt. Verloren sie ihr Vermögen, so warf man sie von diesen Plätzen hinunter, eine Fühllosigkeit, welche erst der edle Augustus aufhob. Nicht nur in der Heimathsstadt bildet sich der Gegensatz von Reich und Arm, sondern auch in denjenigen Provinzen, welche diesen rechtlichen Unterschied nicht kannten, wurde er von den Römern zwangsweise eingeführt, so z. B. in Judäa. Diese Erscheinung war eine nothwendige Folge des Kriegsrechts, welches den gebildeten hellenischen Sklaven vorzugsweise dem Reicheren zukommen ließ, während der Ärmere den ungebildeten Knecht vorzog, dessen Arbeitskraft ihm ein Einkommen erwarb. So wurde es unmöglich, daß die Ärmeren bei der aufstrebenden Bildung und Gesittung mit den Reichen gleichen Schritt halten konnten; denn der Schwerpunkt der Erziehung lag im häuslichen Unterrichte. Die hellenische Sitte verdrängte vielfach die römische; den Vermögenden gab sie einen Ersatz in der griechischen Wissenschaft und Dichtung, die Ärmeren gingen aber gänzlich leer aus. Sie verloren das Alte und erwarben kein Neues; so versanken sie in Rohheit und Verwilderung. Das Wort „Classiker" stammt aus Rom, aber die Classicität der Römer war diejenige des Geldbeutels, die Classiker sind die Mitglieder der ersten Steuerklasse. Immerhin führte diese Gleichstellung des Geldadels mit dem Geburts- und Amtsadel dazu, das Richteramt nicht blos den Staatslenkern, sondern auch den Reichsten unter den übrigen Bürgern zuzuwenden. Dies war insofern eine Verbesserung, als Richter, welche die kaufmännischen Verhältnisse kannten, offenbar den veränderten Bedürfnissen des Rechtes besser Genüge thaten, als die Träger veralteter Vorurtheile.

Die Ausführungen Rudolf von Iherings [1] haben klargelegt, daß die abstoßenden Züge, welche das altrömische Recht trägt, in vielfacher Hinsicht auf kluger Berechnung beruhten, und nicht, wie man früher annahm, auf einer Unvollkommenheit geistiger Entwickelung. Nirgends freilich zeigt sich die unedle Denkart des späteren Roms in so abschreckender Deutlichkeit wie in dieser Richtung. Der stete Freund und Begleiter des listigen Bauern, der ränkevolle Advokat spielt hier eine Hauptrolle. Die Kunst der Silbenstecherei, der raffinirtesten Ausbeutung unvorsichtiger Worte des Proceßgegners oder Vortragsgenossen feierte in der sinkenden Republik die höchsten Triumphe. Das ganze Recht wimmelt von Scheingeschäften. Was die Weisheit des Gesetzgebers versagt hatte, das mußte der pfiffige Emporkömmling durch geschickte Gesetzesumgehung sich dennoch zu verschaffen, und der Richter mußte ihn gewähren lassen, da ihm verboten war, vom Gesetzesbuchstaben abzuweichen. Das Mißtrauen, das der Plebejer seinem Senator entgegengebracht hatte, mußte sich hier auf's Schwerste rächen. Aus Gesetzesumgehungen entstand die Freilassung ohne censorische Erlaubniß, welche die Bürgerschaft mit fremden Elementen füllte, ferner die Annahme fremder Wahlkinder, endlich auch die künstliche Aufhebung der väterlichen Gewalt. Man verkaufte das Kind als Sklaven (Mancipation), damit es dann durch Freilassung selbständig werde. So entstand die Emancipation, ein Wort, das viele im Munde führen, ohne zu wissen, daß sein Name mit einem altrömischen Bauernkniffe zusammenhängt. Wir sehen also, daß auch hier die Kraft, welche Böses wollte, vielfach Gutes schuf, allein das Böse überwog. Aus Scheingeschäften entstand eine neue Testamentsform, das Privattesta-

---

[1] Geist des Röm. Rechts. III, 1. § 57 ff. Scherz und Ernst in der Jurisprudenz. Leipzig, 1884. S. 175 ff.

ment, welches der Fälschung und der Erbschleicherei den bedenklichsten Vorschub leistete. Kann es endlich etwas Unsittlicheres geben, als eine Scheinehe, welche eine Frau mit einem bezahlten Greise abschließt, damit die Tempelkasse um Steuern betrogen wird? Und doch wußte die römische Advocatur die Giltigkeit solcher und ähnlicher Geschäfte durchzusetzen.

Das Wort „legulejus“, Gesetzesmann, wurde schließlich bei ehrlichen Leuten zum Schimpfworte; unter einer späteren Vertragsurkunde finden wir die Worte: absit ab hac re dolus malus et jus civile, d. h. dies Geschäft soll ohne Niederträchtigkeit und nicht nach bürgerlichem Rechte ausgelegt werden. Nicht blos die Menschen, auch die Götter wurden damals betrogen. In sacris simulata pro veris accipiuntur: „Der Gottheit gilt der trügerische Schein so viel wie die Wahrheit,“ das ist ein Gedanke dieser Zeit.[1] Statt kostbare Opferthiere zu spenden, begnügt man sich mit werthlosen Nachbildungen, und die Götter mußten zufrieden sein, da dem Buchstaben Genüge geschah. Auch das Gebetswesen verwandelt sich in das Murmeln unverstandener Formeln; man glaubte, erhört zu werden, wenn man viele Worte machte. Späterhin verstanden die Priester selbst nicht mehr den Gebetsinhalt, welchen sie aussprachen. Die römische Verweltlichung der Gewissenspflege stammt aber nicht erst aus der Zeit der Renaissance, schon in der Zeit der Republik bildet sie den Grundgedanken des Strebens nach dem Priesteramt, das zu politischen Würden hinüberleiten sollte. Der aufgeklärte Cicero, welcher über sein Augurenamt lächelt und sich nicht scheut, dies Lächeln der Nachwelt mitzutheilen, kann gar nicht genug davon erzählen, wie herrlich eben dieses Amt sei, welche bedeutende Macht im Staatsleben es gewähre. Der Mißbrauch der Gottheit zur Mehrung persönlichen Einflusses ist also schon bei dem großen Sittlichkeitslehrer Maxime. Daß es eine Aufgabe des geistlichen Berufs sein könnte, die verwahrlosten Armen zu erziehen, statt sie zu beschimpfen, das ist ein Gedanke, der dem philosophischen Diener der Gottheit durchaus fremd ist. Vor allem aber entwickelte sich aus jenen Emporkömmlingen ein „Raubritterthum“ der schlimmsten Art, welches nicht einmal die Tugend der Todesverachtung bei seinen

---

[1] Vergl. Demelius, die Rechtsfiction. Weimar, 1858. S. 39.

Erpressungen bethätigte. Niemals gab es unritterlichere Männer, als diejenigen, aus denen sich der römische Ritterstand bildete. Der römische Staat mußte Steuern und Zölle in der Regel verpachten, da er nicht genug zuverlässige Unterbeamten besaß, um sie unmittelbar einzutreiben. Diese Zöllner waren die schlimmsten Blutsauger der Provinzen. Neben der Gier des Steuerpächters steht die Bestechlichkeit des Provinzialregenten. Die Ausplünderung der eroberten Länder wurde mit bäurischer Rohheit betrieben, das Signal gaben wohl die Emporkömmlinge, jedoch auch die edeln Geschlechter wurden schließlich mit in die Unsitte hineingezogen. Schimpflich war es, daß eine Reihe von Gesetzen wider solche Frevel nöthig wurde, noch schimpflicher, daß das Mittel versagte. Die Versorgung jüngerer Söhne mochte vielleicht auf diese Weise geschehen, damit nicht der alte Familienglanz durch Erbtheilungen verloren gehe.

Wohl war es ein Zeichen von Muth und Herzenswärme, daß Cicero den Kampf gegen den räuberischen Verres aufnahm. Unser Gefühl verletzt aber selbst hier die Erkenntniß, daß dabei von einem emporstrebenden Schönredner ein einziger Sündenbock aus einem Kreise herausgerissen wurde, zu welchem sicherlich die besten Freunde des entrüsteten Anklägers gehörten.

Wir können uns von diesem Bilde nicht trennen, ohne hervorzuheben, daß wir es mit einem Uebergangszustande zu thun haben. Das altrömische Wesen gerieth in Verfall und auf seinen Ruinen erblühte noch nicht das neue Leben des Weltbürgerreiches. Nur vor einem Gedanken müssen wir uns hüten: Die Spuren des verfallenden Volkes dürfen wir mit den Anschauungen einer besseren älteren Zeit nicht verwechseln. Diese gab dem Volke die Kraft zur Eroberung der Welt, jene Krankheitserscheinungen waren die Symptome einer unheilbaren inneren Zersetzung, von der sich das Römerthum niemals mehr erholt hat.

## § 22. Nachwirkungen des römischen Verfalls.

Die Beschaffenheit menschlicher Richtersprüche hängt weit weniger von dem Inhalte der Rechtsquellen ab, als von dem allgemeinen geistigen Besitzstande des Richters. Darum ist die Zeit der sinkenden Republik von der höchsten Bedeutung für Staatslenkung und Rechtspflege der Nachwelt geworden. In der Erziehung der besseren Stände nimmt sie einen so breiten Raum ein, daß dagegen die übrige Weltgeschichte in den Hintergrund tritt, ihre übergroße Betonung im Jugendunterrichte verleiht daher unsern allgemeinen Anschauungen über den römischen Staat den Grundton. Sie ist für die Beurtheilung und Schätzung des römischen Rechtes hiernach jederzeit von der größten Bedeutung gewesen.

Dieser Einfluß ist die nothwendige Folge davon, daß das Latein durch viele Jahrhunderte die allgemeine Gelehrtensprache war, und daß jene Zeit den größten Redekünstler in sich birgt.

Nicht ohne empfindliche Nachtheile ist es jedoch geblieben, daß das Streben nach einer vollkommenen Ausdrucksweise vielfach den Blick für die Mängel die Quelle getrübt hat, aus der man schöpfte. Unzureichende Vorstellungen mußten hieraus hervorgehen, nicht blos über das Wesen des Rechts, fanden auch über den Werth des Justinianischen Rechtsbuches und die Aufgaben des Staatsdieners.

Zunächst würde es eine höchst unerfreuliche Thatsache sein, wenn wir in der Denkart der verfaulenden Weltstadt die vornehmlichste Ursache der Welteroberung und der Erzeugung eines musterhaften Rechtes zu sehen hätten. Wer sein Vaterland liebt, würde in eine arge Versuchung geführt werden, dieses Vorbild nachzuahmen, und wer will leugnen, daß es oft genug geschehen ist; ich erinnere nur an das französische Cäsarenthum.

In Wahrheit verhält sich die Sache anders. Cäsars Glück bestand vornehmlich darin, daß Rom Ahnen gehabt hatte, welche anders empfanden, als er und seine Zeitgenossen; er genoß die Nachwirkungen einer verschwindenden Tugend. Die Männer aber, welche ein neues Weltreich zimmerten, hatten ihre Arbeit zu seiner Zeit kaum erst begonnen.

Aber auch die Schätzung des römischen Rechts leidet unter dieser Verwechselung einer krankhaften Uebergangszeit mit der Blüthe römischer Rechtsentwickelung. Wenn man dem Justinianischen Rechte oft vorwirft, daß es auf Schlauheit und Rücksichtslosigkeit beruhe, so verwechselt man die Denkart des spätrömischen Advokaten mit dem Gebote der Treue und Redlichkeit, welches der altrömischen Religion angehörte und welches ein damals erst beginnendes Weltbürgerthum von neuem zum obersten Rechtsgrundsatze gemacht hat. Andererseits fühlen wir uns oft genug durch die häßliche Sprache des Provincialjuristen und des byzantinischen Kaisers zu einer allzudeutlichen Erinnerung an den Gymnasialgrundsatz verleitet, daß alles, was nicht ciceronianisch ist, auch schlecht sein muß.

Die Persönlichkeit Ciceros ist überhaupt für den künftigen Staatsbeamten ein nicht ungefährliches Vorbild, sowohl durch ihre Denkart als auch durch ihre Ausdrucksweise. Daß in einer Zeit, in welcher mit der Macht der Rede mehr gekämpft werden mußte, als in irgend einer andern, auch der erste Redner entstand, ist wohl begreiflich. Daß dieser selbe Mann in einzelnen seiner Darstellungen, z. B. in der unübertrefflichen Ableitung der Sittlichkeit aus der Menschenliebe, sich zu der Größe des Propheten einer zukünftigen Weltanschauung aufschwingt,[1] erklärt sich daraus, daß in seinem Kopfe das Studium der griechischen Philosophen mit der Menschenkenntniß des römischen Staatsmannes sich einten. Ueberdies war er es, der zwischen der römischen Sprache und der hellenischen Weltweisheit einen Ehebund schloß, dessen Sprößling das römische Weltrecht wurde; auch war er sicherlich ein muthiger Mann, der das Vaterland ohne eigennützige Hintergedanken liebte. Allein es scheint beinahe, als ob er das Bewußtsein, ein umwälzender Neuerer zu sein, vor sich selbst verdecken wollte, so sehr schloß er sich an veraltete, gänzlich unhaltbare Zustände an, so sehr hob er seine Zugehörigkeit zum Adel hervor und bewies durch deren selbstgefällige Betonung fortwährend, daß die Tugend einer vornehmen Gesinnung, welche er vor allen besitzen wollte, ihm am Meisten fehlte. Sicherlich zeigte er sich nicht als Gesinnungsgenosse des Cincinnatus, als er seine äußeren Ehren laut verkündete; und der Glanz der augenblicklichen Herrscher lähmte seine Voraussicht.

Sobald er aber auf den Marktplatz als Advokat vor den Pöbel trat, der nach Unziemlichkeiten lechzte, da riß seine Aufgabe die Schleusen senatorischer Zurückhaltung fort, und ein Strom der unedelsten Schmähungen bewies, daß der vielseitige Mann auch die Denkart der untersten Classen genau kannte. Die Beschimpfungen, mit

---

[1] Vgl. Cicero de leg. I, 12. c. 34. necessarium, ut nihilo sepse plus quam alterum diligat.

welchen er seine Gegner überhäufte, würde kein deutscher Richter geduldig anhören. Man mußte dem Vorkämpfer der hellenischen Bildung vieles verzeihen, vor allem, daß er selbst nicht verstanden hatte, sich das hellenische Zartgefühl anzueignen. In dem Kampfe mit wilden Pöbelmassen mag sich freilich die allgemeine Ueberzeugung gebildet haben, daß man mit den Wölfen heulen muß. Allein die also angeschlagenen Töne können an Schönheit nicht dadurch gewinnen, daß sie zu ihrer Zeit nöthig waren.

Wir wollen somit keinen Stein gegen den Mann erheben, der schließlich seine Berufsstellung mit seinem Leben bezahlen mußte. Bedauerlich bleibt trotzdem, daß die Erregungen jener Tage noch heute in unsern Seelen nachzittern. Noch jetzt muß unsere Jugend die Neigung zum zwecklosen Wortschwalle und einen aufgeregten, dreisten und dünkelhaften Ton als Zugabe zu dem guten Stile des größten Sprachkünstlers bei ihrer Erziehung mit in den Kauf nehmen. Nicht blos die Silbenstecherei der spätrömischen Advokaten, sondern auch die unziemliche Wärme des redlichen Emporkömmlings, welcher wider sie stritt, hat die Nachwelt oft genug in vermehrter und verbesserter Auflage erdulden müssen. Gar mancher Neulateiner glaubte seine ciceronianischen Studien weniger durch die Güte des Stils als durch seine leidenschaftliche Unhöflichkeit wider die Gegner beweisen zu sollen. Aber auch heute wird an Gerichtsstelle, im Wahlkampfe, ja selbst im Parlamente oft genug der erregte Ton laut, welcher ein Erzeugniß und ein Nachklang altrömischer blutiger Straßenkämpfe und moderner Jugenderziehung ist.

Wo der Kampf um's Recht so großen Scharfsinnes und so guter Lungen bedarf, wie es im Rom der späteren Republik der Fall war, da hat das geltende Recht sich überlebt. Wie eine schwere Rüstung drückte es den aufstrebenden Welthandel; es nahm ihm Lebenslust und Bewegungsfreiheit. Gerade die Wohlmeinenden fühlten sich durch seinen Inhalt und mehr noch durch die Hinterlist und die Schroffheit, mit der man es anwandte, bedrückt und beengt.

Doch diejenigen, welche am Meisten unter den veralteten Sätzen litten, hatten zuerst bis zu einem gewissen Grade eine Abhülfe.

Während der Römer in der Ferne kämpfte, verrichteten der hellenische Hauslehrer und die orientalische Kinderpflegerin eine unsichtbare Maulwurfsarbeit. Sie nagten an den Grundlagen latinischer

Stammeseigenthümlichkeiten. Die heimischen Fabeln verwoben sie mit den römischen Ueberlieferungen zu einem neuen Gesammtbilde, welches das junge Rom seinen Vätern entfremdete.

Der griechische Sklave brachte die athenische Weltweisheit nach Rom, der orientalische Knecht lehrte ihn die Herzenswärme und Einbildungskraft des Ostens kennen und der abtrünnige italische Bundesgenosse zwang schließlich dem hochmüthigen Quiriten neue Mitbürger auf, welche noch nicht verlernt hatten, bescheiden zu sein und in deren Mitte sich Männer wie Vergilius und Livius befanden. Auch hier gestaltete der Eroberte in allmählicher und unmerklicher Weise den Geist des Eroberers nach seinem Bilde um. Es entstand ein neues Rom und mit ihm ein neuer Aufschwung, aber mit dem neuen Segen auch neues Unheil. Hellenischer Dünkel, punische Hinterlist, syrische Schamlosigkeit und der Knechtssinn des Provinzialen drangen in die Hauptstadt ein.

So wurde das erkrankte Römerthum nicht nur nicht geheilt, sondern völlig vergiftet; mit der Weltherrschaft erstritt das Römervolk eine innerliche Umwandlung seines Wesens. Sein Kampf für das alte Sonderrecht trieb es in eine Nothlage, aus der in seiner Mitte ein neues Weltrecht entstehen mußte, zum Heile der Nachwelt, aber zum Verderben der heimathlichen Satzungen. Roms Fall ward der Welt Reichthum.

## Dritter Abschnitt.

# Das römische Weltreich.

## Erster Theil: Die Zerklüftung der Volksklassen.

### § 23. Vom römischen Staate zum Weltreiche.

Der Zerstörer Karthagos gedachte, als er sein Werk vor sich sah des dereinstigen Unterganges seiner Vaterstadt. Wie Troja dahin sank, so stürzte Karthago, wie Scipio Karthago zerstörte, so mußte nach seiner Meinung auch Rom einmal fallen. Als Sinnbild dieses Falles mochten wohl die Ruinen der afrikanischen Weltstadt auch Marius erscheinen, als er sie zum Schauplatze seines Grolles wählte. Und doch irrte sich Scipio; denn man nennt seine Stadt noch heute die ewige. Allein das Schmerzgefühl, das den edeln Bezwinger Afrikas erfüllte, war trotzdem die Ausgeburt einer nicht grundlosen Ahnung. Das Rom Scipios verging, nur fiel es nicht in der Art, wie er selber es befürchtet hatte. Kein feindlicher Held hat das Römervolk in die Knechtschaft fortgeführt und seinen Herrschersitz zerstört, ein schlimmeres Loos ward ihm bereitet. Von innen heraus verlor es seine Eigenart, von innen heraus stiegen fremdländische Despoten auf seinen Herrscherthron. Sein Recht blieb bestehen, aber der Fremdling benützte es, um es nach seinem Willen umzugestalten, seine Heere hielten die Barbarenfürsten von seinen Mauern fern, aber in seinem Innern entstiegen dem Weltverkehre als einem ungeheuern Trojanischen Pferde fremde Völker, welche den Herrschersitz mit den Sitten des Besiegten füllten. Roms Legionen und ihre eiserne Mannszucht dauerten an, aber unter dem römischen Adler kämpfte der barbarische Söldner für die Zerstörung der altrömischen Denkart und des alten römischen Selbstgefühls. Wenn eine höhere Gewalt dem edeln Scipio das wahre Schicksal Roms vor Augen gestellt hätte, nicht Gram, sondern völlige Verzweiflung würden ihn erfaßt haben; denn tausenmal schmachvoller, als er es fürchtete, war die Zukunft, welche ihm die Güte der Gottheit verhüllte. Für den Sproß eines edeln Patriciergeschlechts hätte es wohl kaum ein verletzenderes Bild geben können, als es ein trunksüchtiger Brudermörder ist, welcher durch seine barbarischen Söldner den Senatoren Gesetze dictirt, oder ein wahnsinniger Knabe, der als Staatsdiener die römische Hohepriesterwürde schändete und die stolzen Häupter uralter Adelsgeschlechter vor asiatischen Götzenbildern in den Staub niederzwang.

Hätte das Orakel dem Scipio solche Dinge verkündet, er würde nicht haben begreifen können, wie sie wohl möglich werden sollten. So lange Volk und Senat vereint waren und in römischer Weise fühlten, so lange das Volk kämpfte und berieth, so lange der Senat die Verwaltung lenkte, waren derartige Ereignisse unmöglich. Aber auch so lange noch Magistrate herrschten, in deren Adern noch ein Tröpfchen italienischen Blutes rollte und in denen das Bewußtsein der alten Herrschergewalt lebte, hätte dies nicht geschehen können. Was Rom groß machte, war nach einem bekannten Worte des Polybius die Dreieinigkeit seiner Staatsform. Rom war eine Demokratie durch seine Volksversammlung, eine Aristokratie durch seinen Senat, eine Monarchie durch die Macht seiner Gewalthaber. Allein diese drei Säulen seiner Größe sanken dahin, die eine nach der andern. Zunächst entstand die tiefste Kluft zwischen dem Amtsadel und der Masse des Volkes, sodann bildeten sich beide innerlich um. Das Volk verlor die Mehrheit im Heere und mit ihr die Volksversammlung und das Volksgericht. Aber auch der römische Adel wurde entbehrlicher, verdrängt durch eine Schaar rechtsgelehrter Beamter. Diese Beamten und Heerführer aber verwandelten sich mehr und mehr aus unabhängigen Pflegern des Rechts- und des Staatswohls in Trabanten, welche dem Winke des Herrschers blindlings gehorchen mußten, und aus Römern in Provinzialen. Als endlich die Offiziere wie die Legionen gänzlich von dem Geiste des asiatischen Despotismus erfüllt waren, da trat an die Spitze des Barbarenheeres der Barbarenfürst, der selbst den Schein des alten Römerthums fortwarf und auf der Grundlage des alten Rechts, das er zu Boden trat, die Fahne des Weltreichs entfaltete.

Allein dieses Weltreich Caracallas ist nicht an einem Tage gebaut worden. Sein Werden füllt nahezu vier Jahrhunderte. An ihrem Ende steht die höchste Blüthe des römischen Weltrechts.

Das Recht, welches der ganzen Welt einen Aufschwung der Gesittung bringen sollte, erwuchs also aus einem Boden, der mit Sittenfäulniß und Römerleichen gedüngt war.

In einem andern Sinne als wir es gewöhnlich thun, müssen wir daher die Rechtsentwicklung, deren bedeutendste Vertreter keine Römer mehr waren, eine römische nennen, sie ist die durch Roms Leiden, durch Roms Vernichtung erkaufte Entwickelung eines Weltrechts. Antoninus Caracalla, der Zerstörer der römischen Herrschaft, bezeichnet den gewaltigsten Wendepunkt in der Geschichte des Rechts, in der Geschichte der Menschheit.

Die einzelnen Stufen des bekannten Entwickelungsganges von Scipio bis Caracalla erwiesen sich somit als ebenso vortheilhaft für die Entstehung des Weltrechts, wie sie für das Römerthum verderblich waren. Es lohnt sich daher, sie in ihren Grundzügen im Folgenden vorübergleiten zu lassen.

## § 24. Der Kampf um die Versorgung der Armen. [1]

Wenn wir auf den Siebenmeilenstiefeln menschlicher Denkkraft von der Zeit, in der die Söhne Nordafrikas in Rom die Welt beherrschten, zu den Tagen zurückeilen, in welchen der Römer den Ahnherren seines Kaisers Septimius Severus den Fuß auf den Nacken setzte, so sehen wir, daß Roms Sieg, der Karthago niederwarf, schließlich doch nur ein Pyrrhussieg war; denn der erste Schritt zum Verfall, die innere Zerklüftung und die innere Vergiftung der Bürgerschaft schloß sich an ihn an.

Als Rom der Schlange Karthago den Kopf zertrat, ward es in die Ferse gestochen. Es zeigte sich bei der Erweiterung der römischen Machtverhältnisse, daß nur die Noth die Mutter der alten Tugend gewesen war und daß man den neuen bedeutenderen Aufgaben, welche die

---

[1] Vgl. Mommsen, röm. Geschichte. 7. Aufl. Bd. 2 S. 68 ff.

Vergrößerung des Herrschaftskreises stellte, nicht anders gerecht werden konnte, als nach dem Vorbilde derselben punischen Grundsätze, wider welche sich der römische Tugendstolz so oft mit gutem Grunde empört hatte.

Diese Nachahmung mag unvermeidlich gewesen sein, jedenfalls erwies sie sich als verderblich.

Indem man die karthagische Plantagenwirthschaft nachbildete, schuf man den schärfsten Gegensatz zwischen Reich und Arm. Die Nachahmung der punischen Staatsweisheit machte die Senatoren zu habgierigen und käuflichen Ränkeschmieden, denen der Barbarenfürst die gewohnte Achtung mit Recht aufkündigte. In der Nähe des ehrwürdigen Tempels der Fides verbreitete sich gleich einer fremdländischen Wucherpflanze die Punische Hinterlist, welche den Boden der Heimath aussog und ihre Luft verpestete. Inmitten dieser fieberschwangern Luft entstanden die Kämpfe der ärmeren Klassen wider die Reichen. Mögen die wahren Triebfedern der Gracchen noch so zweifelhaft sein, die ungeheuere Tragweite ihrer Wirksamkeit ist unbestreitbar. Sie schleuderten einen Feuerbrand in die Welt, dessen Wirkung erst nach Jahrhunderten gedämpft, niemals aber ganz verglommen ist, das Streben nach einer staatlichen Versorgung der ärmeren Klassen.

Obwohl wir also schon in jener Zeit allenfalls von einer sozialen Frage reden können, so würden wir uns dennoch sehr täuschen, wenn wir in jenen römischen Volksführern Vorkämpfer für die unbeschränkte Staatsallmacht sehen wollten. Für die Beseitigung des Eigenthums und die Umwandlung der freien Verkehrsbewegung in ein großes Zwangsarbeitshaus hat kein Römer gekämpft. Das Römervolk wußte die Aufgaben des Krieges und des Friedens wohl zu unterscheiden. Die Möglichkeit, die strenge Zucht des Lagers immer wieder mit dem selbständigen Dasein des Hausherrn zu vertauschen, war dem altansässigen Volke der Hauptpreis seiner Tapferkeit.

Nur eine Verwaltungsmaßregel, keine Rechtsänderung war es, welche die römische Volkspartei begehrte, eine gleichmäßige Vertheilung des eroberten Staatslandes. Nach dem Kriegsrechte des Alterthums säuberte der siegreiche Staat einen großen Theil des eroberten Gebietes von seinen überwundenen Eigenthümern. Eine widerwillige Schaar unterworfener Grundbesitzer mit ihrem Gefolge an Clienten und Sklaven dem Beamtenheere des Eroberers dienstbar zu machen, war damals völlig unausführbar.

Das erbeutete Land wurde zum großen Theile verpachtet. Es war dies eine gute Gelegenheit, den Glanz der alten Familien zu erhalten. Jedes Erbgut muß sich durch Erbtheilungen zerstückeln oder in den Händen bevorzugter Kinder verbleiben, auf Kosten des Familiennamens, deren jüngere Träger auf diese Weise in Armuth versinken. Die Staatspachtungen boten eine treffliche Gelegenheit, die in guter Absicht enterbten Söhne alter Häuser zu versorgen. Wenn es so der Wunsch der Vornehmen war, im Wettbewerbe um die Staatsländereien die Aermeren zu schlagen, so mußten andererseits die wirthschaftlichen Verhältnisse ihnen den Sieg unter allen Umständen sichern.

Man übersehe hier nicht, daß die Arbeit nicht von Tagelöhnern, sondern von Sklaven verrichtet wurde. Da nun die Knechte, welche man aus den besiegten Völkern erwarb, sicherlich vielfach unzuverlässig waren und zur bessern Aufsicht nach Rom gezogen werden mußten, so war es für den römischen Domänenpächter wünschenswerth, in die Staatspachtungen Sklaven aus der Heimath mitzubringen. Schon aus diesem Grunde mußte das Staatsland denjenigen überlassen werden, welche bereits ein großes Vermögen hatten.

Schließlich kam es dahin, daß die Aermeren sich um diese Pachtungen gar nicht mehr bemühten und die Träger der Macht sie für sich und die Ihrigen einfach an sich nahmen. Als nun die besseren Stände die hellenische Bildung erstrebten und hierzu eines bedeutenderen Aufwandes bedurften, da die Erziehung durchaus Privatsache war und blieb, wurde die Kluft zwischen Reich und Arm immer größer und das Gefühl der ärmeren Sieger, die Beute lediglich den Reicheren überlassen zu müssen, immer drückender.

Dies verschlimmerte sich namentlich durch die Verpachtung der Zölle und indirekten Steuern an Privatleute, zu der der Staat greifen mußte, dem es an einer ausgebildeten Beamtenschaar, wie sie erst das byzantinische Reich entwickelte, fehlte. Diese Zollpächter, welche den Namen von „Zöllnern und Sündern“ wohl verdienen, waren nach dem Ausspruche des großen Juristen Ulpian überaus unverschämte Gesellen.[1]

---

[1] L. 12. dig. de publicanis 39, 4.

Mit ihren Spürnasen schnüffelten sie überall so rücksichtslos herum, daß schließlich eine besondere Klage wider sie gegeben werden mußte wegen der Sachen, welche ihre Leute bei ihren unedeln Nachforschungen zerbrochen hatten. Diese Männer waren es, welche ihre Beute dazu benützten, um in Rom die großen Herren zu spielen. Daß man die hellenische Cultur wider die unedeln Emporkömmlinge zu Hilfe rief, war begreiflich, aber sie zogen gleichfalls die hellenischen Knabenlehrer in das Haus. Allein nicht jeder griechische Sklave war ein Polybius, statt der Zartheit des verblühenden Griechenthums brachten diese rechtlosen Erzieher die Sittenlosigkeit des verfaulten mit sich. Sie spielten hier eine ähnliche Rolle, wie sie vielfach der Auswurf Frankreichs in den Häusern polnischer Edelleute gespielt hat. „Bin ich der Herr oder Du", so herrschte ein hoffnungsvoller Jüngling seinen sklavischen Hauslehrer an, als dieser ihn von einer Thorheit zurückhalten wollte.

Je mehr nun die also Erzogenen mit dem römischen Hochmuth den hellenischen Dünkel zu vereinigen lernten, desto schamloser wurde die Provincialverwaltung, desto drückender die Lage der besseren Familien, welche an Reichthum zurückgingen, weil sie nicht mit um das goldne Kalb tanzen wollten. Aber selbst die hellenische Kunst erzeugte auf römischem Boden ein hohles tragisches Pathos, das wir nicht blos in Senecas Dramen finden, sondern auch in dem schauspielerischen Gebahren der Großen und welches schließlich in Nero den höchsten Punkt erreichte.

Die Träger des alten Geistes, welche selbst mit ihren Ochsen das väterliche Land pflügten, minderten sich also mehr und mehr.

Das harte Schuldrecht verschlang das Gut der kleinern Besitzer und mehrte die arme Bürgerschaft, deren Gefühl, Weltherrscher zu sein, mit ihrer Nothlage in schreiendem Widerspruche stand. Wohl führte man schon seit alter Zeit in alle Himmelsrichtungen Colonieen aus, aber man erreichte dadurch nur, daß der zurückbleibende Pöbel gegenüber den besser gestellten auswärtigen Colonisten als der unwürdigere Bürger dastand und die Achtung vor den Beschlüssen der Volksversammlung in der Bürgerschaft selbst abnahm.

Dazu kam, daß damals alle Erwerbszweige, welche sich heutzutage dem Fleiße des Armen öffnen, ihm verschlossen waren. Das Handwerk gerieth immer mehr in die Hand des Sklaven, die Stellung der Handelsgehülfen hatte stets in ihr gelegen, die Staatsverwaltung war gleichfalls in ihren unteren Schichten aus Sklaven zusammengesetzt. Der Heeresdienst gewährte erst in späterer Zeit eine Aussicht auf Versorgung. Diener oder Tagelöhner, welche nicht Sklaven waren, waren schwerlich zu finden.

Die armen Leute schlossen sich schließlich als dienendes Glied an den Haushalt eines großen Herrn an. Ihre Häuschen schmiegten sich gleich Vogelnestern an die Außenmauern der Paläste der Großen an. Dort lebte von der Gnade seines Herrn unbedingt abhängig der Client, bereit in der Volksversammlung mit vollen Lungen das Lied dessen zu singen, dessen Brot er zu Hause aß.

Diesen Menschenstrom auf das Land hinaus zu leiten, um ihn vor Versumpfung zu retten, mag ein Hauptziel der Gracchen gewesen sein. Die ohne Pachtzins dem Staate genommenen Länder verlangten sie zum Zwecke der Auftheilung für den Staat zurück. Seitdem man aber also anfing das Staatsgut als Fortunatussäckel anzusehn, aus dessen Tiefe der Mächtige jederzeit schöpfen konnte, übte sogar der Senat die Kunst, sich aus fremder Tasche Freunde zu erkaufen. Er schenkte den neugebackenen Staatspächtern ihr Land, um sie für die Ordnungspartei zu gewinnen. Damit lehrte er die Kunst, auf fremde Kosten die Herrscherkrone zu erwerben, eine Kunst, deren Ausübung nur allzu bald das Ende seiner Macht anbahnen sollte.

## § 25. Nachwirkungen des Kampfes.

Es ist schwer, diesen Zwistigkeiten der sinkenden Republik eine gute Seite abzugewinnen.

Die Mittel und der Ton des späteren Streites der Klassen sticht gegen die würdevolle Kraft des Ständekampfes durchaus ab. Hier kämpften nicht mehr geordnete Volksgruppen, welche in sich eine dauernde Daseinsberechtigung trugen, hier platzten vielmehr Parteien auf einander, welche wie Handelsgesellschaften zum Vortheile der Einzelnen entstanden waren und arbeiteten. „Den Siegern die Beute", dies war die Losung des Tages. Kein Volksfreund war vor der

Hinterlist des Senators, kein Senator vor der Schamlosigkeit des Volksführers sicher.

Und doch, trotz alledem können wir nicht ohne Zufriedenheit die neuen rechtsgeschichtlichen Bildungen betrachten, welche dieser Zeit entstammen. Die Gesetzgebungskunst erlangte damals neue Ziele und neue Mittel, und dieser Umstand mag wohl die Thatsache erklären, warum wir gerade bei der Betrachtung jener Kämpfe länger zu verweilen pflegen, als ihre Dauer rechtfertigt.

Die Gracchen und ihre Nachfolger dienten sicherlich nur augenblicklichen Bedürfnissen und beschränkten Zielen, aber diese Bedürfnisse und Ziele waren derartige, daß damit ein neues Vorbild von weittragender Wirksamkeit entstand. Nicht mehr blos als Beschirmer der überlieferten wirthschaftlichen Machtverhältnisse erscheint hier der Staat, sondern er gewinnt unter dem Drucke der gewaltigen Volksbewegung eine neue höhere Aufgabe. Er soll jetzt nicht mehr blos erhalten, auch heilen, nicht blos schützen, sondern helfend eingreifen. Es ist dies dieselbe Staatsaufgabe, welche von der sogen. Manchester-Theorie als unzulässig bekämpft wird; daß sie jedoch immer wieder gestellt und gelöst wird, ergiebt sich aus der Betrachtung der Weltgeschichte. Daß sie aber auch im römischen Rechte und folgeweise in dem unsern eine durchgreifende Bedeutung hat, dazu gaben die gracchischen Unruhen den ersten Anstoß.

Freilich trat das große neue Ziel in sehr unvollkommenen Entwicklungskeimen auf. Die Gesetzgeber der sinkenden Republik suchten sich im Spenden von Wohlthaten zu überbieten; aber diese Wohlthaten waren auf den Augenblick berechnet, ohne dauernden Werth für die Menschheit. Neben einander arbeiteten zwei Gesetzgebungsmaschinen in rastloser Beweglichkeit, die eine vom Consul, die andere vom Tribunen in Gang gesetzt. Als der Staat am verderbtesten war, erzeugte man die meisten Heilmittel für seine Leiden. Freilich war diese Heilkunst damals noch Stümperei. Man behandelte die Symptome, nicht die Ursachen der Krankheit. Aber indem man sich fortwährend davon überzeugte, daß man keine Gesetze machen konnte, lernte man es schließlich doch. Mit jener Findigkeit, welche nur der Wettbewerb erzeugt, entstand die Kunst politischer Beredsamkeit, und der Wissenschaft der berechnenden Gesetzgebung, beide in Rom von den Griechen erlernt, beide in der ungewöhnlichen Anspannung des Straßenkampfes so vervollkommnet, daß das Urbild dadurch in den Schatten gestellt und Rom das classische Land der Beredsamkeit und der Staatsweisheit wurde. In dieser Zeit liegen die Wurzeln und Vorbilder jedes späteren Parlamentarismus, hier die Keime der Rechtsphilosophie und ihrer Töchter, der Nationalökonomie und der Sociologie. Und wenn wir auch sahen (§ 22), daß der Ton, in welchem man damals kämpfte, sich unserer Zeit nicht mehr zum Vorbilde eignet, so wird doch die Welt in der Kunst, für den Streit der Parteien wirksame Kampfesmittel zu finden und zu verwerten, in jener Zeit ihre lehrreichsten Vorbilder suchen müssen.

Darum hat auch das spätere Rom immer wieder auf diese Zeit zurückgeblickt, als die gährende Gedankenwelt der Parteikämpfe sich zur ruhigen Durchsichtigkeit unbestrittener Rechtsanschauungen abgeklärt hatte. Diesem Läuterungsproceß gingen aber wichtige Erschütterungen vorher, welche für die Nachwelt nicht minder werthvoll werden sollten, als es ihre Veranlassung war.

## § 26. Der erzwungene Frieden.

Die äußeren Feinde eines Staats sind überall die Haupthebel einer innern Fortentwickelung.

Das geistige Uebergewicht der Senatoren wie ihr Reichthum drängte dahin, sie in dem Kampf der Stände zu Siegern zu machen und Rom in eine reine Adelsherrschaft zu verwandeln. Doch auch hier war es die Kriegsnoth, welche dazu zwang, das Heer und in Folge dessen den Staat umzugestalten.

Den tapferen Marius, der ein tüchtiger Soldat, aber auch nur als Soldat tüchtig war, hatte der Dünkel der Vornehmen an die Spitze der Volkspartei getrieben. Die Wildheit der Afrikaner und die noch größere Kraft der nordischen Riesen, deren Weiber Walküren gleich in der Wollust des Kampfes schwelgten, zwangen den Staat dazu, sich ihm anzuvertrauen; denn er allein war rücksichtslos genug, um das Veraltete umgestaltend das Vaterland zu retten.

Er kannte die Schwächen des Heeres und die Hilfsquellen, welche

Rom zu seiner Neugestaltung darbot.[1] Der Reichthum der Streiter sollte nicht mehr die Schlachtordnung bestimmen, sondern das kriegerische Bedürfniß mischte von jetzt ab Reich und Arm in der Schlachtreihe durch einander.[2] Damit wurde den Vornehmeren der Kriegsdienst, dem sie schon vorher vielfach auswichen, völlig verleidet. Darum konnte Augustus später das Volksherr durch das stehende Heer gänzlich verdrängen, ohne Widerspruch zu finden, ja sogar zur Freude derjenigen, deren Macht er dadurch zerbrach.[3]

Der Volksmann Marius flößte aber den Volksrechten den Todeskeim ein und war nur als ein Förderer der Kriegskunst und als ein Erretter des Staates erfolgreich.[4] Freilich zeigte er in der Wahl seiner Truppen, daß an der Grenze des Lagers auch sein geistiger Gesichtskreis aufhörte.[5] Wer unzufriedenen Leuten Waffen in die Hand drückt und sie zur Schlacht ruft, kann eines großen Erfolges sicher sein. Mit Todesverachtung bohrte der Proletarier das kurze Schwert, welches Marius zuerst ihm verliehen hatte, in die Riesenleiber seiner germanischen Gegner. Allein die also gerufenen Geister wieder los zu werden, lag weder im Willen noch in der Fähigkeit des Marius. Die Bewaffnung des Pöbels hatte ähnliche Folgen, wie diejenige der Pariser Communards, welche Frankreich im Jahre 1871 zu unserm Schaden plante, aber zum eigenen Verderben vornahm.

Als Marius an der Spitze der bewaffneten Massen den Staat, welchen er gerettet hatte, zu vernichten drohte, suchte die Adelspartei in ihrer Mitte einen Mann, der ihm überlegen war, und fand ihn. Dem leidenschaftlichen Kriegsknechte trat ein eiskalter Großinquisitor entgegen, der furchtbare Vater des Strafrechts: Cornelius Sulla. Die rohe Wildheit unterlag der herzlosen Ueberlegung.

Sulla ist eine der hervorragendsten Erscheinungen der Rechtsgeschichte. Ein bekanntes Dichterwort sagt, daß man lieblos sein muß,

---

[1] Vgl. W. Rüstow, Geschichte der Infanterie. Gotha, 1857. Bd. 1. S. 43 ff.

[2] Mommsen, röm. Geschichte. 7. Aufl. 2. Bd. S. 194 ff.

[3] Vgl. jedoch auch Mommsen, röm. Staatsrecht. Bd. III, 1. S. 299.

[4] Mommsen, a. a. O. S. 196. 197.

[5] Gellius, noctes atticae 16, 10; vgl. hierzu Mommsen, röm. Staatsrecht Bd. III. Abth. 1. Leipzig, 1887. S. 298.

um ganz richtig zu urteilen. Niemand durfte wohl hiernach einen begründeteren Anspruch auf die Richtigkeit seiner Urteile erheben, als der Mann, welcher sich den Glücklichen nannte, nachdem er die Aufgabe, das Blut seiner Mitbürger in Strömen zu vergießen, mit Erfolg gelöst hatte. Aus den Gedanken seiner Gesetze ist die Strafrechtspflege der Welt hervorgegangen. Durch die Höhlen der Kerker wie über das Schaffot der Henker weht der frostige Hauch seines mitleidlosen Empfindens. So flößte denn seine Riesengestalt nicht blos den Feinden seines Vaterlandes, sondern allen Frevlern der Zukunft ein unvergängliches Entsetzen ein, unter dessen Schutz wir noch heute sicher wandeln. Ein neuer Geist lebt in seiner Gesetzgebung; sie bindet nicht den Richter aus Rücksicht auf die Partei, sondern sie vertraut seiner Klugheit im höchsten Maße, um der Schlechtigkeit der Volksgenossen vorzubeugen. Dieser Geist, der Herz und Nieren zu prüfen sucht, hat seit Sulla die römische Rechtsbildung nicht mehr verlassen. Er beruht auf der Kunst des Gedankenlesens und verlangt sie vom Gesetzgeber wie vom Richter. „In Sullas Gesetz wider den Mord steht der bloße Gedanke der That gleich“, dieses juristische Sprichwort bezeugt einen Bruch mit dem Geiste der alten Zeit, welche den Richter gezwungen hatte, sich an Aeußerlichkeiten zu halten. So erhob denn der glückliche Sulla das Richteramt auf eine höhere Stufe, deren wir uns noch heute erfreuen.

Allein Sulla wollte nicht für die Menschheit arbeiten, sondern für sein Vaterland, namentlich auch für die fortdauernde Herrschaft seiner Partei. In dieser Hinsicht war er jedoch nicht so glücklich, als er wähnte. Die Blutbäder, die er anrichtete, erleichterten der Gegenpartei später den Entschluß, sie nachzuahmen. Die Prätorianergarde, welche er zum Schutze des Adels schuf, war später das Henkerswerkzeug der Despoten, welches eben diesen Adel decimirte. Mit der Macht der Volksversammlung endlich zerbrach er den Hauptdamm, welcher den römischen Senat wider das Mißtrauen der Herrschaftsträger schützte. Darum hat auch die Kirchhofsruhe, welche er geschaffen hat, ihn nicht lange überdauert. Die Kämpfe begannen auf's Neue mit den stärksten Mitteln. Die Staatsländereien und das Bürgerrecht dienten als Kaufpreis, mit dem die Parteiführer sich Anhänger erwerben. Aus solchem Handel entstand das Land, welches wir Italien nennen. Nicht Stammesgleichheit der Bewohner schuf seine Grenzen, sondern diese wurden durch die Stimmenzahl gezogen, deren Cäsar bedurfte, und die er aus den norditalischen Galliern ergänzte.

In kurzer Zeit war das Gebiet der römischen Bürger aus einer Stadt in ein großes Land verwandelt worden, wie es weder durch eine Volksmehrheit noch durch eine Adelsgruppe gelenkt werden kann, sondern einer einzigen Hand bedarf, in welcher die Fäden seiner Regierung zusammenlaufen müssen.

Damit wurde eine weitere Stufe auf dem Wege zum Weltreiche erklommen.

## § 27. Der erste Kaiser.

Mochte immerhin der eigenwillige Cato durch seinen Selbstmord zu beweisen suchen, daß er sich durch die Gottheit das Recht der eigenen Meinung nicht verkürzen lassen wollte, die Nachwelt darf sich nicht beklagen, daß die Welt nicht durch Cato regiert wurde; denn die Heldenthaten seines Gegners Caesar bereiteten dessen Wahlkinde den Weltthron, welcher der Hauptsitz der Menschheitsentwickelung werden sollte. Der milde Augustus, der zugleich Kaiser, Hoherpriester und Volkstribun war, schuf durch diese Vereinigung der höchsten weltlichen und geistlichen Oberaufsichtsstelle seinen Nachfolgern die Möglichkeit, ein Weltrecht und eine Weltreligion zu gründen. Er machte seine Hauptstadt zum Mittelpunkte der Kunstpflege, als welche sie noch heute eine Heimath der gesammten gesitteten Welt ist.

Wie die Friedenssonne, die aus den Wolken hervorbricht, verehrte die Welt die freundliche Erscheinung des Mannes, der durch seinen milden Blick den Arm des Mörders lähmte. Als einem Gottessohne erbaute man ihm Tempel, in welchen zum ersten Male ein einheitlicher Religionscultus von der ganzen gebildeten Menschheit gefeiert wurde[1]. Doch auch für die Rechtspflege begründete er eine neue Sammelstelle. Das Kaisergericht wurde zu einem Richterstuhle für die Welt. Augustus schuf die Berufung,[2] die Möglichkeit einer einheitlichen Oberaufsicht über

---

[1] **Mommsen**, röm. Geschichte. 5. Bd. S. 319; röm. Staatsrecht. 2. Aufl. II, 2. S. 733.

[2] **Merkel**, Abhandl. aus dem Gebiete des röm. Rechts. Zweites Heft. Halle, 1883. S. 133 ff.

die Rechtspflege. Von den Säulen des Hercules bis zu den Ufern des Euphrat, von der Wüste Afrikas bis nach Britannien, wachte das Auge des Kaisers über dem rechtsprechenden Gewalthaber. Von allen diesen Welttheilen strömten Rechtsgedanken nach der einen Stelle, in der das allen Staaten gemeinsame Recht, das „Recht der Völker", ein Gegenstand der Erfahrung und Beobachtung wurde. Allein nicht blos der Richterspruch des Kaisers, auch sein Gesetzeswort ging in alle Welt, vor allem aber nach Italien, dem er seine Vorzugsstellung vor dem übrigen Reiche zu befestigen suchte.

Jedoch nicht blos das Gebiet, auch das Ziel seiner Herrschaft war ein neues. Dieselbe innige Liebe, welche Antonius zu Egyptens schöner Königin hegte, empfand sein glücklicherer Nebenbuhler Octavian für die Staatsweisheit dieses Landes und er erwählte das bessere Theil.[1] Aegyptens Könige, die Lagiden, nannten sich die Wohlthäter und ihrem Beispiele folgte der Herr der Welt, welcher in dem Nillande seine Lieblingsprovinz erblickte. Nicht blos beschützen, nicht blos vertheidigen soll seit Augustus die Gesetzgebung, mit fester Hand steckt er ihr das Ziel, durch weise Vorschriften das Verhalten der Unterthanen zu veredeln und zu lenken. Diese erhöhte Aufgabe war weltbeglückend, aber sie war unrömisch. Sie führte zur Umgestaltung, nicht zur Erhaltung des Römerthums, und der römische Jurist hat daher die neuen Gesetze des Augustus von den alten wohl unterschieden.

Der Gesetzgeber findet anfangs immer nur tastend eine neue Richtung und so darf es uns nicht befremden, daß Augustus, selbst von seinem erhabenen Standpunkte, sich hier und da einer gewissen Kurzsichtigkeit schuldig machte.

Da er selbst ein überaus rücksichtsvoller Ehemann war, so war eins seiner Hauptziele, die Sorge für die Ehe, die nach Cicero als die Pflanzstätte des Staates galt, durch den allgemeinen Sittenverfall aber schwer geschädigt war. Zu ihrer Begünstigung schuf Augustus viele heilsame Maßregeln. Er schützte den schuldlosen Gatten gegen den Ungetreuen, die Verführten gegen den Verführer, die Gattin gegen die lüderliche Wirthschaft des Ehemanns, die heiratslustige Tochter gegen den Geiz der Eltern, welche ihr die Ausstattung durch ein Heirathsgut

[1] Vgl. **Mommsen**, röm. Geschichte. 5. Bd. Cap. 12.

vorenthielten. Alles dies war vortrefflich, aber die allgemeine Nichtachtung der weiblichen Würde hatte auch sein Herz angefressen. Den Concubinat billigt er ausdrücklich, vor allem aber verletzt unser Gefühl seine Neigung, durch Geldvortheile die Eheschließungen und den Familienzuwachs zu befördern. Es war ja sicherlich ein richtiger Gedanke, daß jeder Mann, welcher für Frau und Kinder sorgen muß, die Erbschaft seiner Angehörigen nöthiger braucht, als der lüderliche Hagestolz oder das verschwenderische kinderlose Ehepaar. Indem er diesen Gedanken aber zum Staatsgesetz erhob und die Hagestolzen, Kinderlosen und Wittwer in ihren Erbrechten beschränkte, schuf er Kindererzeugungsprämien, deren schimpfliche Folgen man bei Juvenal nachlesen kann. Ja sogar Wittwen und Wittwer erhielten nur eine Art Galgenfrist als „Ehestandsferien", nach deren Ablauf sie wieder heirathen mußten. Justinian hat dieses Kapitel aus dem Weltrechte als unedel weggestrichen. Betrachten wir es jedoch nicht vom Standpunkte eines feineren Empfindens, sondern als einen Theil der gesammten Weltgeschichte, so sehen wir, daß sich in ihm mit jener übertriebenen Schärfe, mit welcher sich neue Gedanken den Eintritt in die Rechtsentwickelung ertrotzen, ein mächtiger Umschwung kundgiebt. Das Verhältniß zwischen Familie und Staat erscheint hier als ein neues; genau in derselben Art, in der sich in der Gracchenzeit das Verhältniß zwischen dem Eigenthume des Einzelnen und der Gesetzgebung verändert hatte. Während die Familie früher als Urquell des Staats von ihm nur Schutz begehrte und duldete, wird nunmehr der Staat zu einem leitenden Oberherrn des häuslichen Lebens und er scheut sich nicht mehr mit seinen Machtmitteln in dessen innere Gestaltung umwandelnd einzugreifen. Mochte dieser Griff immerhin zunächst ein Mißgriff sein, er war jedenfalls das Vorbild einer Unterordnung der Familie unter den Staat, welche im Laufe der Weltgeschichte im Steigen begriffen blieb und namentlich in unserm allerneuesten Recht an Stärke mehr und mehr gewinnt.

Eine andere Unvorsichtigkeit, welche Augustus beging, lag auf dem Gebiete des Erbrechts. Das bürgerliche Recht war streng, es erschwerte die Vermächtnisse in lästiger Weise. Statt der Rechtspflicht legte man daher dem Erben oftmals eine bloße Gewissenspflicht auf, ein sogenanntes Fideicommiß, mit welchem bekanntlich unser heutiges Fideicommiß, das aus Deutschem Adelsrechte entsprungen ist, nur in einer sehr losen Weise zusammenhängt. Diese Gewissenspflichten machte Augustus zu Rechtspflichten, weil, wie uns überliefert wird, er selbst einmal ihnen genügen mußte und andern den Vortheil mißgönnte, gewissenloser zu sein als er selber. Damit öffnete er Fälschungen und Erbschleichereien Thür und Thor, bis unter der strengeren Zucht der Vespasianischen Regierung eine theilweise Abhilfe erfolgte.

Allein auch diese Maßregel beförderte in der größeren Formfreiheit eines häufigen Rechtsgeschäfts die Selbständigkeit des richterlichen Ermessens und leitete somit von der altrömischen Gebundenheit des Richters zu der freien Stellung hinüber, welche das Weltbürgerrecht ihm gewährte.

Indem endlich Augustus keine Ehescheidung mehr zuließ, welche der Scheidungslustige anders als durch seinen Freigelassenen erklärte, verschloß er den Aermeren, welche nicht reich genug waren, um sich den Luxus einer Freilassung zu gönnen, gänzlich die Scheidungsmöglichkeit und gewährte damit den vornehmen Kreisen das Danaergeschenk einer erleichterten Sittenlosigkeit.

Hierin erwies er sich, wie in vielen anderen Dingen, als ein unbewußter Zerstörer der besseren römischen Gesellschaft und bahnte jene gewaltige Strömung an, welche in späteren Jahrhunderten im Sinne der Bergpredigt auch den reicheren Ständen die Unmöglichkeit der Scheidung aufzwang, welche der Kaiser den ärmeren aufgelegt hatte.

Seine erfolgreichste That aber, war die Beförderung der Rechtswissenschaft, welche vor allen anderen der Entstehung des Weltrechtes vorzuarbeiten berufen war.

## Zweiter Theil: Die Lähmung des römischen Adels.

### § 28. Die kaiserliche Rechtswissenschaft.

Daß der Kaiser der Rechtswissenschaft eine noch größere Huld erwies als der Kunst, ist bekannt. Er begünstigte den Rechtsunterricht wie die Pflege der Wissenschaft, ja, er sorgte sogar dafür, daß die Bücher, welche die Rechtsgelehrten schrieben, auch gelesen wurden; denn er gab den Hervorragendsten das Recht, Spruchsachen mit bindender Kraft zu entscheiden, und nöthigte hierdurch die Richter, die Thätigkeit der bedeutendsten Schriftsteller zu beachten.

Die römische Rechtswissenschaft ist allerdings nicht erst durch das Augustische Alter, welches ihr jetzt erblühte, erzeugt worden. Vaterlandsliebe und das Streben nach Macht und Herrschaft hatten sie gerade in den vornehmen Kreisen zur höchsten Blüthe gebracht. Dies war schon vor Augustus von Einfluß auf die politischen Verhältnisse gewesen. Erst seitdem die Erfahrungen der Staatskunst nicht mehr Geheimgut alter Familien waren, war es möglich geworden, diesen tüchtige Neulinge an die Seite zu stellen; gerade auf letztere aber rechnete der Kaiser, um den Senat entbehren zu können. Indem der Kaiser überdies die Adelsherrschaft minderte, mußte er befürchten auch die Adelswissenschaft zu zerstören und mit ihr die Bedürfnisse zu schädigen, welchen sie diente. Schon seit längerer Zeit war ein Welthandel entstanden, dem allein die freieren Grundsätze der neuen Rechtslehre genügen konnten. Er gab die Möglichkeit, die Hauptstadt zu ernähren, er schuf die neue Steuerkraft, aus der die Kriegskosten bezahlt wurden, und die Verkehrswege, welche der Reichsregierung und der Landesvertheidigung dienten. Seine Begünstigung war eine Steigerung der Wehrkraft des Staates.

Aber auch der Adel scheute nicht ohne Grund die Willkür der kaiserlichen Beamten.

Die alten Priesterformulare, welche dafür sorgten, daß die Rechtspflege nicht über den Gesetzesbuchstaben hinausgriff, kamen außer Geltung. Der Rechtspfleger schuf nach seinem Kopfe neue Anweisungen für den Richter. In Sicilien hatte Varus diese Befugniß in schnöder Weise mißbraucht; leicht konnte sein Beispiel in Rom Nachahmung finden. Seitdem überdies Caesar die Confiscation zu einer dauernden Einrichtung gemacht hatte, saßen die römischen Grundherren nicht mehr recht fest auf ihrem Erbgute. Sie hatten allen Anlaß, den Volkstribunen auf dem Kaiserthrone zu fürchten, der von dem orientalischen Cultus, welchen er genoß, zu der orientalischen Herrscherbefugniß willkürlicher Enteignungen nur noch einen Schritt zu thun brauchte.

Wer sein altes Recht vertheidigt, bedarf mehr als jeder andere der Wissenschaft, die den Richter lehrt, die überlieferten Satzungen richtig zu erkennen und zu schützen.

Aber auch das Volk, dem man seine Gerichtsgewalt nahm, konnte nur dann ruhig bleiben, wenn die geistige Kraft der neuen Richter, welche es verdrängt hatten, ihm Achtung einflößte. Es war also mehr als Ruhmsucht, die Augustus veranlaßte seine Rechtsschulen zu eröffnen. Die Thätigkeit der Gelehrten, welchen die Aufgabe zufiel, neue Gesetzgeber und neue Richter heranzubilden, war jedoch dem Kaiser nichts weniger als gleichgültig. Darum fand die Rechtswissenschaft ihre Stätte in Rom, fern von der Weltuniversität Alexandria, dem Hauptsitze anderer Wissenschaftszweige. Aus dieser Nähe zum Hofe des Herrschers erklärt es sich, daß unter despotischen Regenten, wie Caligula, Nero, Domitian, die römische Rechtsgelehrsamkeit scheu mit ihrer Weisheit zurückhielt, während sie in der Sonnenwärme milder Staatslenker immer wieder aufs Ueppigste aufblühte.

Diese römische Trennung der Rechtslehre von den andern Wissenszweigen ist nicht ohne Spur an dem Gesetzbuche der Welt vorübergegangen. Die dilettantische Behandlung philologischer Fragen durch römische Juristen ist mit gutem Grunde berüchtigt. Man glaubt oft einen Scherz vor sich zu haben, wo eine gelehrte Bemerkung geboten werden soll. So soll z. B. die Gerechtigkeit ihren Namen vom Recht herleiten, der Krieger vom Kriegsdienst. Aehnliche meist unübersetzbare Ungeheuerlichkeiten sind in Menge vorhanden.

Der philologischen Unwissenheit entspricht eine historische. Die einzige uns erhaltene Rechtsgeschichte, diejenige des Pomponius, stellt ihre Aufgabe unendlich niedrig und löst sie mit erstaunlichen Zuthaten. Appius Claudius soll den Buchstaben r erfunden haben, von den

Juristen der Vergangenheit werden die Namen genannt und die dürftigsten Mittheilungen gemacht, von ihrem Bildungsgange ist ebenso wenig die Rede, wie von der Entstehungszeit der wichtigsten Gesetze.[1]

Gellius erzählt uns, daß zu seiner Zeit ein hervorragender Praktiker gefragt wurde, was denn ein Proletarius sei. Er erklärte, das wisse er selbst nicht. Man erwiderte ihm, das Wort stehe ja in den zwölf Tafeln. Diese waren damals dem Namen nach noch geltendes Recht, wenn auch thatsächlich veraltet. Darauf erwidert er nicht ohne Entrüstung, er habe nicht das Recht der Faune und Urwäldler gelernt. — Während also bei uns jeder Proletarier weiß, was dieser sein Name bedeutet, kannte damals ein Mann, der selbst über solche Leute Recht sprach, nicht einmal ihren gesetzlichen Namen, weil dieser ihm nicht praktisch zu sein schien.

Freilich finden wir in Rom auch eine geschichtliche Richtung, aber die Umwälzungsbestrebungen jener Zeit waren ihr sicherlich nicht günstig. Viele hielten es gewiß für ein Glück, wenn das alte Römerrecht vergessen wurde, das den Herrscher beschränkte und den Handel hemmte.

Auch das Fehlen jeder naturwissenschaftlichen Bildung springt aus den Schriften der römischen Juristen klar heraus. So können wir denn aus unserm Gesetzbuche erfahren, daß es in Gallien und Asien Steinbrüche giebt, bei denen die weggenommenen Stücke von selber nachwachsen. Vor allem ist es aber bezeichnend, daß die Ergebnisse der damals bereits schon entwickelten Griechischen Irrenheilkunde nicht in Rom und namentlich nicht in die römische Rechtslehre eingedrungen ist. Wer aber die Psychiatrie nicht kennt, redet auch über die Psychologie wie der Blinde über die Farbe. Dem entspricht die Ungenauigkeit der Ausdrucksweise, welche den römischen Juristen kennzeichnet, sobald er über geistige Dinge wie Wille, Vorsatz, Gedanke und dergl. redet. In einer geradezu verwirrenden Art werden dieselben Wörter bald auf die innern Zustände bald auf äußere Vorfälle angewendet, eine Unklarheit, welche wir noch heute büßen müssen.

Vor Allem aber erklärt sich aus dieser Trennung eine innere Entfremdung zwischen der Redeweise der Rechtswissenschaft und den

---

[1] l. 2 dig. de or. jur. 1, 2.

Gedankenkreisen der allgemeinen Bildung, welche uns jetzt noch bedrückt Zwischen ihr und der Sprache des gebildeten Nichtjuristen liegt vielfach noch heute die ganze Strecke von Rom bis Alexandria. Es wäre an der Zeit, daß sich beide Theile hin und wieder auf halbem Wege entgegenkämen.

Indessen trotz alledem war es ein Glück, daß die beiden ersten juristischen Fakultäten fern von den übrigen Zweigen der Wissenschaft emporblühten. Sie entgingen dadurch großen Gefahren, denen die Rechtslehre in spätern Zeiten oft genug verfallen ist.

Die Rechtswissenschaft ist wie die Medizin eine Lehre, von der man noch mehr als bloße Angabe und Zusammenfassung richtiger Beobachtungen verlangt, sie muß nicht bloß den Thatsachen zu entsprechen suchen, sondern auch nützlich sein. In der Fluth antiquarischer Untersuchungen und allgemeiner philosophischer Fragen kann ihr eigentlicher Zweck eben so leicht versinken, wie die Medizin in rein naturwissenschaftlichen Untersuchungen vergessen kann, daß sie die Pflicht hat, Leidenden zu helfen und daß der Kranke, der sich ihr anvertraut mehr ist, als ein fesselnder Gegenstand gelehrter Beobachtungen.

In Rom war kein Gelehrtenruhm zu holen, wohl aber der Dank des Herrschers und des Volkes und der noch werthvollere Dank, den der gute Erfolg des gemeinnützigen Unternehmens seinem Schöpfer schweigend verkündet. Darum blieb auch dem römischen Juristen die Verlockung erspart, eine Anerkennung durch die Vertreter von Hilfswissenschaften für wichtiger zu halten, als die Sorge für das Wohl des Vaterlandes.

Während also im späteren Mittelalter das Schiff der Rechtswissenschaft durch die Scholastik und den Humanismus, durch philosophischen und antiquarischen Ballast überladen wurde, den wir noch heutzutage nicht völlig über Bord geworfen haben, segelte es im alten Rom unbeschwert durch solche zwecklose Zuthaten in den Fluthen unter günstigem Winde einer lebendigen Rechtspflege seinem Ziele zu.

## § 29. Die politische Kraft der Rechtswissenschaft.[1]

Es waren zwei Schiffe und zwei Steuermänner, welche Augustus

[1] Vgl. **Karlowa**, Röm. Rechtsgeschichte. Erster Band. § 87 ff. **Krüger**, Geschichte der Quellen und Litteratur des Römischen Rechts. Leipzig, 1888, S. 126 ff. **Pernice**, Marcus Antistius Labeo. Halle, 1873. S. 1—92.

auf das Meer der Rechtserforschung hinaussandte. Der eine war ein starker, eifriger Mann, der sich ein nicht allzu beneidenswerthes Lob der Nachwelt dadurch zu verschaffen suchte, daß er eine wohlgemeinte Auszeichnung (die Consulatswürde) seinem milden Herrscher trotzig und ungestraft vor die Füße warf, M. Antistius Labeo, ein Römer von der Art des Cato. Er schweifte auf das Gebiet der Philologie und Philosophie hinaus, um immer wieder in die alte civilrechtliche Ausgangsstelle zurückzukommen. Aber er kehrte nicht mit leeren Händen zurück. Durch reiche Gedankenschätze, die er mit Kühnheit, wenn auch nicht immer mit Vorsicht gewann, stattete er den Bau seines vaterländischen Rechtes mit neuen Gedanken aus und bewies dadurch, daß er noch nicht zum Einreißen reif war. Mit welcher Verwegenheit die Schule des Labeo neue Gedanken aus alten Sätzen herauszauberte, mag ein bekanntes Beispiel veranschaulichen, die Begründung des neuen Satzes, daß Umwandlung (Specification) Eigenthum erzeugt, daß also z. B. der Bäcker das Eigenthum des Brotes erwirbt zum Nachtheil dessen, dem das Mehl gehörte. Dies folgert Labeos Schule bekanntlich daraus, daß das Mehl verschwunden, das Brot aber eine neue herrenlose Sache ist, welche der Bäcker erbeuten kann, wie der Jäger das Wild fängt. Dies eine Beispiel, wenn man es unbefangen betrachtet, erweist, daß die Senatspartei in ihren Mitteln auf dem Lehrstuhl ebenso wenig wählerisch war, wie in der Provinzialverwaltung.

Das Haupt der andern Partei, Capito, war ein Höfling von niedriger Herkunft, der, wie es scheint, in dem alten Rechte nichts Neues fand. Seine Schule ist gern bereit, ein Auge zuzudrücken und das Alte preiszugeben oder doch einzuschränken, nicht aber es auszudehnen. Dieser scheinbar staatserhaltende Zug diente jedoch durchaus der änderungslustigen kaiserlichen Partei, denn er ließ den Neubildungen der vom Herrscher abhängigen Beamten freie Bahn. Besaß diese Schule auch keinen Träger schöpferischer Gedankenkraft, wie Labeo, so hatte sie doch in Masurius Sabinus einen Meister der Beobachtungsgabe gefunden, nach dem sie sich „Schule der Sabianer“ nannte. Der schlichte Mann vollendete die Aufzeichnung des Rechts der römischen Vorfahren in einer Weise, welche als mustergültig angesehen wurde. In Proceß- und Vertragsformularen erwachsen, hatte das römische

Recht ein scharf ausgeprägtes systematisches Gerüst in sich entwickelt. Sabinus mochte um so mehr der geeignete Mann sein, um es aufzuzeichnen, als er Capitos Schüler und darum entschlossen war, nichts hinzuzuthun. Darum lieferten seine wohlgetroffenen Schilderungen des alten Rechts die Schläuche, in welche die späteren Juristen ihren neuen Gedankenmost hineinfüllen konnten, und um sein Werk gruppirte sich die gesammte Litteratur des Civilrechts.

Aber auch er diente der Fortentwickelung, denn seine Schöpfung hat an Neuerungsbestrebungen eine feste Grundlage. Ein ungeschriebenes veraltetes Recht gleicht dem Irrlicht, das man nicht fassen und deshalb nicht auslöschen kann; erst wenn es schriftlich festgelegt ist, kann der durchdringende Blick des Gegners seine Schwächen erspähen und vertilgen.

An dem weiteren Fortgange der römischen Geschichte ist somit auch die Rechtswissenschaft nicht ohne Antheil geblieben. Doch mehr noch als der Streit der Schulen, drängte die Umgestaltung des Herrscheramtes den Staat vorwärts.

## § 30. Das Emporkommen der Provinzialen.

Der Verfolgungswahn der Caesaren, denen bei ihrer Gottähnlichkeit durch die stets drohenden Palastrevolutionen oft genug bange wurde, wüthete um so blutiger, als der Senat seit Tiberius die Volksversammlungen in ihrer Hauptthätigkeit bei Seite gestoßen hatte, mit ihnen aber einen Hauptdamm wider mißtrauische Verfolgungsgelüste des stets bedrängten Herrschers. Da der Mensch nach Goethes Wort immer nur seines Gleichen beneidet, so durfte sich der schlichte Italiener Vespasian sicherer auf seinem Throne fühlen und den Senatoren wohlgeneigter zeigen, als seine vornehmen Vorgänger, aber sein grausamer Sohn Domitian bewies, daß der unedle Fürst nicht der ungefährlichere war. Man ermordete den Tyrannen und verlieh dem würdigen Nerva die Herrschergewalt. Aber schon war die Umgebung des Kaisers durch die stete Todesgefahr so verdorben, daß er durch die Unbotmäßigkeit seiner römischen Standesgenossen empört dem tapfern Spanier Trajanus die Krone auf das Haupt setzte.

„Nicht die Abstammung soll entscheiden, sondern das Verdienst."

Dieses Wort des ehrwürdigsten Kaisers bedeutete einen Wendepunkt in der Weltgeschichte. Aus dem italischen Römerreiche wurde ein weltbürgerliches.

Es war aber freilich noch immer ein Römerreich. Die römische Staatsangehörigkeit gab noch immer ein bedeutsames Vorrecht, aber man fragte nicht mehr, ob sie durch Erbgang oder durch Leistungen erworben war. Dem neuen Grundsatze machte der edle Spanier alle Ehre; die Unbotmäßigen züchtigte er, die Armen Italiens gewann er durch großartige Stiftungen, welche ihnen Nahrungs- und Erziehungsgelder lieferten. Er schmückte die Stadt mit den herrlichsten Palästen. Er vertheilte Soldatenprivilegien, welche, wie er sagt, „seine besten und getreuesten Mitkämpfer wider die Nachtheile ihrer schlichten Einfalt schützen" sollten. Diese getreuesten Mitkämpfer führte er von Sieg zu Sieg. Der Senat bittet ihn, so oft zu triumphiren als er will, denn es sei unmöglich, für jeden seiner Erfolge immer wieder einen neuen Triumph zu beschließen. Hier bewährte sich der Satz, der jüngst von bekannter Stelle erwähnt wurde, daß die Sonne dem Wanderer seinen Mantel leichter abzwingt als der Wind. Der erwärmende Ruhmesglanz des Heldenkaisers beugte den alten Römertrotz besser, als die erschütternden Justizmorde Neros und Domitians; wohl klagt der Römer darüber, daß sich nunmehr der syrische Orontes in den Tiberfluß ergossen habe, wohl verhöhnt Juvenal mit verzweifelnder Bitterkeit den schwitzenden Südländer, der sich in die Kaiserstadt drängt. Die Nachwelt begrüßt diesen Anstrom tüchtiger Provinzialen, welche sich das Bürgerrecht verdienen wollten, als die Morgenröthe des aufdämmernden Weltrechts.

Die besten Geister, welche in den unterworfenen Ländern im tiefen Schlummer lagen, scheinbar zur ewigen Knechtschaft verdammt, wachten auf; denn als Kaiser herrschte ein Provinziale, der jede bedeutende Kraft gern in seinen Dienst nahm. Noch stand als Vertreter des alten Römergeistes der gewaltige Juventius Celsus da, der bekannte Gegner des Christenthums, ein Mann von echt römischer Schroffheit. Wie er verlangte, daß jedes Volk seine besondern Götter behalte, so wollte er es auch nicht dulden, daß man nach den Gründen der Gesetze fragt, damit sie nicht aufgehoben werden. Allein er selbst fragt schließlich doch auch nach diesen Gründen; auch er sah ein, daß die Kunst der Güte und Billigkeit den Grundzug der Rechtspflege bilden soll und der Senatsbeschluß, den man nach ihm den Juventianischen nennt, athmet den Geist der neuen Zeit.

Als nun dem spanischen Kaiser sein Landsmann folgte, der der Römersitte zum Trotz sich den Bart stehen ließ, wurde der Anstrom der Ausländer immer gewaltiger. Hadrian setzte die Willkür der römischen Rechtspfleger, welche ihre Verordnungen so häufig wechselten, wie die vornehmen Römerinnen ihre Männer, eine feste Schranke durch die Sammlung, welche unter dem Namen des „dauernden Edicts" die Kraft eines Gesetzbuches erlangte. Der Schöpfer dieses Werkes aber war ein Afrikaner, ein Landsmann der Karthager.[1])

Mehr und mehr zog sich die vornehme Gesellschaft aus dem Dienste des Kaisers zurück. Die Amtsgewalt und das Heer schienen ihnen entwürdigt zu sein und in stoischem Dünkel oder epikuräischem Wohlleben suchten sie zu vergessen, daß die Nachkommen ihrer besiegten Feinde sie vertheidigten und regierten.

Je milder die Art war, in welcher Antoninus, den man den Frommen nannte, und Marc Aurel ihr Herrscherrecht ausübten, desto mehr erschlaffte das Volk. Die hellenische Kunst hatte sich eingebürgert, ebenso wie das Wohlleben des Orients, vom Römerthum war beinahe nur noch der Hochmuth übrig geblieben. Inmitten dieser arbeitsscheuen Gesellschaft emporzukommen, mußte den Provinzialen ein leichtes sein. Nicht durch Genußrecht verloren die Römer ihre Macht; denn ihre Ueberwinder waren genußsüchtiger als sie. Unwissenheit, Kurzsichtigkeit und Arbeitsscheu sind die Ursachen ihres Falles. Während der Spätrömer durch sein pomphaftes Wesen sich den Kaisern unbequem macht, sind die peregrinischen Rechtsgelehrten von einer auffallenden Bescheidenheit. Der volle Name des Juventius Celsus lautet: Publius Juventius Celsus Titus[2] Aufidius Hoenius[3] Severianus. Unter den peregrinischen Juristen dagegen nennt sich einer der bedeutendsten, der durch seine Dunkelheit berüchtigte Africanus lediglich nach dem Welttheil, aus dem er stammt. Auch die andern begnügen sich mit einem einzigen Namen, einer der besten, der sicherlich aus ihrer Mitte hervor-

[1] Buhl, Salvius Julianus. Heidelberg 1888. S. 11 ff. Lenel, das edictum perpetuum. Leipzig 1883. S. 9 ff.
[2] Mommsen: Titius l. 20 § 25. dig. de her. pet. 5,3; vgl. Karlowa a. a. O. S. 706.
[3] Mommsen: Oenus, ebenda.

ging, sogar mit dem gewöhnlichsten aller Vornamen Gajus. Das hängt wohl damit zusammen, daß dem Peregrinen der römische Geschlechtsname versagt war, nicht aber der römische Vorname.

Diesem begreiflichen Streben entspricht durchaus die Grundstimmung des von diesem Gajus verfaßten Leitfadens, dem man ansieht, daß sein Urheber bemüht ist, durch liebenswürdige Verständlichkeit die Mühe des Lesens so viel wie möglich zu erleichtern. Als mustergiltiges Lehrbuch ist er darum von Justinian in seine Sammlung aufgenommen worden und giebt der juristischen Anfangsvorlesung noch heute den Namen: Institutionen.

Alle diese Emporkömmlinge suchen die Rechtfertigung ihres Wirkens in ihrer Nützlichkeit, in der utilitas, ein Wort, das sie oft im Munde führen. Darum halten sie auch alles aufdringliche Prunken mit Gelehrsamkeit, allen gesuchten Tiefsinn von sich fern. „Wir sind die wahren Priester", sagt Ulpian, zugleich Oberbefehlshaber der römischen Garden und oberster Richter des Weltreichs, „denn wir stehen im Dienste des Gemeinrechts; wir sind die wahren Philosophen, denn wir fußen auf der Erfahrung, nicht auf selbstgeschaffenen Behauptungen. Darum haben wir für alles, was im Himmel und auf Erden geschieht, einen offenen und unbefangenen Blick."

Der Mann, welcher also redete, war kein verschlossener Patricier mehr, aber auch an ihm war jeder Zoll ein König.

Freilich mußte sich noch manches ändern, ehe er an die höchste Stelle des Beamtenthums treten konnte.

Dieser letzte wichtigste Umschwung vom Römerthume zum Weltbürgerreiche bedarf einer genaueren Betrachtung, als man sie ihm gewöhnlich zuwendet.

---

## Dritter Theil: Der Sieg des Weltbürgerthums.

### § 31. Der völlige Verfall des Römerthums.

Noch zu Marc Aurels Zeit stand der Satz fest, daß dem Römervolke ein Herrschervorrecht gegenüber den andern Gliedern der Menschheit zukommen muß. Selbst dieser vorurteilslose Kaiser hob noch hervor, daß er als Glied seiner Familie in erster Linie Römer und nur als Mensch Weltbürger sei.

Freilich war er strenge genommen weder das eine noch das andere, denn sein Geist schwelgte mehr in der innigsten Betrachtung des Uebersinnlichen, als in der richtigen Beobachtung der Wirklichkeit. Seine „Gedanken“ erinnern vielfach in überraschender Weise an die Lehren des großen Optikers, der auch die Brille geschliffen hat, durch welche Goethe die Welt betrachtete. Wie später Spinoza fühlte, so empfand auch er das höchste Glück in dem Bewußtsein seines Zusammenhanges mit Gott, wie Spinoza aber glaubte er nicht an eine geschichtliche Fortentwickelung und verschmähte die Gelegenheit, die Folgerungen aus seinen Gedanken in das praktische Leben hineinzutragen. Während er als Kaiser und Pontifex Maximus zwar dem reinsten Monotheismus huldigte, duldete er Culte, welche nicht nur Fetischdienst und Vielgötterei in sich schlossen, sondern gradezu in schamlosen Gräueln schwelgten. Allerdings war auch er bei alle seiner Philosophie noch abergläubisch genug, um Löwen in die Donau werfen zu lassen, damit seine Hoffnung auf einen kriegerischen Erfolg gesichert werde. Während er für sich selbst den mühevollen Feldzug nach Mähren nicht für allzu beschwerlich erachtete, suchte er doch seinen Landsleuten diese Mühe zu erleichtern und verdarb das Heer durch räuberisches Gesindel. Obwohl er die höchste Menschenliebe predigte, war er fühllos gegen die gedrückte Lage der Provinzen, auf deren Kosten der Pöbel Italiens gefüttert wurde, blind gegen die Entwürdigung der Armen und der Sclaven, die sich in seiner Nähe abspielte.

Wo er Gewaltthat spürte, da schritt er mit Lebhaftigkeit ein. Selbsthilfe und Erbschaftsplünderung duldete er nicht, den Empfänger eines Alimentenvermächtnisses schützte er gegen eigennützige Vergleichsvorschläge des Erben, aber trotz allem ließ er das schleichende Gift der Gewissenlosigkeit und des Eigennutzes, das in dem verwöhnten Volke um sich fraß, immer weiter greifen. Je zügelloser die vornehme Frau im Hause herrschte, desto mehr waren ihre Sprößlinge arbeitsscheue und unwissende Muttersöhnchen geworden. Wie man die Heerespflicht scheute, so wollten viele auch die Vormundspflicht abwälzen. In liebenswürdigster Weise kam der Kaiser derartigen nur halb berechtigten Ablehnungswünschen der Vormünder durch nachsichtige Bestimmungen entgegen. Auch die Unbequemlichkeit der Pflicht vor Gericht zu erscheinen und sogleich dem Gegner in das Auge zu sehen, erleichterte er durch die Ermöglichung eines minder lästigen Prozeßbeginns. In durchaus unrömischer Weise zog er als Richter die Prozesse in die Länge, ein Vorbild des allzu gelehrten Richterthums, dem aus übergroßer Sorgfalt die Thatkraft verloren geht.

So strömte von dem Geiste eines der edelsten Denker, dessen Worte in wunderbarer Weise an das Evangelium anklingen, schließlich doch nur der Geist der Langeweile aus.

Dies muß man festhalten, um seinen Nachfolger Commodus zu verstehen, einen Mann, dessen Mängel uns nicht über den bedeutenden Einfluß seiner Regierung täuschen dürfen.[1] Es scheint, als ob er des trockenen Tones seines Vaters gründlich satt war. Wenn sich in ihm die seltene Vereinigung des Circusreiters mit dem Freunde orientalischer Mystik vorfindet, so erklärt sich dies wohl daraus, daß beides Ausgeburten der Langeweile waren, die Freude am Thierkampfe und das Schwelgen im Dienste der Isis und des Mithras, dessen Priester dem nach Abwechslung durstigen Römer dieselbe Befriedigung gewährte, welche auch in späteren Zeiten in ähnlichen Stimmungen aus der Beschäftigung mit übersinnlichen Dingen immer wieder geschöpft worden ist. Damals diente aber diese niedrige Sucht nach Zerstreuungen unbewußt dem hohen Ziele der Völkerverschmelzung, indem sie den Einfluß der Orientalen steigerte.

Die orientalischen Priester wußten, wie man den Geist des Volkes versöhnt. Rom langweilte sich, die vornehme Welt blieb dem Heere und dem Amte mehr und mehr fern, die Masse wurde auf Staatskosten ernährt. Der Müßiggang als der Anfang aller Laster erzeugte eine unbezwingliche Lust am Neuen. Hier wußten nun die Orientalen Abhilfe zu schaffen. Die Meister feierlicher Umzüge waren die Isispriester, unter welche sich der Kaiser mit geschorenem Haupte mischte. Wir erfahren von einem Umzuge in Korinth der uns wie ein Vorbild des Carnevals erscheint. Der Pegasus wird von einem Esel dargestellt, an dem Flügel hängen; im Gewande des Ganymed erscheint ein Affe. Aehnliches geschah wohl auch in Rom. Die Mythraspriester aber, welche den Neulingen Proben auferlegten, bei denen sie

[1] Vgl. Réville, la religion à Rome sous les Séverès. Paris, 1885. S. 84 ff. 113 ff.

durch Wasser und Feuer gehen mußten, erweckten das besondere Interesse des Kaisers Commodus. Er hielt so sehr darauf, daß die Proben streng genug waren, daß einzelne Opfer dabei um's Leben kamen. Im Blute eines Stiers taufte man die neuen Glaubensgenossen. Im Dienste der Bellona endlich ritzten sich verzückte Priester mit Schwertern und der Kaiser sorgte dafür, daß diese Verwundungen nicht allzu leichte waren.

Daß ein Mann, welcher sein Empfinden durch solche Bilder beeinflussen ließ, im wildesten Verfolgungswahn seine Würde entehrte, ist begreiflich und ebenso begreiflich ist es, daß man nach einem solchen Römer auf das Römerthum des Herrschers nur noch ein geringes Gewicht legte.

## § 32. Der afrikanische Herrscher.

In dem steigenden Verfalle des römischen Hofes mußte der Tag immer näher rücken, in der die geknechtete Welt das Joch der Römerherrschaft abschütteln sollte. Nachdem Commodus und Pertinax ermordet waren, schloß Didius Julianus, ein Abkömmling des bekannten Juristen Salvius Julianus einen Handel in punischer Art. Von den Truppen, welche die Milde des Marc Aurel verdorben hatte, erkaufte er den Thron im Wege des Meistgebotes. So war denn die Kaiserwürde ein elender Handelsartikel geworden und drohte alle Achtung zu verlieren, wenn nicht eine tüchtige Hand die Zügel ergriff, welche die altrömische Kraft, wenn auch nicht die altrömische Abstammung besaß. Septimius Severus, der Afrikaner bestieg den Thron und bahnte eine neue Zeit an. Aus dem Karthagerlande gebürtig, hatte er die Römer als Jurist in ihren Schwächen genau kennen und verachten gelernt. Er wußte die Heere gut zu führen und kannte ihre Macht, denn in seinem Testament empfahl er seinen Söhnen, den Soldatenstand vor allem andern zu achten. Seine Kunst, strenge Manneszucht zu halten gab ihm den Beinamen, mit welchem wir ihn zu bezeichnen gewöhnt sind. Das Heer hatte ihn erhoben, das Heer sollte ihn stützen. Seine Garden füllte er mit orientalischen Barbaren, deren Sitten Entsetzen verbreitete. Bis nach Schottland hinauf bewies er durch ruhmreiche Siegeszüge, welche Macht in seiner Hand lag. Den Senatoren, als sie ihm die

Herrscherwürde bestätigten, hatte er versprochen, keinen aus ihrer Mitte tödten zu lassen, aber als ein echter Punier hielt er sein Wort nicht.

Seine Macht stellte er in den Dienst des Staatswohls, aber er regiert nach seinem Kopfe, nicht nach der hergebrachten Weisheit. Als ausländischer Despot beugt er den Römersitz zu Boden. Der Senatsschluß wird nach dem kaiserlichen Antrag (oratio) benannt, dessen Annahme bereits als selbstverständlich galt. Durch einen solchen Antrag legte er die Keime zur Obervormundschaft des Staates. Auch in die Rechte des Hausherrn griff er mehr ein, als es bisher geschah. Wenn Augustus verlangt hatte, daß die Väter ihre Töchter ausstatten, so verlangt er sogar, daß sie durch die Obrigkeit gezwungen werden, für sie Heirathsgelegenheiten zu suchen.

Da er selbst als Rechtsgelehrter emporgekommen war, so begünstigt er diese Wissenschaft in noch viel höherem Grade, als es Augustus gethan hatte. Durch ihn beginnt die Periode der größten Juristen des Weltreichs, welche zugleich Feldherren, Reichsrichter und Reichskanzler waren und mit militärischer Kürze vom höchsten Beobachtungspunkte aus über einen Erfahrungskreis schreiben, wie er niemals wieder einem Sterblichen zu Gebote gestanden hat.

Vor Allem gilt dies von Papinian, dem Feldherrn, Kanzler Oberrichter und Freund des Kaisers, einer schon durch diese Vereinigung der einflußreichsten Stellungen eines ungeheuren Weltreiches einzigartigsten Persönlichkeit.

Betrachten wir die Gestalt des Kaisers Septimius sowohl nach den Gesichtszügen, welche seine Büsten aufweisen, als auch nach der Denkart, welche aus seinen Handlungen folgt, so werden wir ihm jeden andern Vorzug eher zusprechen als denjenigen, ein echter Römer gewesen zu sein. Die Zeit des Römerthums war vorüber, ein Weltbürger hatte die Zügel der Herrschaft ergriffen.

Allein auch der Geist rücksichtsloser Gewaltthätigkeit, der sein Emporkommen kennzeichnet und dessen er auch fernerhin bedurfte, um seine Herrschaft zu erhalten, scheint zunächst mit der Würde des Beförderers unsterblicher Rechtsgedanken im Mißklange zu stehen. Wir dürfen hierbei aber nicht vergessen, daß für den Gesetzgeber die Kenntniß menschlicher Schwächen wichtiger ist als die Fähigkeit, durch den eigenen Lebenswandel ein Vorbild für das erwünschte Verhalten der

Unterthanen zu sein. Der hohe Werth der napoleonischen Gesetzgebung bestätigt dies ebenso, wie die Erzeugung des Weltrechts am Hofe der Severe.

## § 33. Phönicische Einflüsse.[1]

Mit der bloßen Macht des Schwertes hätte die Gedankenwelt des alten Römerthumes wohl vernichtet, nicht aber zu der Grundlage eines neuen reicheren Rechtsbaues gemacht werden können. Nicht nur ungesittete Truppen strömten unter dem afrikanischen Kaiser aus dem Oriente in die Hauptstadt, sondern mit ihnen kamen Ströme von Anregungen und Erfahrungen, durch welche die alten Culturländer des Ostens der Rechtspflege der Welthauptstadt ein neues Blut einflößten. Mit dem Herrscherthrone wurde auch die Denkart der Hauptstadt eine weltbürgerliche.

Schon mit Jahrhunderten waren nach dem Zeugnisse vieler Inschriften Söhne des Ostens in Italien in Menge eingedrungen. Allein Juvenals Dichtung beweist uns, daß die herrschenden Klassen sie nur mit Verachtung betrachteten. Die Zeit, in der sie mit ihren unrömischen Anschauungen ein volles Gehör fanden, begann erst jetzt, als die Römer Veranlassung hatten, sie zu fürchten.

Nach dieser Richtung erwies sich die Gattin, welche ein Orakel dem Kaiser Septimius Severus zugewiesen hatte, als eine der einflußreichsten Frauen der Weltgeschichte. Julia Domna entstammte der Provinz Syrien, in deren üppiger Handelswelt eine starke Bewegung hin- und herfluthete.[2] Hier hatte sich der Geist Phöniciens mit den Resten babylonischer Cultur und der Bildung Griechenlands verschmolzen. Daher glich diese Stätte einem glühenden Vulkan orientalischen Empfindens und überlieferten Gedankenreichthums, der unter dem Drucke der römischen Herrschaft gährte und sich über die Welt zu ergießen suchte. Derselbe volle Thatendrang, welcher einst die Dido über das

---

[1] Vgl. Réville, la religion à Rome sous les Sévères. Paris 1885, besonders chapitre VI. ff. S. 190 ff. Revillout, les obligations en droit Egyptien comparé aux autres droits de l'antiquité. Paris 1886. indroduction S. 81 ff.

[2] Vgl. Mommsen, röm. Geschichte. 2. Aufl. 5. Bd. S. 446 ff.

Meer trieb, welcher dem Hannibal die Kraft gab, seine Elephanten über die Alpenpässe hinüberzutreiben, dieser phönicische Geist, der weltumspannend in die Ferne schweift, lebte im Herzen der Kaiserin. Durch Catos Grausamkeit war die punische Nation nicht vernichtet worden. In ihrer Knechtschaft hatte sie gelernt, die Ueberwinder zu besiegen. Der feste Blick, welcher aus der Büste der asiatischen Kaiserin, die sich im Kapitol und im Vatican befindet, den Beobachter durchbohrt, strahlt die Kraft des Schlangenauges aus, das ein zitterndes Opfer in seinen Kreis bannt. In alle Himmelsrichtungen hinein begleitete die unternehmungslustige Frau zu Pferde den kämpfenden Gatten. In den Staatsangelegenheiten suchte sie seine Beratherin zu werden, hier jedoch nicht mit dem gewünschten Erfolge. Dem Plautianus gelang der gefährliche Wurf, sie in der Gunst des Kaisers zu verdrängen. Dafür entschädigte sie sich, indem sie die Rolle des Mäcenas im größten Maßstabe übernahm. Die bedeutendsten Geister der ganzen Welt sammelte sie um sich. Mit Recht vergleicht der beste Kenner ihrer Zeit Jean Réville [1] den Kreis spätrömischer Encyclopädisten den sie um sich sammelt, mit den Salon der Madame de Récamier. In einem wissenschaftlichen Streit zwischen Plutarch und Gorgias wird ihr das Schiedsrichteramt anvertraut.

Hier wurde also zum ersten Male ein Sammelplatz von Gedanken eröffnet, an dem die ganze Welt zu Worte kam und zwar an der einflußreichsten Stelle. Aber nicht durch die Menge der Gedanken, auch durch ihre Kühnheit, erinnerte die geniale Asiatin an die Kaufherren von Tyrus, Sidon und Karthago. Selbst eine Weltreligion hatte man sich in ihrer Umgebung erdacht[2] und Apollonius von Thana zu deren Heiland bestimmt. Begreiflicher Weise wollte das Volk hiervon nichts wissen.

Dieses Streben der geistreichen Frau, Rom durch das Zuströmen von Gedanken zu bereichern und ihre eigenen Landsleute aus der langen Schmach zu neuen Thaten aufzurufen, zog auch Roms größte Juristen in die Hauptstadt. Papinian war ein Verwandter der Kaiserin, Ulpian stammte aus Tyrus. Das Volk, welches durch sein Alphabet

---

[1] Vgl. a. a. O. S. 201.

[2] Réville a. a. O. S. 256 „une sorte de catholicisme païen“.

schon einmal die Menschheit zu einigen verstanden hatte, schien jetzt die Zinsen des Capitals einzufordern, welches der Grieche und der Römer mit seiner Erfindung inzwischen gewonnen hatte. Lange genug war die Unternehmungslust dieses Volks, dem schon im grausten Alterthume die Schiffahrt nothwendiger erschien als das Leben, in den Heimathshafen eingeschlossen gewesen. Jetzt stach sie mit um so volleren Segeln in die See der Weltgeschichte. Hören wir, wie Ulpian von seinem Geburtsorte redet: „Tyrus meine Heimathstadt, ausgezeichnet durch seine Lage, die altehrwürdigste durch eine Kette von Jahrhunderten, waffengewaltig, Roms treueste Bundesgenossin“.[1] Derselbe Syrer, welchen Plautus als Lastthier rühmt, den Juvenal wegen seiner südländischen Art mit Spott behandelt, er steht jetzt am römischen Herrscherthron. Von Ulpian rührt ein Drittel der Pandekten Justinians her und auch das Uebrige ist zum größeren Theile von Kleinasiaten und Nordafrikanern geschrieben; nur ein sehr kleiner Rest weist unzweifelhaft römische Namen als Urheber auf. Das Volk, das die Schrift geschaffen hatte, lieferte also auch die unvergänglichsten juristischen Werke; die Schöpfer des Welthandels vollendeten für die Nachwelt die Grundlagen ihres Handelsrechts.

## § 34. Der Begründer des Weltreichs.

Die Ansichten über den Einfluß der Eigenart des Gesetzgebers auf die Entstehung des Rechts haben sich in unserer Zeit sehr verändert.[2]

Früher erblickte man in den großen Staatsmännern Helden, welche nicht die Erzeugnisse, sondern die Schöpfer ihrer Zeit waren, und sah in jedem ihrer Gedanken eine Pallas Athene, die in geheimnißvoller Weise ohne erzeugende Ursachen im Haupte ihres Vater entstand.

Neuerdings sieht man gewöhnlich die Quelle der Rechtsgedanken in dem „Volksgeiste“, also in den Köpfen der Mitwelt des Gesetzgebers. Er selbst erscheint hierbei als ein bloßes Sprachrohr, welches nur dasjenige redet, was ihm von außen her eingeblasen ist.

---

[1] l. pr. dig. de censibus 50, 15.

[2] Vgl. v. Jhering, Geist d. röm. R. II, 1. § 25.

Die Rechtsgeschichte hat durch diese Anschauung an Anziehungskraft gerade nicht gewonnen.

Die Wahrheit dürfte wohl auch hier in der Mitte liegen. Ohne äußere Anregungen, welche zeugend in den Geist des Gesetzgebers eingedrungen sind, ist die Entstehung seines Werkes ebenso unverständlich, wie ohne die Kenntniß seiner besonderen Erlebnisse und des aus ihnen erwachsenen Geistesinhalts. Die Eindrücke, welche von außen her den beobachtenden Staatsmann auf die Bedürfnisse des Volkes und auf die Mittel ihrer Befriedigung hinweisen, kommen für ihn nur nach Maßgabe seiner besonderen Empfänglichkeit und Fassungskraft zum Bewußtsein. Zur That treiben sie ihn nur nach Maßgabe seiner Erregbarkeit und Empfindungsweise. Der Inhalt seiner Anordnungen ist aber das Erzeugniß eines chemischen Prozesses, in welchem sich äußere Wahrnehmungen mit den Nachklängen früherer Erlebnisse zu einem neuen Gedanken verschmolzen haben. Nicht bloß das Samenkorn, auch die Muttererde bestimmt die Beschaffenheit jener Sprößlinge, welche wir Gesetzgebung nennen.

Hieraus folgt, daß die Person des Mannes, welcher das römische Bürgerrecht grundsätzlich von der römischen Abstammung loslöste, vom Standpunkte der Rechtswissenschaft eine sorgfältige Betrachtung verdient.

Wohl mußte der Hof des Septimius befürchten, daß der Tod des Kaisers den Römern einen Anlaß dazu geben würde, die fremdartigen Eindringlinge zu verscheuchen. Aber sein Sohn Bassinanus Antoninus besaß Tigerkrallen, mit welchen er sich an den Thron anklammerte. Seine Herrschsucht wurde zur Ursache einer der größten Umwandlungen, welche die Weltgeschichte kennt.

Er war ein echter Punier, ein Sprößling der karthagischen Menschenschlächter und der Landsleute jener Baalspriester, welche ihre Feinde in Feueröfen zu werfen pflegten. Die Phönicier waren Kaufleute aber keine Kleinkrämer. Keine Blutschuld war so groß, daß sie sich scheuten, sie in das Schuldbuch der Geschichte auf ihren Namen einzutragen, sofern nur nach ihrem Sinne der Abschluß der Rechnung den grausamen Mitteln des Erfolges entsprach.

Nicht die Germanen wurden die Henker des römischen Volkes; sie fanden keine wirklich römische Nation mehr vor, als sie Italien eroberten. Der Zerstörer der römischen Eigenart war kein Europäer.

Während seine Minister ihn als den „göttlichen Antoninus" priesen, bedient sich die Nachwelt zu seiner Bezeichnung des Namens, welchen der römische Spott ihm gab, weil er ein neues Kleidungsstück einführte. Die Dürftigkeit dieses Scherzes entsprach dem Galgenhumor der Ueberwundenen, aus deren Mitte er hervorging. Wer jedoch die Büste des Caracalla, welche im Nationalmuseum in Neapel steht, aufmerksam betrachtet, wird schwerlich die Empfindung haben, daß der Kopf einer komischen Figur vor ihm steht.

In der Kühnheit seiner Unternehmungen, in der rücksichtslosen Grausamkeit seiner Mittel, wie in der Nichtbeachtung der eigenen Gefahr erwies sich der Sohn der Julia Domna als der echte Nachkomme seiner Ahnen.

Wohl mögen die hochmüthigen Römer und die bildungsstolzen Hellenen oft genug den heranwachsenden stillen Emporkömmling verhöhnt haben, aber sie würden sicherlich verstummt sein, wenn sie geahnt hätten, welches übermenschliche Maß von Rachgier sich in der Seele des Kaisersohnes anhäufte, der schon als Kind sich im Circus vor Wuth abwandte, als er sah, wie die Römer ihre Unterthanen von wilden Thieren zerreißen ließen, und der sogar seinem Vater Verachtung zeigte, als dieser seinen Spielkameraden wegen dessen jüdischer Religion züchtigen ließ. Als er sich später in das Studium der Geschichte vertiefte, waren es drei Namen, welche er unaufhörlich im Munde führte: Alexander der Große, Sulla und Tiberius. Von einem syrischen Priester aus Hierapolis erzogen, in dessen Heimath sich frühe viele Völker vermischten, im Hause der Mutter von einem Kreise umgeben, der das Weltbürgerthum predigte und dem er günstig gesonnen war, ein Nachkomme jener Phönicier, welche einen Welthandel geschaffen und die Weltherrschaft erstrebt hatten, mußte er in Alexander dem großen Vorkämpfer der Menschheitseinigung den Apostel seiner innersten Gedanken sehn, ihm, dem die Ungleichheit der Rassen Thron und Leben zu rauben drohte, mußte der Plan der Menschheitseinigung schon aus persönlichen Gründen, welche dem großen Alexander fehlten, zu besonders leidenschaftlichem Begehren aufstacheln. Von Sulla und Tiberius lernte er die Mittel, mit welchen Rom umgestaltet zu werden pflegte, von jenem die Herzenskälte, welche im Geiste des Gegners dessen Schwäche liest und von diesem den Haß gegenüber dem Trotze des Todfeindes. Es ist bezeichnend, daß seine Neigung also aus der langen Reihe römischer Helden gerade diejenigen herausgriff, welche in den grausamen Mitteln ihrer Politik die Punier am Meisten nachgeahmt hatten.

Den leidenschaftlichsten Plänen, welche in ihm gährten, lebte sein gemäßigter Vater zu lange. Auf einem Heereszuge beging er einen mißglückten Mordversuch wider den Herrscher. Septimius, den seine Soldaten den Strengen nannten, zeigte in seinem Hause die ganze Schwäche des Orientalen. „Was habe ich Dir gethan? wenn Du willst so ermorde mich, oder lasse mich durch Papinian ermorden.“ So sprach damals der Kaiser derselben Römer, welche sich ihrer strengen väterlichen Gewalt vor allen Völkern rühmten. Die Zärtlichkeit des Vaters hinderte den Sohn nicht, als dieser die Augen geschlossen hatte, die starken Mittel anzuwenden, von denen er so lange geträumt hatte.

Es zeigte sich damals, daß rücksichtslose Thatkraft des Führers dem Söldnerheere mehr galt als ein menschliches Empfinden. Die Soldaten vergötterten Caracalla; er pflegte mit ihnen zu plaudern, zu zechen und eine echt barbarische Kameradschaft zu halten. An seiner Seite führte er Löwen und übte also die karthagische Kunst der Thierbändigung, welche schon ihrem Erfinder Hanno als Zeichen der Herrschsucht gedeutet worden war. Mit seinem Lieblingslöwen, den er öffentlich küßte, theilte er sein Lager und zeigte also, daß ihm das eigene Leben nicht mehr werth war, als dasjenige seiner Mitmenschen. Er nannte diesen Löwen sein „Schwert“ und sicherlich nicht ohne Grund. Ein Mann, der wider seine Gegner so außerordentlich scharfe Mittel anwandte, bedurfte auch auf seinem Nachtlager eines ungewöhnlichen Schutzes.

So konnte er es wagen, nach dem Tode des Vaters seinen schöngeistigen Bruder Geta, der für seine Regierungspläne schwerlich Verständniß besaß, in den Armen der Mutter niederstechen zu lassen und mit ihm 20 000 seiner Anhänger. Die nordischen Söldner, welchen sein unedles Gebahren mißfiel, ließ er gleichfalls niedermachen. Von Papinian verlangte er eine Rechtfertigung seines Brudermordes und als dieser sie verweigerte, ließ er auch ihn ermorden. Daß er in diesem rechtlichen Manne einen Gegner seiner Umsturzpläne fürchtete, ist eine naheliegende Vermuthung.

Im Senate erzwang er bewaffnet durch Bewaffnete die erwünschten Beschlüsse. Ja er soll sogar eine Nichtachtung aller Rücksichten so weit getrieben haben, seine Mutter zu heirathen. Jedenfalls liebte er die geistvolle Frau, deren ererbten Basiliskenblick wir in seiner Büste wiederfinden, mit der leidenschaftlichen Gluth, welche grausame Naturen auf die wenigen Ausnahmen ihrer allgemeinen Menschenverachtung zu werfen pflegen. Schon bei Lebzeiten des Vaters hatte er ihren Feind Plautian, von dem sie bei Septimius verläumdet worden war, niedergestochen, und auch bei der Ermordung seines Bruders Geta, welchen sie bevorzugt hatte, so wie bei dem Mordversuche gegen seinen zärtlichen Vater mag die Eifersucht eine Rolle gespielt haben.

So erklärt es sich wenigstens, warum er seiner Mutter die Regierungsgeschäfte überließ und in Folge dessen die Fortentwickelung des Weltrechts durch seinen wilden Despotismus nicht nur keinen Schaden litt, sondern die höchste Förderung erfuhr.

Die schwache Seite des Römerthums konnte dem Kaiser nicht entgangen sein. Eine einzige Schleuse hielt die Fluth der Menschen zurück, welche nach der Hauptstadt drängte. Caracalla wußte, daß das verhaßte Volk der ungerechten Statthalter und der habgierigen Zöllner in der Völkerfluth ertrinken mußte, sobald man die Schleuse aufzog. Als seine Macht gesichert war, zog er die Schleuse auf. Allen freigeborenen Reichseinwohnern gab er mit Bürgerrecht die unbeschränkte Freizügigkeit. So ahmte er das Vorbild Alexanders nach.

Die muthmaßlichen Folgen dieser gewaltigen That vermag menschliche Einbildungskraft nicht zu erfassen. Roms Ende war gekommen. Wie Pharao mit seinen Reitern versank das Römerthum in den heranbrausenden Fluthen des Völkermeeres. Vor Allem drängten sich die Landsleute des Herrscherhauses heran. Mit Pauken nnd Cymbeln, auf Kamelen und Dromedaren, mit jauchzenden wollüstigen Weibern, vereint mit den Priestern der asiatischen Götzen strömten nunmehr die neuen Bürger in die Hauptstadt der Welt. So feierte der Menschheitsgedanke seinen ersten lärmenden Triumph, zum Entsetzen der letzten Römer, denen alte Sitte und strenges Recht nun für ewige Zeiten in Schutt und Trümmer sanken.

Daß dieser Erfolg das Ziel einer klaren Absicht war, bleibt zweifelhaft; denn ein allgemein für glaubwürdig gehaltener Bericht führt die gewaltige That lediglich auf die Sucht des Kaisers nach Steuern zurück, welche der Kaiser auch ohnedies hätte erpressen können. Allein auch wenn dies richtig ist, so würde doch die verhängnißvolle Form, in welcher Caracalla jenen Plan verwirklichte, ohne seine Stellung zu der bisher bevorrechtigten römischen Nation nicht denkbar sein.

Die Senatoren hatten längst gelernt sich in das Unvermeidliche zu fügen. Schon unter Commodus hatte ein vornehmer Römer, als der Kaiser im Circus lächerliche Dinge trieb, sich ein bitteres Lorbeerblatt in den Mund gesteckt, um nicht über seinen Herrn zu lachen; denn das Lachen kostete damals unter empfindlichen Regenten den Kopf. Aber eine mindere Zügelung der eigenen Zunge besaßen die Alexandriner,[1] ein spöttisches Völkchen, welches im Hauptmittelpunkte der hellenischen Weltbildung von einem besondern Uebermuth erfaßt worden war. Sie hatten die Gewohnheit, für die Weltherrscher Spottnamen zu erfinden und nannten auch jetzt die Kaiserin-Mutter Jokaste. Trotz seiner Aufklärungssucht war der bildungstolze Hellene nichts weniger als ein Weltbürger. Die Menschenrechte des Barbaren denjenigen des eigenen Stammes gleichzustellen, war er vielleicht von allen Einwohnern des Reiches am Mindesten geneigt. So gab es in Alexandria zweierlei Prügelstrafe, der bessere Stock gebührte den hellenischen Frevlern, der schlechtere den jüdischen und den ägyptischen.

Hier fand der orientalische Tyrann eine besonders günstige Gelegenheit, seinen Ansichten über hellenische Vorrechte einen unverkennbaren Ausdruck zu geben. Der dünkelhafte Spott des durch geistige Kraft wirklich Ueberlegenen pflegt rachsüchtige Naturen noch mehr zu verletzen, als der grundlose Hochmuth des Mächtigen und Reichen. Nur so läßt sich die Art erklären, in welcher Antoninus den Gruß der Bürger der Weltuniversität erwiderte, als er in ihre Mauern einzog.

Zunächst wiegte er die Alexandriner durch heuchlerische Freundlichkeit in Sicherheit ein. Dann gab er plötzlich seinen Söldnerschaaren einen Wink. Sie stürzten sich auf das erstaunte Volk und hieben die kenntnißreichste und kunstsinnigste Bürgerschaft der Welt zu unförmlichen Massen zusammen. Wie der punische Herrscher Karthagos Fall

---

[1] Mommsen, röm. Geschichte. 2. Aufl. Bd. 5. S. 581 ff.

gerächt hatte, so rächte er jetzt auch die Zerstörung von Tyrus an Alexanders Stadt. Durch ihre Straßen floß das Blut der selbstbewußten Bildungsfreunde als ein Racheopfer, welches der Barbar an dem Volke nahm, das nur den Schönen und Tüchtigen bewunderte, den Häßlichen und Schwachen aber zu verachten gewohnt war.

Daß der leidenschaftliche Herrscher der Erinnerungen an seine blutige Thaten in einsamen Stunden nicht froh war, erzählt uns Dio Cassius.[1] Den Tyrannen, der sich vor dem Löwen nicht fürchtete, welcher neben ihm ruhte, schreckten Wahnbilder aus seiner Ruhe. Er sah die Gestalten seines Vaters und seines Bruders, wie sie ihn mit Schwertern verfolgten. Schließlich vollstreckte Papinians Nachfolger Macrinus an dem Kaiser den Racheact, welchen sein sterbender Vorgänger dem nächsten Träger des Amtes nahegelegt hatte. Allein auch nach seinem Tode verehrten die Garden den Kaiser Antoninus mit abgöttischer Bewunderung. Wir aber erkennen in dem furchtbaren Manne das gewaltigste Werkzeug der fortschreitenden Entwickelung des Menschengeschlechts. Nicht blos Rom, sondern die Menschlichkeit wurde durch ihn von einem blutigen Strome überfluthet, aber aus den purpurnen Wogen tauchte eine neue Göttin hervor, die geeinte Menschheit. Von Sulla und Tiberius hatte der Kaiser die Mittel gelernt, den Zukunftstraum des großen Alexander zu verwirklichen. Indem er also Roms Unterthanen zu Bürgern des Reiches erhob, schuf er in einer gewaltigen heidnischen Weltkirche das Gefäß, welches Constantin später mit einem neuen Glauben füllte. Er aber wurde der erste Herrscher eines wahren Weltreichs, in dem sich die Satzungen der Völker zu einem neuen Weltbürgerrechte verschmolzen und welches keinen Unterschied der Völker und der Rassen kannte.

Der blutgierige Mörder seines Bruders bereitete der Religion der Bruderliebe den Weg, der ungerechte Henker des edelsten Weltrichters wurde der Begründer eines unvergänglichen Weltrechts.

---

[1] 77, 15.

## Vierter Abschnitt.

# Weltrecht und Christenthum.

## Erster Theil: Das römische Weltbürgerthum.

### § 35. Der Einfluß des Morgenlandes.

Dreizehn Jahrhunderte liegen zwischen Romulus und Justinian. Wer die Frage aufwirft, welches von ihnen eine besonders eingehende Betrachtung verdient, den wird man schwerlich auf das dritte Jahrhundert unserer Zeitrechnung verweisen. Die despotische Staatsform, in welcher die Menschheit damals lebte, stößt den Staatsrechtsforscher eben so zurück, wie der Verfall der lateinischen Sprache den Freund des ciceronianischen Stils mit Abscheu erfüllt. Wer jedoch das Wort nicht so hoch schätzt, um über dessen unschöner Form den Inhalt zu übersehen, wer ferner nicht nach dem damals schon völlig verdorbenen Römervolke, sondern den Schicksalen der gesammten Menschheit fragt, der muß mit ganzer Seele an der Betrachtung einer Zeit hängen, aus deren Gährungen sich oben an den Stufen des Thrones ein Weltrecht aus und unten in der Tiefe des Volks eine Weltreligion entwickelte.

So bedeutsames Werden ist nur da möglich, wo Kräfte von höchster Gewalt wirken. An diesen fehlte es aber damals nicht.

Das dritte Jahrhundert gleicht einem siedenden Kessel, in welchem Völkerströme hin und her wogen. Der Völkerwanderung ist eine Völkerverwirrung vorhergegangen. Die Menschheitsströme jener Tage hatten zur Folge, daß heutzutage Orient und Occident nicht mehr zu trennen sind. [1]

---

[1] Vgl. Réville a. a. O. S. 47 ff.

Caracallas That war nicht die Ursache, sondern nur der letzte Abschluß einer längst vorhandenen Bewegung. Schon lange hatte der blendende Glanz der orientalischen Culte sich über Italien verbreitet, jetzt steigerte er sich zu so gewaltiger Pracht, daß durch ihn der Sinn für griechisches Ebenmaß und römische Klarheit völlig zu erblinden drohte. Der Pomp des orientalischen Sonnencultus wurde vom römischen Priester entfaltet. Was Asien an sinnenberückenden Reizen besaß, das schleppte man herbei; unerhörte Reizmittel fesselten das Herz des weltbürgerlichen Pöbels an den Herrscher, welcher Kaiser, Gott und Hoherpriester in einer Person war. Selbst Spuren des Dalai-Lama-Cultus haben sich in Rom nachweisen lassen.[1] Der Tempel wurde zur Menagerie umgestaltet, um durch den Anblick seltener Thiere die Menge zu fesseln und seitdem neben dem wortkargen Geschäftsmanne Roms der lärmende Orientale in das Gotteshaus eindrang, erforderte die Würde des Ortes in erhöhtem Maße die Vertreibung der Wechsler.

Wer in chaldäischer Geheimnißkrämerei, in syrischer Wollust sich am Meisten auszuzeichnen wußte, drängte sich am Eifrigsten in die Hauptstadt der Welt. Die sinnlichen Priesterinnen orientalischer Culte zogen den entnervten Römer in einen bacchantischen Freudentaumel hinein, in welchem das stolzeste Volk der Welt mehr und mehr erlosch. An dem Typus des Süditalieners und des Südfranzosen, in dessen Land eine besonders starke syrische Einwanderung erfolgt ist, erkennt der Reisende noch jetzt die Spuren jener Zeit.

Seit Caracalla und Elagabal sind die Söhne des Morgenlandes im Westen heimisch geworden und haben der italienischen Nachwelt Züge eingeprägt, welche von den Fluthen der Völkerwanderung nicht weggewaschen werden konnten, und welche dem altlatinischen und hellenischen Wesen nicht minder fremd sind, als dem germanischen. Die hinterlistige Mordlust, mit welcher Eifersucht und Blutrache wüthen, die Verschlagenheit des inquisitorischen Priesters, die Arbeitsscheu des Lazzaroni, alle diese Erscheinungen stammen nicht vom Capitol noch von der Akropolis, wohl aber erinnern sie an die Heimath der Baalspriester. Die Söhne dieses Landes besetzten im dritten Jahrhunderte

---

[1] Vgl. Heinrici, Zeitschrift für wissenschaftliche Theologie. 1887. I. S. 34. Max Müller, Essays ins Deutsche übertragen. Leipzig, 1889. S. 168.

unserer Zeitrechnung Thron und Altar. Ihre Sklaven führten die Flotten und die Handelsbücher des Weltverkehrs und was nicht zu ihnen gehörte, stand in ihrem Solde oder doch unter ihrem Einfluße.

Dieser Einfluß ist jedoch keineswegs ein durchaus schädlicher gewesen. Seine Lichtseiten erklären, warum man ihn duldete.

In der Freude am Besitz und am Lebensgenusse waren die Orientalen den römischen Schwelgern noch überlegen. Der Dienst des Bacchus und der Venus fand in der Pflege durch morgenländische Mänaden den höchsten Aufschwung. Es wurde immer mehr ein Grundsatz der römischen Politik, überallhin den Sinn für Lebensfreude zu verbreiten. So kamen denn auch schließlich die römischen Reben an den deutschen Rhein. Aber bei dem Weine fehlte auch nicht der Gesang. Die Freude an stärkeren musikalischen Wirkungen war von jeher ein Vorrecht des Orientalen. Mit Harfen, Flöten und Cymbeln bahnten die Söhne Jubals einer neuen Kunst den Weg nach Europa, welche die heidnische in ihren Dienst nahm und die christliche in ihrem Dienste behielt. So hat denn der spätere Aufschwung dieser veredelnden Kunst sicherlich eine entfernte Wurzel in der Völkervereinigung durch die Grausamkeit des Caracalla. Diese letztere kann aber auch nicht ohne Einfluß auf den Aufschwung der Malerei geblieben sein; denn die Freude an bunter Farbenpracht war im Alterthume vorwiegend im Osten, namentlich auch in Aegypten entwickelt. Die kirchliche Malerei, die gewaltigste Verkündigerin des Evangeliums, hätte schwerlich auf dem Boden der nüchternen Latiner später einen so gewaltigen Aufschwung erhalten können, wenn nicht schon in alter Zeit von Osten her der Sinn für Farbenpracht eingedrungen wäre und sich gleich dem römischen Rechte durch die Stürme der Völkerwanderung hindurch fortglimmend erhalten hätte.

Auch die Baukunst, in welcher die Römer von Alters her Meister waren, erhielt von den Kuppeln orientalischer Tempel einen neuen Antrieb zu gewaltigen Zielen.

Wir sehen also, daß Caracalla, der Massenmörder der alexandrinischen Bildungsfreunde, nach mehrfacher Hinsicht der spätern Entwickelung einer Empfindungsweise förderlich war, welche seiner eigenen völlig widerstrebte.

Am Meisten aber zeigte sich der Einfluß des Asiatenthums im

täglichen Leben. Der starre Trotz des Römerthums, die rücksichtslose Offenheit des Hellenen erhielten durch die Beimischung asiatischer Demut eine Milderung und Veredelung, welche man sogleich herausfühlt, wenn man die Kreuzritter mit den Helden der punischen Kriege vergleicht. Die römisch-hellenische Herzenskälte erwärmte sich an der Gluth des Orientalen.

Stellen wir ferner die faltige Toga und das schlichte Himation im Geiste neben die Prachtgewänder auf den Bildern des Paolo Veronese und neben die Priesterornate der katholischen Kirche, so sehen wir, daß auch in der äußeren Gewandung die Herrschaft der Orientalen der Welt ihre Spuren aufgedrückt hat. Vergleichen wir endlich die düstere Phantastik Dantes, des Dichters der Hölle, welche vielfach an die erschütternden Formen buddhistischer Riesentempel erinnert, mit der schlichten Poesie seines Führers Vergil, so begreifen wir, daß zwischen beiden die Asiaten in Italien geherrscht haben. Den gleichen Eindruck gewinnen wir aber auch, wenn wir die nüchterne Weisheit Ciceros oder Senecas mit den labyrinthischen Riesenbauten der mittelalterlichen Scholastik, die Klarheit der zwölf Tafeln mit den Dunkelheiten des Bartolus, die Einfachheit des altitalischen Formulars mit den kunstvoll gegliederten Protocollen des päpstlichen Processes vergleichen.

Mit einem Worte: Zwischen dem klassischen Alterthume und dem Mittelalter liegt eine tiefe Kluft. Nicht die schlichten Germanen haben diese Riesenspalte in den Fels der Menschheit hineingesprengt. Die Spalte klaffte ihnen schon weit entgegen, als sie erobernd über die Alpen kamen. Sie ist das dritte Jahrhundert unserer Zeitrechnung, sie ist die Herrschaft der Asiaten über das europäische Weltreich.

## § 36. Die Völkerverwirrung.

Zunächst hatte freilich die Menschheit nur wenig Veranlassung, der neuen Einigung ernstlich dauernd froh zu werden. An Uebersichtlichkeit hatte das große Weltreich sicherlich nicht gewonnen, als seine bisher getrennten Ströme mehr und mehr durcheinander zu fließen begannen. In dem ungeheueren Staatsbau, welchen die Landsleute der Babylonier vollendeten, verloren die Bauleute beinahe die Fähigkeit sich zu verstehen. Rom wurde damals nach einem bekannten Worte ein „Auszug aus der gesammten Menschheit“. Neben einander wohnten Menschen, die verschiedene Sprachen redeten, verschiedenen Rechtsüberzeugungen huldigten und durch ihre Götter wie durch ihre Sitten sich gegenseitig Abscheu einflößten. Wie mancher schwärmerischer Verehrer des Weltbürgerthums mag seine Träume bereut haben, als er ihre häßliche Verwirklichung vor Augen sah. Parther und Meder und Elamiter, Juden und Judengenossen, Kreter und Araber mischten sich in gegenseitigem Mißtrauen unter einander, bis des Christenthums heiliger Geist menschheitseinigend sich über sie ausgoß.

Damit hatte es aber zunächst noch gute Weile. Eben so wenig wie nach einem bekannten Worte das englische Parlament aus einem Weibe einen Mann machen kann, ebensowenig war es dem Befehle des Kaisers gelungen, die Barbaren des Reiches in rechte römische Bürger umzuwandeln. Die bevorzugte Classe hatte einen unheilbaren Schaden erlitten, ohne daß die übrigen zunächst einen erheblichen Vortheil erlangten. Caracallas That hatte die Menschen zunächst mehr getrennt als geeint. Die festen Gruppen, in denen sich bisher die Völkerstämme an einander schlossen, waren zerstört, das neue Ganze entbehrte des inneren Zusammenhalts. Der Kaiser gab dem Volke ein gemeinsames Gewand, eben jenes Kleid, nach dessen Namen man ihn Caracalla nannte. Durch eine solche neue Menschheitsuniform sollte wohl der innere Zwiespalt verdeckt werden. In gleichem Wahne hoffte man zur Zeit des großen Peter, die Moskowiter zu Westeuropäern zu machen, indem man ihre Röcke und Bärte verkürzte. Als die Römer dem grausamen Kaiser zum Spott den Namen jenes Gewandes anhingen, in welchem sich die Aeußerlichkeit seiner Einheitsbestehung in sinnfälliger Weise verkörperte, übten sie eine Kritik aus, welche boshafter war, als sie selbst fühlen mochten.

Allein es gab auch Männer, welche dem Verschmelzungsbedürfnisse ihrer Zeit in einem höheren Sinne zu genügen suchten, als es durch die Künste des Schneiders möglich ist. Das Hin- und Herströmen der Menschheit mochte immerhin die kleinen und mittelmäßigen Geister in einen Betäubungsstrudel hineinziehen, die kräftigsten Naturen, welche fähig waren, sich über Wasser zu halten, konnten um so unbehinderter den höchsten Zielen entgegenstreben, ja in ihrem Innern mochte die mächtige Bewegung einen Thatendrang aufwühlen, dessen gewaltige

Strömung ein Nachklang der äußeren Eindrücke war, unter deren Zwange sie sich entwickelte.

Wenn man also auch vielleicht zu viel sagt, sobald man mit Jean Réville schon das dritte Jahrhundert ein Zeitalter der Verschmelzung nennt,[1] sicherlich war es ein Zeitalter der gewaltigsten Verschmelzungsversuche.

Unter diesen aber ist für uns der wichtigste und erfolgreichste die Thätigkeit der römischen Weltjuristen, deren Arbeit der gesammten gebildeten Welt seit Jahrhunderten als Vorbild der Rechtspflege gilt.

## § 37. Der Höhepunkt der Rechtswissenschaft.

Mit größter Sorgfalt wird die Kenntniß der Werke gepflegt, welche als die Blüthe der Jurisprudenz angesehen werden. Die Lebensschicksale ihrer Verfasser finden jedoch die gleiche Theilnahme in der Regel nicht.

Es mag dies befremdlich erscheinen, aber es ist wohl erklärbar. Daß die Erlebnisse des Menschen den Inhalt seiner Schriften mitbestimmen, weiß jedermann. Allein Gesetze sind Werke einer ganz besonderen Art und ihnen rechnet man die Auslassungen der römischen Juristen zu. Sie verlangen bei uns nicht blos Verständniß, sondern vor allem auch Gehorsam; dieser aber kann leicht darunter leiden, daß der Unterthan des Gesetzes durch seinen eigentlichen Inhalt hindurch in die Seele des Gesetzgebers eindringt und dort die unvermeidliche menschliche Schwäche sieht, welcher auch der Staatslenker nicht entgangen sein kann.

Und doch kann die Wissenschaft von solchem Eindringen nicht Abstand nehmen, um so weniger, als es nöthig ist, um den Zusammenhang des Rechts mit dem allgemeinen Geistesleben auch hier klarzulegen.

Allerdings sind die Quellen, welche es möglich machen, die Rechtsschöpfer jener Tage in eine hellere Beleuchtung zu rücken, dürftig genug.

So liegen z. B. die Schicksale des großen Nachfolgers des Ulpian, des Paulus, in so tiefem Dunkel, daß wir wenig mehr von ihm zu

---

[1] Vgl. Réville, a. a. O. S. 22.

sagen wissen, als daß er seinem Vorbilde ebenbürtig und in der Kunst allgemeiner Betrachtungen über Rechtspflege und Rechtswissenschaft sogar über ihn hinausgewachsen war.[1]

Um so leichter ist es dagegen, eben dieses Vorbild, den gewaltigen Ulpian, in seiner weltgeschichtlichen Rolle und seiner Stellung zu dem Geistesleben seiner Zeit in das Auge zu fassen. Er ist nicht nur das getreueste Abbild der Denkart des völkerumspannenden Weltreiches, sondern er verdient sogar bei unbefangener Betrachtung den Titel des größten Juristen des römischen Weltreichs, und seinen Werken ist nicht ohne Grund in Justinians Pandekten ein großer Platz eingeräumt worden. Oft genug hat man seine Bedeutung unter diejenige Papinians gestellt. So lange freilich der Praktiker in der klassischen Jurisprudenz hauptsächlich Vorbilder des guten Stils sah, nach denen er seine eigenen Urtelsabfassungen bildete, mußte dem Papinian der erste Preis zufallen. Dieser wortkarge Kriegsmann wußte seinen Gründen eine besonders schlagende Kraft zu geben; sie erinnern an die Hiebe eines Streiters, der sich aus dem Feindesknäuel heraus haut. Er arbeitete unter dem belebenden Drucke jener erhöhten Spannung, welche die Noth des Kampfes dem Feldherrn verleiht.

Ulpian dagegen, der glatte Mann des Hofes, ein Sprößling des auserwählten Bundes von Schöngeistern, welcher sich um die Kaiserin Julia Domna schaarte, das Mitglied einer Tafelrunde von Geistesgrößen aller Art, welche sich Deipnosophisten nannten[2] — wir könnten dies Wort in der Sprache unserer Tage etwa mit „Dinerphilosophen" wiedergeben — war ein Mann, welcher sich mit einer gewissen Behaglichkeit seiner friedlichen Arbeit widmete. Die Nothwendigkeit, als Träger des höchsten Reichsamtes nicht blos Oberrichter und Reichskanzler, sondern auch Führer der verwilderten Lieblinge Caracallas zu sein, kostete ihn schließlich sein Leben. Allem Anscheine nach war er zu weitsichtig, um seine kriegerischen Untergebenen mit der erforderlichen Schärfe im Auge zu behalten.

Nach der Reichhaltigkeit seiner Schriften überragt er alle seine römischen Berufsgenossen, auch Papinian um Haupteslänge. Was

---

[1] Vgl. jetzt aber auch das strenge Urtheil v. Jhering's, in der erst während des Druckes erschienenen Schrift: Der Besitzwille. Jena, 1889. S. 274 ff.

[2] Vgl. Réville, a. a. O. S. 206 ff.

dieser an kühler Vornehmheit vor ihm voraus hat, das überbietet Ulpian durch einen beinahe leidenschaftlichen Schaffenstrieb. In 20 Jahren schrieb er etwa 235 Bücher.[1]

Er war übrigens keineswegs nur dadurch groß, daß er die Menge seiner Aufgaben durch die Macht seiner Gedanken mit Leichtigkeit bezwang. Er trägt vielmehr eine scharf ausgeprägte geistige Physiognomie, die sich in seinen Werken abspiegelt, für das Verständniß seiner Zeit von hohem Werthe ist und nur selten genügend gewürdigt wird. Die Juristen der Nachwelt, welche in seinen Auslassungen an den Pünktchen auf dem „i" die sorgfältigste Beobachtung ausüben, widmen oft dem Gesammtbilde des Mannes nur jene uneingeschränkten Lobeserhebungen, welche von dem Gepriesenen kein eindrucksvolles Bild zu hinterlassen und seinem Andenken daher mehr zu schaden als zu nützen pflegen. Das Lichtbild dieses Mannes kann nur durch die Schatten, welche ihm anhaften, Kraft und Lebenswahrheit gewinnen und es muß daher als ein Fortschritt betrachtet werden, daß sich neuerdings auch an ihn der Tadel heranwagt.[2]

Ulpians Größe besteht zunächst in jener Weitsichtigkeit, welche das Haupt einer Reichsverwaltung kennzeichnet. Von jedem Gesetze weiß er mit Sicherheit die Einwirkungen zu bestimmen, welche es auf das Gefühl und das Verhalten der Rechtsgenossen ausüben muß, seine utilitas d. i. seinen Zweck. Es giebt keine Niederträchtigkeit, keine Schlauheit, die er nicht voraussieht und der er nicht ein Bein stellt, es giebt aber auch keine Nothlage, deren Beseitigung durch die Macht des Rechts möglich ist, welche er unbeachtet läßt. Freilich tritt in solchen Erklärungsversuchen seine persönliche Meinung so stark gegenüber dem hergebrachten Rechte hervor, daß gerade sie in ihrem Werthe angezweifelt werden.[3] Jedenfalls führen sie mit erstaunlicher Folgerichtigkeit eine Auffassung des Rechtes durch, welche erst neuerdings wieder eine eingehende Vertretung gefunden hat[4] und welche wir mit Ulpians Worten an der Spitze der Pandekten ausgesprochen finden.[5]

---

[1] Vgl. Pernice, Ulpian als Schriftsteller, Sitzungsberichte der königlich preußischen Akademie der Wissenschaften zu Berlin. Jahrgang 1885. S. 443.

[2] Vgl. Pernice, a. a. O. S. 445 ff.

[3] Vgl. Pernice, a. a. O. S. 448. Anm. 6.

[4] Vgl. v. Ihering, Der Zweck im Recht. Bd. I. 21. Aufl. Leipzig, 1884. S. 115 ff. Der Besitzwille, Vorrede S. IX und S. 538 ff.

[5] l. 1 pr. dig. de just. et jure 1, 1.

Diese Auffassung, welche überall den Druck des Rechtssatzes auf das Verhalten des Einzelnen als Mittel und das Gemeinwohl als Ziel ansieht, ermöglichte ihm eine Gesetzesauslegung, welche von erstaunlicher geistiger Freiheit geleitet wurde. Durch ausdehnende und einschränkende Auslegung paßt Ulpian grundsätzlich den Wortlaut der Bestimmungen überall ihrem Zwecke an.[1] In dieser Kunst steht er ohne Gleichen da, oft mißverstanden, bisweilen sogar gescholten, niemals überboten. Daß diese Menschenkenntniß aber auf Einzelbeobachtung beruht, das zeigt sich in der Beispielsfülle, mit der er den Leser durch Wald und Feld, durch Handelsniederlagen und Schiffsräume, durch Paläste und Heereslager, mit einem Worte, durch die Mannigfaltigkeit des „täglichen Lebens" beobachtend hindurchführt. Die Besprechung der kleinen Wirthschafts- und Luxusgegenstände, deren Namen als Vermächtnißinhalt Zweifel erwecken kann, sind wahre Fundgruben für den Kulturhistoriker, welcher die üppigen Einrichtungen römischer Paläste ergründen will.[2] Aber nicht blos in das Leben, auch in die Bücher hat er mit Eifer gesehen, freilich nicht mit derjenigen Gründlichkeit, welche wir heutzutage zu beanspruchen gewohnt sind. In dieser Hinsicht sind ihm neuerdings ähnliche Vorwürfe gemacht worden,[3] wie sie auch Livius nicht erspart geblieben sind.[4] An Sorgfalt in den Vorarbeiten ist die neuere Wissenschaft derjenigen des Alterthums ungefähr um so viel überlegen, als die letztere sie an Frische des Denkens und Kraft der Ausdrucksweise überragt. Gerade in diesen Tugenden steht aber Ulpian wahrlich nicht in letzter Linie und bethätigt sie auch in der Berücksichtigung seiner Vorgänger. Die Art, in welcher er von diesen redet, muß unsere Bewunderung erwecken, mögen dabei noch so viel Ungenauigkeiten mit untergelaufen sein. Wie eine Ahnenreihe stellt er seiner Ansicht diejenige römischer Juristen voran, um schließlich in allen Streitfragen den Nagel auf den Kopf zu treffen. Dabei verfährt er mit höchster Sachlichkeit, kein Wort des Spottes oder Selbstlobes schwächt die überwältigenden Erfolge seines Urteilsvermögens. Diesem

---

[1] Vgl. l. 13 dig. de leg. 1, 3

[2] Vgl. z. B. l. 70 dig. de legatis. III.

[3] Pernice, a. a. O. S. 459; vgl. auch schon Pernice, Marcus Antistius Labeo. Halle, 1873. Bd. 1. S. 6.

[4] Taine, essai sur Tite Live. Paris, 1879. S. 64.

Manne ist es gelungen, den punischen Gedankenflug in die Schranken römischer Selbstbeherrschung zu bannen, die strategische Kühnheit des Hannibal mit der Vorsicht seines zaudernden Ueberwinders zu vereinigen.

Aber auch die Wissenschaft des Hellenen ist ihm nicht fern. Wir sehen aus der wiederholten Verwendung technischer philosophischer Ausdrücke, daß Ulpian die griechische Weltweisheit seiner Tage kennt. Allein der praktische Mann hat sie offenbar nicht mit der Absicht gelesen, sie zu bewundern, sondern nur in dem Gedanken, ihre kunstvollen Ausdrucksformen in den Dienst seines Berufes zu stellen. Ihm ist die Weltweisheit nur eine Dienerin der Staatspflege, und so weit er sie nicht brauchen kann, erklärt er sie für eiteln Wahn. Darum stellt er seine eigene Wissenschaft so hoch, daß er nicht blos die Gewährung eines Lohnes für juristischen Unterricht als unwürdig ansieht, sondern auch die Jurisprudenz als die eigentliche und einzig wahre Philosophie bezeichnet.

So fassen wir denn die Betrachtung dieses Mannes mit wenigen Worten zusammen. Ulpian war der vornehmste Vertreter einer welteinigenden Gruppe thatkräftiger Emporkömmlinge. Der römischen Welt die ihm neu war, brachte er die stärkste Empfänglichkeit entgegen, das Vergangene aber achtete er nur, soweit dessen Nützlichkeit in seinem Gesichtskreise lag. Darum war ihm auch der Blick in die Zukunft und die Gefahren, welche seinem Herrscherhause und seinem eigenen Leben drohten, versagt. Er war durchaus ein Mann des Augenblicks, mehr gewohnt in das Leben als in die Bücher zu sehen, der den Inhalt seiner Zeit voll erfaßte, ihm ganz genügte und in der Mitte eines großartigen Verkehrslebens ein ebenso gewaltiges wie vollständiges Bild der wichtigsten menschlichen Lebensbeziehungen in sich aufzunehmen und aufzuzeichnen wußte.

Alle diese Eigenschaften wiederholen sich mehr oder weniger bei Ulpians Berufsgenossen, welche neben ihm gearbeitet oder seine Wirksamkeit vorbereitet haben. Sie sind es, durch welche der Werth der kaiserlichen Jurisprudenz Roms hoch über ihre Zeit hinausgehoben worden ist. Und doch waren sie die echten Erzeugnisse eben dieser Zeit, deren Nachtseiten in den unsterblichen Schöpfungen der Rechtspfleger ein erfreuliches Gegenstück besaßen. Dieses würde sogar ohne sie kaum denkbar sein; denn, je mehr ein sittlicher Verfall die Gewissen der Menschen lähmt, um so wichtiger erscheint der Druck, welchen der Staatszwang ausübt.

Jene Männer, welche sich aus unterdrückten Provinzialen in die Rechtsgenossen nnd Herren der Unterdrücker verwandelten, wurden nicht blos durch ihre Menschlichkeit, sondern auch durch ihre Klugheit dazu veranlaßt ihre besten Kräfte dem Gedeihen des römischen Reiches zu widmen und also Böses mit Gutem zu vergelten. Hierdurch erhielt ihr Streben eine Reinheit, wie sie nur selten den Grundzug einer so starken geschichtlichen Bewegung gebildet hat.

So dürfen wir denn von jener Periode sagen, daß keine so wie sie einer starken und kunstvollen Entfaltung des Rechtsschutzes bedürftig, aber auch keine hierzu so fähig in gleichem Maaße war.

## § 38. Die Nachwirkungen der weltbürgerlichen Jurisprudenz.

Daß die juristischen Schriften des römischen Weltbürgerrechts seit Jahrhunderten der Rechtspflege der gebildeten Welt als Muster gelten, ist ebenso unbestritten wie ihre Bestimmung, bis in eine unabsehbare Zukunft der gleichen Aufgabe zu dienen, unangefochten ist.

Dabei wird die Frage, ob ihr Vorbild wirklich in aller und jeder Hinsicht nützlich und ungefährlich ist, nicht immer genauer erörtert. Unzählige haben sich unvorbereitet in den Strom der Pandektenlektüre gestürzt, um dadurch die Kunst zu lernen, sich in ihm über Wasser zu erhalten.

Die Ausübung dieser Kunst ist aber weder leicht noch ungefährlich. Daß der ungeschickte Ausleger den Ruhm des Schriftstellers auch hier vielfach verkürzt hat, ist wohl das geringste Uebel welches daraus entstanden ist. In viel bedeutsamerer Hinsicht hat es sich gezeigt, daß das juristische Unterrichtsbuch viel „verborgenes Gift" enthält. Nicht blos eine Belästigung späterer Zeitalter mit überlebten Einwirkungen des Alterthums, auch ein bedenklicher Hang mit der eigenen Vergangenheit rücksichtslos zu brechen läßt sich auf den Einfluß jenes Gesetzbuchs zurückführen.

Es drängen sich daher die Fragen auf: Worin besteht die eigenartige Kunst der Pandektenjuristen? Worin lag ihre Ursache? Ist sie auch uns erreichbar? In welcher Weise dürfen wir sie nachahmen?

Die Denkart der classischen Juristen wird aus einem begreiflichen Grunde seit Jahrhunderten vielfach verkannt. Unwillkürlich hat die Juristenwelt des Mittelalters und der Neuzeit ihnen immer wieder die eigene Denkart untergeschoben und der Ausleger hat ihnen diejenigen Tugenden angedichtet, welche er selbst wenn auch nicht besaß, so doch als wünschenswerth empfand.

Wir dürfen es nicht vergessen, in welcher unerfreulichen Gestalt Justinians Sammlung der Fragmente klassischer Juristen, die Pandekten, dem Leser zunächst entgegentreten. Ein Haufen von Bruchstücken liegt vor ihm, aus dem Zusammenhange gerissen, schlecht geordnet. Die Einzelheiten wie die allgemeinen Grundgedanken sind von Zweifel und Streit umwoben; daß das Ganze als Gesetzbuch gilt, wird zwar behauptet, aber nur wenige können mit Redlichkeit auf Ehre und Gewissen versichern, daß sie es nicht blos gelesen haben, sondern es vollständig in allen seinen Theilen beherrschen und übersehen können, wie es hinsichtlich eines Werkes nöthig ist, nach welchem nicht blos der Rechtskundige sein Leben einrichten soll.

So liegt denn seit Jahrhunderten der Riesenbau dieser Sammlung inmitten der Juristenwelt, wie ein ungeheures Labyrinth, in welchem der Minotaurus des Irrthums herumtobt. Um die Gedankenschätze, die es enthält, zu heben, wagen sich gewissenhafte Ausleger nur mit höchster Vorsicht hinein und pflegen sich dabei an die Grundlehren der augenblicklich herrschenden Meinung als an einen unentbehrlichen Ariadnefaden „mit klammernden Organen" festzuhalten. Wer dieses Rettungsseil losläßt, kann sicher sein, wenigstens zunächst keine Anerkennung, sondern aufrichtige Mißbilligung zu finden.

Dieser Grundzug peinlichster Sorgfalt wird nun dadurch vermehrt, daß jeder neue Forscher vernünftiger Weise sich an die Erfahrungen seiner Vorgänger halten muß, welche nicht immer in der anschaulichsten Form vor ihm liegen. Die Begriffe, Ausdrücke, allgemeinen Regeln und Anordnungen, welche sie getroffen haben muß er unbedingt zunächst mit in den Kauf nehmen. Diese beruhen aber niemals auf einer voraussetzungslosen Beobachtung, sondern sind das Ergebniß einer Verschmelzung des Quelleninhalts mit der eigenartigen Denkart und Redeweise dessen, der ihn in Worte gekleidet hat.

Eben diese Nothwendigkeit, in eine geschichtliche Entwickelung mitten hinein zu treten, welche ihre obersten Quellen im dunkelsten Mittelalter hat, macht die Pflege des römischen Rechts zu einer so überaus schwierigen und, sobald sie in ungeschickte Hände geräth, zu einer geradezu unerquicklichen und abstoßenden Thätigkeit.

Mit Recht hat man daher bei ihr vor allem Selbstverleugnung, Vorsicht und hartnäckigste Ausdauer geschätzt und denjenigen Juristen die Palme zuertheilt, welche in ihrem sorgenvollen Berufe diese Tugenden am Meisten bewährten. In mehr als einer Hinsicht hat sich unsere Wissenschaft an den strengen Geist des Mönchthums angelehnt.

Nichts liegt daher näher als in den classischen Juristen Männer zu sehen, welche die großen Schwierigkeiten, welche ihre Werke der Nachwelt machen, bei deren Herstellung auch selber empfunden haben.

In diesem Sinne sind sie oft genug erläutert worden. Der Leser schob ihnen seine eigenen Zweifel unter und sah in ihnen selbstquälerische Stubengelehrte, wie sie am üppigen Hofe der syrischen Herrscher und an der Spitze barbarischer Söldnerschaaren undenkbar gewesen wären. Wie man Caesar und Herodot unserer Jugend durch grammatikalische Erörterungen der peinlichsten Art oft genug verleidet hat, so hat man es auch verstanden, Ulpian und Paulus mit spitzfindigen Streitfragen, welche offenbar nachrömischen Weltanschauungen entsprungen sind, in untrennbarer Weise zu verweben. Ueber unsere modernen „Definitionen“, „Principien“ und „Constructionen“ haben sich diese Männer ebenso wenig den Kopf zerbrochen wie Caesar bei dem Niederschreiben seiner Kriegsgeschichte eine jener grammatikalischen Betrachtungen angestellt hat, zu welchen unsere Schuljugend im Anschluß an seine Schrift genöthigt zu werden pflegt.

Die mühselige Arbeit, deren die Nachwelt bedurfte um die Schriften jener Juristen zu verstehen, wurde also diesen selbst mit Unrecht zugeschrieben. Dahin gehört auch das bekannte Lob, daß sie es verstanden haben, mit Begriffen zu rechnen.[1] Wir, die Nachkommen,

[1] Vgl. hierzu Hölder, Ueber den Entwurf eines deutschen bürgerlichen Gesetzbuchs. Erlangen und Leipzig, 1879. S. 16.

müssen freilich mit Begriffen rechnen, sobald wir es unternehmen, die Gedankenmassen der Pandektenjuristen in eine kurze übersichtliche Form zusammenzupressen. Sie selbst waren darüber erhaben; sie standen überall auf dem Boden der Anschauung und der Lebenserfahrung, nirgends aber auf den Voraussetzungen gegebener Regeln oder Definitionen. Die Regeln sind ihnen nichts als Zusammenfassungen beobachteter wirklicher Ereignisse, die Definitionen durch ihre unvermeidliche Unzulänglichkeit ein Gegenstand des Spottes.

Ihre Größe liegt auf einem andern Gebiete als diejenige ihrer Ausleger. Was ihr Studium dem Anfänger so schwer macht, das ist die erstaunliche Denkkraft, über die sie verfügen. Ihren Gedankengängen auch nur zu folgen, dazu gehört eine mehr als durchschnittsmäßige Fähigkeit. Die verwickeltsten Verhältnisse vermögen sie in ihrem Geiste so scharf in das Auge zu fassen und so lange festzuhalten, daß sie dafür mit Leichtigkeit die denkbar kürzesten und klarsten Ausdrücke zu finden und zusammenzustellen vermögen. Hierin sind sie geradezu unnachahmlich. Je mehr sich daher der Leser mit ihnen beschäftigt, desto mehr steigert sich seine eigene Denkkraft und zwar nicht blos für juristische, sondern auch für andere Dinge; denn eine besondere juristische Logik giebt es nicht.

Neben dieser erstaunlichen Fähigkeit, die schwerverständlichsten Geistesbilder in voller Klarheit festzuhalten, steht jedoch eine weit höhere Eigenschaft, ein stetes Streben nach dem Guten und Billigen. Das Wohlwollen ist die eigentlich treibende Macht in ihren Urtheilen. Das Studium ihrer Aussprüche dient daher nicht blos zur Stärkung des Verstandes, sondern auch zur Erwärmung des Empfindens. Die Freude am Gemeinwohl ist jenen Männern Herzenssache, der Gedanke ihm zu dienen, ein unveräußerliches Stück ihrer Natur. Wir müssen dies um so höher veranschlagen, als es eine bekannte Erfahrungsthatsache ist, daß eine große Anstrengung der Denkthätigkeit leicht kaltherzig, ja sogar gereizt macht. In dieser Hinsicht sind jene Rechtspfleger über die Schwächen des gewöhnlichen Menschen durchaus erhaben. Die volle milde Ruhe, welche ihre Schriften durchleuchtet, verläßt sie an keiner Stelle.

Wir wenden uns nun der Frage zu, worin die Ursachen dieser ihrer Vorzüge liegen.

Man kann es oft genug als drückend bezeichnen hören, daß der Deutsche die Geisteserzeugnisse eines fremden Volkes, wenn auch nur eines solchen, das inzwischen vom Erdballe verschwunden ist, aufgenommen hat. Dieser Stimmung kann nichts besser Abbruch thun als die Einsicht, daß derartige Leistungen nicht als die Folge angeborener Anlagen, welche bestimmten Rassen eigenthümlich sind, gelten können. Sie sind vielmehr lediglich die Ergebnisse der weltgeschichtlichen Lage ihrer Erzeuger und der allgemeinen Menschennatur und eben darum ein Gemeingut der Nachwelt.

Auch jene weltbürgerlichen Staatsmänner verdanken ihre Größe durchaus den ungewöhnlichen Verhältnissen, in welche sie hineinwuchsen. Eine Vereinigung so vieler, damals noch unverschmolzener Völker an einem Punkte zu einer Zeit, in der ihr Geistesleben noch einfach genug war, um durchsichtig zu sein, wird nach menschlicher Voraussicht sich niemals wieder bilden. Das Beobachtungsfeld jener Männer war also ein einzigartiges, von einer beispiellosen Größe.

Daß dies nicht wiederkehren kann, mag bedauerlich sein; jene Juristen besaßen aber auch noch einen andern Hebel ihrer Größe, der nicht wiederkehren soll, der Standpunkt, von dem aus sie zu wirken berufen waren und die schrankenlose Macht, die ihnen anvertraut war. Der deutsche Richter will und darf nicht die übermächtige Stellung eines römischen Garde-Präfecten einnehmen. Weil unser gesammtes Gerichtswesen gegenüber der Cabinetsjustiz und der Staatsverwaltung unabhängiger gestellt ist, als es das römische war, darf es auch nicht mit dem überlieferten Gesetzesbuchstaben in der vollen Freiheit schalten und walten, die einem Günstlinge des Caracalla möglich war.

Wenn also unsere Praxis gegenüber den unzweideutigen Worten deutscher Gesetze sich niemals auf den allzu ungebundenen Standpunkt der kaiserlich-römischen Juristen gestellt hat, so verdient sie im Hinblick auf das deutsche Staatsrecht nicht Tadel, sondern Lob.

Obwohl also die Größe der Leistungen jener Zeit der heutigen Praxis wie der heutigen Wissenschaft schlechterdings unerreichbar bleiben muß und soll, so tröstet uns doch hierbei der Gedanke, daß eine gleiche Schöpfungskraft innerhalb der Menschheit glücklicher Weise nicht zweimal nöthig ist. Ihre Ergebnisse blieben, nachdem ihre Entstehungsbedingungen geschwunden waren. Dies muß uns genügen.

Allein selbst diese Ergebnisse dürfen nicht mit urtheilsloser blinder Bewunderung betrachtet werden.

Zunächst sind uns nicht alle Werke jener Zeit erhalten, sondern im Wesentlichen nur diejenigen Gedanken, welche den ungeheuern Umschwung überdauert hatten, der sich zwischen dem römischen Kaiserthume des dritten Jahrhunderts und Justinian vollzogen hat. Jene Schöpfungen waren also nicht durchaus unvergänglich. Sodann dürfen wir nicht vergessen, daß gar bald hinter den classischen Juristen das heidnische Weltreich, für das sie arbeiteten, zusammenbrach. Ihre Grundanschauungen über die Lebensbedingungen des Staates können wir uns daher nur mit Vorsicht aneignen. Dies gilt namentlich von den allgemeinen Aussprüchen, an welche die „naturrechtliche" Schule sich später anlehnte, indem sie den Pandekten selbst eine Hauptwaffe zu ihrer Bekämpfung entnahm.

Selbst ein Mann von der Größe Ulpians konnte die Weltweisheit nicht ungestraft herabsetzen. Ihn ereilte das Schicksal, das alle Verächter dieser Wissenschaft trifft, der Sklave derjenigen Richtung zu werden, welche augenblicklich herrscht. So geschah es auch damals. In Alexandria bestand in jener Zeit eine ähnliche Strömung, wie sie später die Entstehung der französischen Revolution einleitete.[1] Wie man zur Zeit der Schäferspiele mit Rousseau zum Naturzustande zurückstrebte, so thaten es auch die Zeitgenossen des Theokrit. Daß Naturzustand und Barbarei sich decken, war den geschichtsunkundigen Naturforschern auch damals völlig unbekannt. So hatte man denn auf dem Wege der Vergleichung verschiedener Religionen den allen gemeinsamen Kern entwickelt, die Liebe zu der in der lebendigen Natur offenbarten göttlichen Allmacht, eine Lehre, die später den Grundgedanken des Islam bilden sollte.

Hiermit fand man wohl das Ziel einer Religion, nicht aber die Mittel, um es zu erreichen. Ja, man verkannte sogar die einfache Wahrheit, daß die Tugend nicht eine Naturgabe, sondern eine geschichtliche Errungenschaft ist, die mit den Leiden der Vorwelt erworben worden ist. Während die Bibel die Einsicht in die Schwäche des menschlichen Herzens voranstellt, glaubt der römische Jurist Paulus, daß der

---

[1] Vgl. Réville, a. a. O. S. 114 ff.

Mensch nur durch Nachlässigkeit schlecht und nur durch große Nachlässigkeit boshaft werde. Aus solchen Irrthümern entstand der Glauben an ein Naturrecht, „das ewig Billige und Gute", das man damals auf dieselbe Weise gewann, wie die Weltreligion in Alexandria gesucht wurde. Auch hier wurde als das Ziel des Rechts das Wohl der Menschen richtig gefunden. Freilich fiel das Suchen nach den geeigneten Mitteln dabei etwas weniger dürftig aus, als bei der Naturreligion. Dies erklärt sich daher, daß man damals bei der Vergleichung der Völker die Barbaren außer Betracht ließ, und so unter dem Namen eines überall von Anfang an geltenden Rechtes etwas ganz anderes fand, was durchaus nicht von Anfang an gegolten hatte, den Auszug aus dem Rechte, das sich damals überall geschichtlich gebildet hatte. Nur Ulpian war rücksichtslos genug, sein Betrachtungsgebiet selbst auf die Thiere auszudehnen und von einem gemeinsamen Rechte für alle lebenden Wesen zu reden.[1] So stellte man denn eine geschichtliche Größe als ein angeborenes Naturerzeugniß hin, und da sie allen Menschen zusagen mußte, weil jeder die Gedanken seiner Heimath darin wiederfand, zu welchen er erzogen war, so bildete man sich ein, in seinem eigenen Herzen eine Quelle jener Gedanken zu haben, welche man von außen her gelernt hatte. Allein auch in diesem Irrthum zeigte sich Ulpian als ein Bürger der Zeiten, welche kommen sollten; denn die Abschaffung der Sklaverei stellt er als einen ursprünglichen Zustand und folgeweise als einen Naturrechtssatz, hiermit also auch als den Ausdruck seines Wunsches hin.

Obwohl dieser edle Ausspruch sicherlich nicht ohne Nachwirkung auf spätere Jahrhunderte blieb, so hat sich doch die Geschichtsunkenntniß der classischen Juristen als höchst verhängnißvoll erwiesen. Durch die Pandekten ist die Meinung jener Zeit, daß der Mensch auch ohne alle Vorkenntnisse fähig ist, sich durch seine Gedanken selbst ein Gesetz zu werden und schwierige Gesetzgebungsfragen zu entscheiden, unsterblich geworden. Sie vor allem gab den maßlosen Bestrebungen der französischen Revolution eine Hauptwaffe, und noch jetzt bietet sie überall den Volksaufwieglern die leichteste Handhabe, um unwissende Massen zu sinnlosen Gewaltthaten aufzureizen.

---

[1] l. 1 § 3 dig. de just. et jure 1, 1.

Aber auch innerhalb der Gerichtspraxis unterstützt diese Lehre eine bedenkliche Strömung, den Wunsch, richterliche Entscheidungen nicht durch Vorschriften oder maßgebende Vorbilder zu begründen, sondern aus der „Natur der Sache“ zu schöpfen. Diese „Natur der Sache“ kann aber nichts anders sein, als die höchstpersönliche Denkart des Richters. Wo sie aber nicht blos Lücken ausfüllen, sondern als ausschlaggebend die Gesetzestexte ersetzen soll, da erlangt das Richteramt eine Machtfülle, welche mit der ihm angewiesenen Stellung nach deutschem Staatsrechte schwer vereinbar ist.[1]

Bevor wir noch eine andere Seite hervorheben, in welcher sich die klassischen Juristen als die unfehlbaren Kinder ihrer Zeit erwiesen, wenden wir uns dem Weltrechte zu, das schon mit der Zeit der Republik von dem freien Geiste der Provinzen belebt war und nunmehr unter Alexander Severus seine höchste Vollendung erhielt. Nur durch eine stete Vergleichung mit dem Rechtszustande der zwölf Tafeln können wir sein innerstes Wesen erfassen.

---

# Zweiter Theil: Die Grundzüge des Weltrechts.

## § 39. Altrömisches Volksrecht und kaiserliches Weltrecht.

Wenn wir das kaiserliche Weltbürgerrecht nur als die folgerichtige Entwickelung der Gedanken des älteren römischen Rechts ansehen, so gehen wir ebensoweit fehl, als wenn wir in den entgegengesetzten Irrthum verfallen und meinen, daß hier das römische Wesen in allen Punkten von den orientalischen Herrschern verkannt oder in sein Gegentheil verkehrt worden ist.

Jene Provinzialen, welche am kaiserlichen Hofe thätig waren, hatten vielmehr das unverkennbare Bestreben, so viel wie möglich Römer zu sein und so viel wie möglich von den Resten des Römerthums zu erhalten. Nichts lag ihnen ferner als ein grundsätzliches Aufräumen

[1] Vgl. hierzu auch v. Jhering, der Besitzwille. S. 206. Anm. 1.

mit den alten Einrichtungen, so weit dieses nicht durch die Ausdehnung des Bürgerrechts geboten war, und die Nachwirkungen ihrer Jugenderziehung, namentlich ihrer asiatischen Religionslehren sie wider ihren Willen dazu zwangen, unrömisch zu sein.

So erklärt sich denn der unverkennbare Trieb jener Juristen, sich an ältere römische Ueberlieferungen anzulehnen und sie in ähnlicher Weise u schonen, wie die Römer dies mit den überkommenen Zuständen ihrer Provinzen zu thun gewohnt waren. Daher blieb das für alle Zeiten Werthvolle in den Einrichtungen der älteren Zeit erhalten, namentlich die juristische Ausdrucksweise, wie sie aus altrömischer Willenskraft und hellenischem Verallgemeinerungssinne herausgewachsen war. Daß damals auch aus dem altrömischen Rechte sehr vieles Entbehrliche beibehalten wurde, kommt uns weniger zu Bewußtsein, weil nach dieser Richtung hin später das byzantinische Reich ziemlich gründlich aufgeräumt hat.

Ueberdies zeigte sich in der Entstehung des „Rechts der Völker" eine gewisse Aehnlichkeit mit der Herstellung der zwölf Tafeln. Der Grundsatz „Prüfet alles und das Beste behaltet" hat hier wie dort gewaltet, nur war jetzt das Gebiet der Auswahl ein unendlich größeres geworden. Dort wurden die Unterschiede zweier Volksklassen durch Ausgleichung geeint, hier die Rechtssätze einer mannigfaltigen Völkermasse, deren Vorgeschichte und Abstammung eine überaus verschiedenartige war.

Neben dieser Aehnlichkeit der neuen Rechtsschöpfung mit der alten stehen aber die durchgreifendsten Unterschiede in den Entstehungsbedingungen, Zielen und Mitteln der Rechtsbildung.

Während die Zehnmänner einen Friedensschluß zwischen mißtrauischen Parteien niederschreiben und in den beiderseitigen Zugeständnissen, welche sie verlangten, mit Vorsicht Maß halten mußten, ist jetzt die Macht des Kaisers und seiner Günstlinge schrankenlos. Die mißgünstige Bemängelung, welche in jedem republikanischen Gemeinwesen die Kräfte der Staatslenker in ihrem Bestreben nach Neuschöpfungen lähmt, war niemals im Laufe der Weltgeschichte so gründlich weggeräumt worden, als es durch die Söldner Caracallas geschehen war. Durch Blutbäder sonder Gleichen war den großen Männern am Kaiserthrone die Möglichkeit erobert worden, ihre kühnen Schöpfungen lediglich dem Gemeinwohl anzupassen ohne Rücksicht auf die Meinungsverschiedenheit, welche in allen wichtigen Fragen die verschiedenen Köpfe der Menschheit entzweit.

So erklärt es sich denn, daß sie sich ein Ziel steckten, welches, wie wir sahen, unerreichbar war und ihnen „gleich einer fernen Sonne“ vorschwebte, das für alle Zeiten gute und wahre Recht. War dies Ziel auch jenseits der Grenzen des Möglichen, so war es doch nicht eigentlich unvernünftig. Indem man nach dem Ewigen strebte, arbeitete man auf das augenblicklich denkbar Beste hin, und zwar ohne jede andere Schranke, als diejenige ist, welche die Unvollkommenheit der menschlichen Geisteskraft auch dem Besten stellt.

Dabei verfügte man auch über ganz andere Mittel, als die Zeit der zwölf Tafeln sie gekannt hatte. Die hellenische Bildung füllte die Diener des Kaisers mit Fähigkeiten, welche erst in ihrer Zeit denkbar geworden waren, und die schrankenlose und strenge Disciplin des Despotimus gab dem gewaltigen Staatswesen eine bedeutende Beweglichkeit von einem einzigen Punkte aus.

Bei dieser Kühnheit der Ziele und dieser Schrankenlosigkeit der Mittel lag die Gefahr vor, daß die juristischen Unternehmungen jener Zeit sich zu einem Ikarusfluge gestalteten. Die neuen Schöpfungen würden zugleich mit der politischen Macht des asiatischen Herrscherhauses nach gewaltigem Aufflackern schnell haben erlöschen müssen, wenn nicht die großen Juristen durch einen Hemmschuh dazu gezwungen worden wären, eine außerordentliche Zurückhaltung zu beachten, durch welche ihr Werk mit der Größe auch die Dauerhaftigkeit erlangte.

Dieser Hemmschuh lag in der tiefen Kluft, welche sich in den letzten Jahrhunderten zwischen der Denkweise des Staatslenkers und derjenigen der Volksmassen eröffnet hatte.

Die zwölf Tafeln hingen so niedrig, daß jedermann, der eine Durchschnittsgröße besaß, sie lesen konnte. Auch in ihrer Verständlichkeit waren sie dem geistigen Mittelmaße des Volkes angepaßt. Solche Gesetze konnte man in den Schulen auswendig lernen lassen.

Davon war schon lange nicht mehr die Rede. Der Senat sprach schon lange zum Beamten, nicht zum Volke, das ihn nicht verstanden haben würde. Die neue Wissenschaft war für dies Volk durchaus zu hoch. Nicht durch die Macht des Wortes konnte der Gesetzgeber zu dem Volke reden, nur durch die Macht des Beispiels drangen seine

Gedanken in die Massen. Der rechtsgelehrte Advokat unterwies seinen reichen Freund in dem Verhalten, das dem Wunsche der Gesetze entsprach. Die Massen paßten sich dem durch Nachahmung an. Die Gewohnheiten derjenigen, welche als Musterbilder galten, waren ihm ein Ersatz für die unverständlichen juristischen Texte. Darum hielt man streng darauf, daß jeder sich auf die Gewohnheiten, welche er als Ausdruck eines Rechtsgedankens vor sich sah, ohne Gefahr verlassen durfte, und zog den Inhalt solcher Gewohnheiten dem geschriebenen Buchstaben vor. Ohne das hätte die Menge in Verzweiflung gerathen müssen, da sie nicht mehr gewußt hätte, woran sie sich halten sollte, um die Gefahren der Rechtsunkenntniß zu vermeiden.

Hieraus erklärt sich die große Freiheit, welche diese Zeit dem Richter einräumt. Er soll sich in die Seelen der Parteien hineindenken und die Frage erörtern, wie diese sich nach ihrer Lage verhalten konnten und mußten. Hierbei ist er ungehemmt durch die rücksichtslose Schranke von Bestimmungen, welche sie zu kennen nicht in der Lage waren.

Daraus erklärt sich auch die Form, in welcher das Recht dieser Zeit gefaßt ist. Von dem Streben nach einem Lapidarstile ist nicht die Rede. In Beispielen oder Erwägungen, nicht in einer starren Formel tritt der Befehl des Gesetzgebers an den Richter heran, um ihn nicht in ungebührlicher Weise zu fesseln. Er vermeidet jede Schroffheit, er setzt eine wissenschaftliche Denkart des Lesers voraus und erwartet, daß der Richter selbst aus bloßen Andeutungen Befehle formen werde.

Wenn dies in der Auslegung der Quellen oft verkannt ist, so kam das daher, weil die Uebersicht über das Ganze und folgeweise die geistige Freiheit in der Beurtheilung des Ganzen fehlte. Je eifriger sich der gemeinrechtliche Richterstand dem Studium der Texte widmet, desto freier handhabt er sie zum Wohle des Volkes.

Dadurch, daß der Staatslenker in der Regel nicht mehr genöthigt war, zu dem einfachen Bürger zu reden, konnte er aber auch über die Dürftigkeit hinauskommen, welche die Lebensweise des alten Roms ebenso kennzeichnet wie seinen Gesetzesinhalt. Was dem Rechte an Volksthümlichkeit verloren ging, wurde an Reichhaltigkeit gewonnen.

Allein nicht blos in Form und Inhalt, auch in dem Hauptziele weicht das „classische“ Recht von dem altrömischen durchaus ab. Beide streben zwar auf das Gemeinwohl hin, aber die geschichtlichen Bedingungen dieses Gemeinwohls haben sich inzwischen geändert.

Wohl mochte es vielleicht noch damals hier und da fromme Landedelleute geben, welche im schlichten altpatricischen Sinne das väterliche Gut mit ihren Ochsen pflügten. Allein in ihnen lag nicht mehr der Schwerpunkt der Wehrkraft und der Lebensfähigkeit des Staates. Die Verwaltung war ebenso theuer geworden wie die Kriegführung. Man bedurfte der Steuern und folgeweise eines reichen Verkehrslebens. Als alles käuflich war, namentlich auch die menschliche Kraft, war das Gedeihen der Großcapitalisten von höchster Wichtigkeit. Den Lebensbedingungen des Gemeinwesens zu genügen, war nur bei einer Blüthe des Welthandels möglich.

So erklärt es sich, daß der reiche Großstädter, dessen Haus zugleich der Sitz orientalischen Wohllebens und hellenischer Bildung war, in dem Rechte der Kaiserzeit dieselbe Rolle zu spielen begann, welche früher dem schlichten und sittenstrengen Landwirthe zugefallen war.

In allen Zweigen des Rechtes sehen wir, daß in jener Zeit die Bedürfnisse der Weltstadt diejenige des Landguts in den Hintergrund drängen. Der punische Geist des Hofes entspricht durchaus den Grundgedanken des Privatrechts jener üppigen Zeit.

## § 40. Das Haus der römischen Kaiserstadt.

Das ernste und stille Patricierhaus hat im kaiserlichen Rom an Würde verloren und an Lebendigkeit gewonnen. Der Einfluß der von der Gewalt des Mannes freien Gattin macht sich in ihm mehr und mehr bemerklich, während der Hausherr mit der königlichen Denkart und der priesterlichen Würde auch die alte Herrschergewalt zu verlieren beginnt. Ueber seinen Kopf hinweg verbündet sich die Obrigkeit mit seinen früheren Untergebenen und drückt also seine Macht zu Boden.

Schon lange kann die Frau ihr Vermögen in ihrer eigenen Hand behalten. Aber auch da, wo ein wohlverstandenes Interesse und ein feineres Schicklichkeitsgefühl sie dazu treibt, es in des Mannes Verwaltung zu geben, wird sein Herrschaftsrecht mehr und mehr durch Vorschriften des Rechts eingezwängt und bevormundet. Die Grundstücke des

Heirathsguts darf er nicht mehr frei veräußern. Treibt er Mißwirthschaft, so wird ihm die Verwaltung des Ganzen entzogen. Die thatkräftigen Römerinnen mögen es wohl verstanden haben, die neuen Rechtsvorschriften ihren Männern einzuschärfen. Darum heißt es von der Mitgift, daß sie zwar dem Rechte nach dem Manne zusteht, in Wahrheit aber doch Frauengut ist. Sprach man sie doch z. B. in Aegypten der Frau unbedingt als Eigenthum zu.[1] Hörte der Mann nicht auf den Willen der Frau, so konnte sie die Ehe lösen, sofern sie nur so reich war, daß sie selbst oder einer ihrer Vorfahren einen Freigelassenen im Patronat hatte. Den Ehebrecher durfte der Mann nur noch tödten, wenn er ein Mann niederen Standes war.

Mit der Macht der Frau hat auch diejenige ihrer natürlichen Bundesgenossen, der Kinder, dem Hausherrn gegenüber sich erheblich verstärkt. Nach der Rechtsvorschrift in der alten Abhängigkeit sind sie doch thatsächlich in dem Hause des zärtlichen Großstädters einem bekannten Ausspruche des Juristen Paulus zufolge die eigentlichen Herren. In der Familie des Kaisers Septimius hat sich dies bewahrheitet. Wenn es zweckmäßig erscheint, den Sohn aus der Gewalt zu entlassen, damit er z. B. in der Ferne eine Filiale des väterlichen Geschäfts verwaltet, so ist er vom väterlichen Hause und vom Erbrechte in ihm nicht mehr völlig getrennt. Im alten Römerhause mußte die Loslösung vom Zusammenleben das Familienband zerreißen, in der Zeit des Weltverkehrs und der brieflichen Verbindungen konnte es auch in die Ferne reichen. Wurde der Sohn Soldat, so bedurfte er für seinen Militärerwerb nicht einmal der Entlassung aus der Gewalt. Er konnte frei über das Soldatengut verfügen und seine Lieblinge seinen nächsten Angehörigen vorziehen.

Die Tochter muß vom Vater ausgestattet werden. Er soll für ihre Verheirathung sorgen, und wenn er ihr hierbei Schwierigkeiten macht, so kann er verklagt werden. Wenn er für ihren Frevel einstehen muß, so darf er sie nicht mehr zur Abverdienung der Schuld dem Verletzten überliefern.

Einen Mißbrauch der hausherrlichen Gerichtsgewalt duldet der Kaiser nicht. Untüchtige Väter werden schließlich sogar ebenso wie

---

[1] Vgl. Dernburg, Pandekten, Bd. III. § 14. Anm. 14.

untüchtige Vormünder gezwungen, auf ihre Gewalt zu verzichten. Hierbei erscheint diese bereits als ein Amt, dessen Inhaber gezwungen werden kann, wegen Untauglichkeit seinen Abschied zu nehmen.

Das alte Recht willkürlicher Enterbung fällt dem Eindringen hellenischer Milde zum Opfer. Wer Kinder oder Eltern letztwillig ohne Grund verkürzt, muß die Augen mit der Befürchtung schließen, in dem öffentlichen Todtengerichte der Hundertmänner als wahnsinnig gebrandmarkt zu werden. Dies Zukunftsbild mochte für den eiteln Römer der späteren Zeit ein wirksames Schreckmittel sein.

Selbst der Sklave wird gegen Mißhandlung und seit Septimius gegen Entehrung geschützt.

Ueberall wird also der Haustyrann durch den Despoten auf dem Throne übertyrannt. Die kaiserliche Allmacht, welche schwer auf den Herren lastete, kam ihren Untergebenen zu Gute.

Nur zum Schutze der Kinder hat sich des Vaters Macht erweitert. Weil für reiche unmündige Kinder nach des Vaters Tode zuweilen Mordanschläge der nächsten Verwandten befürchtet wurden, so konnte der Vater dem vorbeugen, indem er diese durch Testament von dem Kindesgute ausschloß.

Auch die Beschützer der Unmündigen werden mehr und mehr unter die Aufsicht der Obrigkeit gestellt. Die Frauenvormünder aber sinken durch die Thatkraft der Römerinnen zu der unwürdigen Lage merowingischer Schattenkönige herab. Je mehr die Staatsgewalt die Frau schützt, desto leichter kann sie besonderer Schutzvögte entrathen. Der Gatte der Messalina befreit die römischen Damen von der lästigen Vormundschaft ihrer Verwandten, aber auch der Beschützer, welchen die väterliche Fürsorge der erwachsenen Tochter setzte, verlor immer mehr seinen Einfluß und seinen Zweck. Dagegen sorgt des Senats Wohlwollen für die weichherzigen Damen, welche aus Mitleid mit der Geldverlegenheit ihrer Lieblinge und in weiblicher Vertrauensseligkeit sich dazu verführen ließen, zu deren Besten eine Schuldverbindlichkeit auf sich zu nehmen. Wie im Einzelnen die Rechte der Männer sinken und diejenigen der Frauen steigen, so trägt auch die Gestaltung des gesammten Familienzusammenhangs den neuen Verhältnissen Rechnung. Die Familie der Gattin, aus deren Vermögen in der Regel eine bedeutende Mitgift stammt, erhält mehr und mehr Rechte im Hause des

Mannes. Auch die Schwiegermutter, welche bei Juvenal eine beinahe tragische Figur ist, erwirbt das Recht, als Erblasserin und Erbin der Frau im Hause des Mannes aufzutreten. Ueberhaupt gewinnt die Verwandtschaft von der Mutterseite eine neue erhöhte Bedeutung. Das Nachbarrecht berücksichtigt in Anlehnung an die höflichen Vorschriften der Athener nicht blos ländliche, sondern auch städtische Verhältnisse. Die Häuser sind an einander gerückt und ihre Bewohner müssen sich gegenseitig größere Rücksichten schenken. Freundschaftliche Gefälligkeitsversprechen, z. B. Aufträge zu besorgen, fremde Sachen aufzubewahren, geliehene Dinge wiederzugeben u. dergl. bedürfen jetzt keiner besonderen Förmlichkeiten mehr, um den Schutz des Staates zu erlangen. Stützbalken, Regentraufen, Balkone können über die Grenze hinüber greifen und ihr Dasein unter Rechtsschutz stellen. Kein Bauernstolz darf es mehr als undenkbar betrachten, daß ein Fremdling auf dem Boden eines andern bleibende Nutzungsrechte erwirbt. Für längere Zeit kann selbst die Miethe zu einer Last werden, die an der Sache haftet, ja selbst das erbliche Recht an Bauten und Pflanzungen kann sich über einem fremden Grundstücke dauernd lagern.

Ueberall hat die Großstadt mit ihren Bedürfnissen dem Römerhause nach innen und außen seine rechtliche Beschaffenheit aufgeprägt.

## § 41. Verkehrsleben und Gerichtswesen der Weltstadt.

Das starre Auftreten des altehrwürdigen selbstbewußten Römers macht in dieser Zeit mehr und mehr einer hellenisch-orientalischen Geschmeidigkeit Platz. Man legt auf den äußeren Anstand noch immer das höchste Gewicht, aber seine Formen haben sich geändert.

Seitdem der reiche Römer den Lagerdienst verlernt und von griechischer Gedankenblässe angekränkelt ist, ist seine Empfindlichkeit und seine Schutzbedürftigkeit gegen Beleidigungen sehr gestiegen. Die Beleidigungsstrafe ist nicht nur erhöht, sondern jeder, der den andern beleidigt, wird infam, eine für unser Gefühl schwer begreifliche Strafe. Ist der Beleidigte jedoch schon früher der Infamie verfallen, so kann der Gekränkte verlangen, daß man den Frevler durchprügelt. Dabei wird die Frage, was eine Beleidigung ist, mit einer Strenge beurtheilt, für welche uns das volle Verständniß abhanden gekommen ist, und welche in Deutschland nachzuahmen eine feste Praxis hartnäckig verweigert.[1] Wer z. B. einen andern hinderte, einen öffentlichen Platz zu betreten, setzte sich im kaiserlichen Rom der Gefahr aus, als Beleidiger seine bürgerliche Ehre zu verlieren. Diesen Anschauungen entsprechen auch die sehr strengen Ansichten dieser Zeit über Majestätsbeleidigungen.

Völlig auf den Kopf gestellt ist die Auslegung der Gesetze und Verträge. Der Gedanke, daß der Buchstabe tödtet und daß der Geist lebendig macht, beherrscht diese Zeit auch auf dem Rechtsgebiete. Nicht blos der Apostel, auch der heidnische Denker jener Zeit klagt immer und immer wieder über die unerträgliche Knechtschaft des Gesetzes.[2]

In der Regel soll daher jetzt nicht mehr nach dem Buchstaben gerichtet werden, sondern ex fide bona, nach bestem Gewissen. Der Inhalt dieses Gewissens wird aber überall durch die Liebe zu dem Gemeinwohl bestimmt und geregelt. So bildet sich eine Art richterlichen kategorischen Imperativs aus: „Richte nach denjenigen Grundsätzen, deren allgemeine Befolgung dem Gemeinwohle am Dienlichsten ist." Dasselbe Wort „diligere" bezeichnet Pflichtgefühl und Menschenliebe. Die Kunst des wohlwollenden Beobachters fremden Empfindens wird im Verkehrsleben ebenso geübt und erwartet, wie auf dem Richterstuhle. Darum erfreut sich das Richteramt in dieser Zeit einer schrankenlosen Freiheit, welche uns wohl zu der Frage berechtigt, ob seine Träger ihrer auch wirklich durchweg und völlig würdig gewesen sind.

In demselben Geiste, in dem jetzt das Gesetz gedeutet wird, wird auch der Vertrag behandelt. Das Selbstverständliche oder Natürliche braucht nicht erst gesagt zu werden. Nicht der Wortlaut entscheidet mehr, sondern der irgendwie erkennbar gewordene Gedanke der Partei. Hieraus entsteht von den alten Fesseln befreit der blühendste Welthandel.

Seitdem sich der Römer nicht mehr in der alten Art im Lager und auf dem Forum beschäftigt, ist auch der freie Mann in die Geschäfte des bürgerlichen Lebens eingedrungen. Dem Handwerk wird jetzt die Möglichkeit gegeben, selbstgeschaffene neue Sachen mit der

---

[1] Vgl. hierzu v. Ihering, Dogm. Jahrbücher. Bd. 23.

[2] Vgl. z. B. Cicero de officiis II, 12. Livius II, 2: leges rem surdam, inexorabilem esse. Vgl. auch Heusler. Institutionen des Deutschen Privatrechts. Leipzig, 1885. Bd. 1. S. 46.

vollen Sicherheit zu verkaufen, daß kein Stoffeigenthümer sie verfolgt. Der Kaufmann kann Filialen errichten, in denen sein Sohn und Sklave vollen Credit finden, weil das Handelsvermögen den Gläubigern haftet. Eine ähnliche Gelegenheit ist auch dem Landwirthe eröffnet. Für die Ungeschicklichkeit seiner Arbeiter muß der Fabrikherr haften. Den früher wenig beachteten Banquiers werden jetzt besondere Privilegien ertheilt; ihre Schuldversprechen verpflichten auch ohne Angabe eines Grundes; das Vertrauen auf ihre Redlichkeit wird durch ein Concursprivileg gesteigert. Während der Römer sich seine Dienste, die er als Lehrer oder Anwalt leistete, früher durch politische Gegendienste bezahlen ließ, begnügt er sich jetzt, um nicht gänzlich leer auszugehen, mit dem bisher verschmähten Geldlohne, den man, um sein Ehrgefühl zu schonen, Ehrensold, Honorarium nennt.

Aber auch die unadlige Stellung eines Wirthschaftsinspectors oder Handelsgehülfen, welche der Freie früher verschmähte, ist ihm jetzt zugänglich geworden, da er nunmehr in vielen Fällen mittelbar, in andern unmittelbar für den Herrn erwerben kann; denn auch die Zuwendung von Forderungen an neue Gläubiger hat ihre alte unbequeme Form abgestreift.

Auch das Gerichtswesen hat eine völlige Umgestaltung erfahren. Schon im Beginne des Verfahrens zeigt sich größere Höflichkeit und feinere Sitte. Nur der fluchtverdächtige Schuldner wird noch immer vor den Magistrat geschleppt, in der Regel ist die Ladung eine schriftliche.

In dem Verfahren vor dem Magistrate zeigt es sich, wie sehr in dieser Zeit der Trotz des Einzelnen unter das Joch der Staatsgewalt gebeugt ist. Mit Strafen, deren Strenge uns beinahe unbegreiflich ist, zwingt der Gewalthaber den Verklagten sich an der schriftlichen Feststellung des Streitgegenstandes zu betheiligen. Durch ausweichende Schweigsamkeit kann der Schuldner seine Lage nicht verbessern; es werden ihm Fragen gestellt, die er nicht ablehnen darf. Sachen, die er versteckt, um seinem Gegner ein Bein zu stellen, muß er vorweisen; denn das Spiel des Processes soll mit offenen Karten geschehen. Das Proceßformular, das den Richter bindet, ist weiches Wachs in des Gewalthabers Hand. Hieraus sind die werthvollsten Aufzeichnungen der Hauptformen des Verkehrslebens entstanden. In vielen Fällen braucht der Gewalthaber nicht einmal den Privatgeschworenen zuzuziehen. Gegen seine Willkür schützt die Oeffentlichkeit des Verfahrens, vor allem aber die Oberaufsicht der höheren Instanz. Diese eine Einrichtung stützte das Kaiserthum besser als Roß und Reisige. Ihr Schutz machte es erträglich, daß der Magistrat auf dem Privatrechtsgebiet sogar eine Art Begnadigungsrecht ausübte und mit weitgehender Freiheit aus Menschlichkeitsrücksichten die Strenge des Gesetzeswortes beugte.

Auch des Richters Urteile kassirt der Magistrat, allein außerdem hatte die römische Klugheit die Stelle erspäht, an der der reiche Richter sterblich war: Das falsche Urteil machte ersatzpflichtig. Diese Vorschrift verbreitete sicherlich mehr Rechtskenntnisse, als es alle Prüfungsordnungen der Neuzeit vermögen. Der reiche Richter, der wegen Rechtsunkenntniß mit seinem Vermögen haftete, zog nunmehr gelehrte Beisitzer zu, deren Weisheit ihn vor Schaden schützen konnte. Hieraus bildete sich zuerst der Berufsstand wissenschaftlich gebildeter Juristen, aus denen der Kaiser die Tüchtigsten als Beamte entnahm, und welche auch den Magistraten zur Seite standen, ja sogar in diesem Falle seit Alexander Severus eine Besoldung erhielten.[1]

Das Schuldrecht ist minder strenge geworden. Der Schuldner wird nicht mehr in das Ausland verkauft, sogar die Schuldhaft blieb ihm nach einem milden Gesetze des Augustus erspart, sofern er freiwillig sein Vermögen abtrat. Dieses wurde als Ganzes verkauft und damit die Mühe der Concursverwaltung mit einem Schlage abgewälzt.

Dafür beugte man aber auch betrüglichen Minderungen des Vermögens, welche zum Schaden der Gläubiger dienten, vor, und die Säumniß in der Zahlung der allerkleinsten Urtelsschuld konnte eine Einweisung in das ganze Vermögen des Schuldners nach sich ziehen.

## § 42. Das Weltrecht und die christliche Lehre.

Ein Rückblick auf das Weltrecht beweist uns, daß es nicht etwa durchweg ewige Wahrheiten ausdrückt, sondern durchaus das Kind seiner Zeit ist. Seine Größe erklärt sich aus den ungewöhnlichen Bedürf-

---

[1] Vgl. hierzu J. Merkel, Abhandlungen aus dem Gebiete des römischen Rechts, Heft 3, S. 64 ff.

nissen nach Rechtsschutz und den ungewöhnlichen Mitteln der gesetzgebenden Gewalt, welche aus dem Gange der Weltgeschichte entsprungen waren. Es ist aber auch durchaus seiner Zeit angepaßt, d. h. einem blühenden Verkehrsleben. Nur wo die geschichtlichen Bedingungen eines lebhaften Handels und einer höheren Bildungsstufe vorliegen, kann es seine Macht entfalten und die also vorhandenen Keime zur höchsten Blüthe bringen. Für einsame Steppen und unwissende Volksmassen wird es sich schwerlich mit Erfolg verwenden lassen.

Auch hieraus erklärt sich, daß dieses Recht nicht unmittelbar mit dem Erwerbe der römischen Kaiserkrone Deutschland zu Gute kommen konnte.

Ein oft wiederholter Vorwurf wider eine Verwendung dieses Rechts, in welchem die Freunde schlichter ländlicher Verhältnisse nicht ohne Grund einen Feind wittern, ist seine „heidnische" Natur. Aus ihr glaubt man oft genug einen Widerspruch zwischen ihm und unserer christlichen Religion entnehmen zu dürfen.

Ein solcher Widerspruch würde allerdings verderblich sein. Die Religionslehre wie die Rechtssatzung üben beide einen Druck auf das Verhalten der Menschen. Wenn nun beide nach entgegengesetzten Richtungen drängten, so müßte ihre Macht sich gegenseitig ausgleichen und soweit verloren gehen. Allein schon der Umstand, daß die frömmsten Päpste und die allerchristlichen Kaiser das römische Recht ihren Richtern als Vorbild hingestellt haben, weist uns darauf hin, daß in Wahrheit von einem Widerspruche zwischen ihm und dem Evangelium nicht die Rede sein kann.

Bei uns gilt eben nicht mehr das volle Recht jener Zeit, in welcher neben dem Welthandel auch der Justizmord in Blüthe stand, in allen seinen Zweigen. Vielmehr ist nur ein Kern übrig geblieben, der seine Lebenskraft dadurch bewährt hat, daß er sich den verschiedensten Lebensbedingungen anzupassen wußte.

Dieser Theil des Rechtes jener Tage widerspricht aber den Grundgedanken des Christenthums durchaus nicht. Ja, wir dürfen sogar noch weiter gehen und behaupten, daß dieselbe allgemeine Geistesströmung, welche in der Verschmelzung der Völker die Religion der Menschenliebe anbahnte, auch in die Denkart der Rechtspfleger jener Zeit eingedrungen ist. Sie ist es, welche diesem Rechte seine sittliche

Größe gab, ja es geradezu als eine Schöpfung erscheinen läßt, die mit dem Christenthum nicht nur gleichzeitig, sondern auch gleichartig ist und eben darum dieselbe weltbezwingende Kraft in sich trägt, deren sich das Christenthum mit Recht rühmt.

Es soll nicht verkannt werden, daß der Sinn für Menschenwürde dem Hofe der römischen Herrscher vielfach fehlte, ja daß in dieser Hinsicht das Recht der Kaiserzeit tief unter dem altrömischen steht. Hier hat in der That erst das Christenthum den älteren edleren Standpunkt wieder hergestellt. Allein die Sorge für die Menschenwürde ist nur die eine Seite des Christenthums, neben ihm steht die Vorschrift allgemeiner Menschenliebe. Was aber diese betrifft, so erscheint die römische Kaiserzeit geradezu als ein Bindeglied zwischen der altrömischen Gefühlshärte und der Milde der christlichen Religion. Indem das kaiserliche Weltrecht den altrömischen Trotz brach und die herzenskalte Spitzfindigkeit der buchstabenspaltenden spätrömischen Advocatur bekämpfte und verwarf, räumte es ein Haupthinderniß hinweg, welches dem Geist des Evangeliums im Wege stand. Das Formelwesen der heidnisch-römischen Priesterschaft konnte sich nicht mehr halten, nachdem die gleiche Denkweise der Civiljuristen gefallen war. Wo man das Recht „im Geist und in der Wahrheit“ auslegte, konnte auch der Tag nicht fern sein, an welchem man Gott im gleichen Sinne anbetete.

Allein nicht blos die Reinheit der Erkenntniß, sondern vor allem auch das Gebot der Menschenliebe findet in der Denkart der Juristen Ausdruck, der dem Geist des Christenthums völlig entspricht. Nicht nur in allgemeinen Betrachtungen, sondern auch im Einzelnen bemühen sie sich überall das Wohl der Rechtsgenossen mit sanfter, liebevoller Milde anzufassen, die wahre Gesinnung zu würdigen, dem Guten ein Uebergewicht über den Bösen zu geben, rücksichtlosen Eigennutz unschädlich zu machen. Ueberall sind Billigkeit, Güte, Menschlichkeit die eigentlichen Schlagworte dieser Rechtspflege, die in zweifelhaften Fragen den Ausschlag geben.

Man hat diese „Billigkeit“ so oft mit Willensschwäche verwechselt, daß es sich lohnt den Unterschied zwischen beiden hervorzuheben. Auch die Milde vermeidet es, da schwach zu sein, wo Kraftentfaltung zum allgemeinen Besten nöthig ist, nur bemüht sie sich, nicht strenger zu werden, als erforderlich ist. Die Billigkeit setzt grundsätzlich den Preis des Rechtsschutzes nirgends zu hoch an, aber sie hütet sich davor, diesen zu entwerthen. Wo die Gefahr vorliegt, das Ansehen der Staatsgewalt mißachtet zu sehen, da ist das Recht jener Zeit eher zu streng als zu mild.

Wir dürfen uns übrigens nicht verhehlen, daß zwischen dem geschriebenen Rechte jener Zeit, das vor uns liegt, und seiner Ausführung damals sicherlich noch die volle Kluft von Ideal und Wirklichkeit lag. Auch da, wo der Stein der Weisen gefunden war, mangelte gewiß der Weise oft genug dem Stein. Wenn wir die mannigfachen rohen Geisteserzeugnisse jener Zeit beachten, so müssen wir für zweifellos halten, daß es den großen Geistern, welche am Throne standen, an Untergebenen gefehlt haben muß, welche gebildet genug waren, um dem Geistesfluge ihrer Führer zu folgen. Es ist unmöglich, daß die Bibliotheken, welche Julian, Ulpian und Paulus in echt orientalischer Maßlosigkeit niederschrieben, auch wirklich in die Rechtspflege der niederen Instanzen eindrangen, deren Vorbildung wir ziemlich gering veranschlagen müssen.

Jene großen Führer waren daher weit mehr die Gesetzgeber für Zeitabschnitte, welche weit hinter ihrem Tode aufstiegen, als Wiederhersteller ihrer verfaulten Mitwelt. Erst auf dem Boden, den die christliche Weltreligion schuf, trugen die Keime, welche sie ausstreuten ihre Früchte. Aus ihren Gedanken erwuchs der Handel der italienischen Republiken und die Weltmacht der Franzosen, welche es zuerst begriffen haben, daß zum Kriegführen Geld und folglich eine Blüthe des Handels gehört. Darum konnte der reiche Nachbar die blühende Pfalz des ärmeren ungestraft verwüsten. Seitdem aber auch wir den politischen Werth der Pflege des Verkehrs, wie sie damals entstand, begriffen haben, braucht der deutsche Landmann vor dem kriegerischen Emporkömmlinge des Nachbarreichs nicht mehr zu zittern.

Allein nicht blos durch seine wohlthätige Milde, auch durch die Form seiner Lehren lehnt sich das Rechtsbuch, dessen Inhalt jener Zeit entstammt, an die Lehrsätze des Christenthums an. Wie Gott den Menschen zum Herrscher der Natur bestimmt, so werden auch nach der Lehre der Juristen alle Früchte den Menschen zu Liebe von der Natur erzeugt. Wie das Christenthum die Menschen als Glieder eines

Leibes hinstellt, so hält auch der römische Jurist Florentinus die Menschheit für eine Familie, welche ihren einzelnen Bestandtheilen die Pflicht gegenseitiger Schonung auflegt.[1] Die bewußte Kränkung des Mitbürgers machte, wie wir sahen, ehrlos. Wie der Christ nicht sich selbst lebt, so wird auch nach der Lehre Ulpians der Mensch nicht nur seinem Vater, sondern auch dem Gemeinwesen geboren.[2] Die strengste Gegenseitigkeit der Verkehrsrücksichten wird wiederholt betont, ebenso wie die Nothwendigkeit „ex fide bona", d. h. nach der Stimme des Gewissens zu handeln.

Die Einigung der Völker, die Beseitigung der Gegensätze in der Lehre wie im Cultus war ebenso ein Hauptziel des kaiserlichen Hofes der Severe, der christlichen Weltreligion und der alexandrinischen Wissenschaft.[3] Hierbei kommt auch die Eigenart des Kaisers Alexander Severus in Betracht. Er war allerdings, wie sein Beinamen sagt, gegen die Soldaten, welche durch Caracallas Zärtlichkeiten und Elagabals Gräuel verwildert waren, sehr streng, so daß die Furcht vor einer Bestrafung schließlich einen germanischen Söldner dahin trieb, ihn zu ermorden. Im Uebrigen stand dieser Fürst christlichem Empfinden näher als irgend einer seiner Vorgänger. Fern von der Unsittlichkeit des Hofes durch seine Mutter Mammaea zum tiefsten Widerwillen gegen alle Unreinheit erzogen, pries er bei vielen Gelegenheiten die Seligkeit, welche die Unbeflecktheit des Herzens gewährt. Seine Milde bewies er an den Armen und vor allen an den Christen. Einem bekannten Bibelworte erwies er die höchste Verehrung. Den Spruch, daß man Keinem das zufügen darf, was man nicht selbst erleiden will, ließ er auf die Gebäude setzen; der Büttel, welcher eine Strafe vollstreckte, mußte ihn laut ausrufen. Eben diesem Bibelworte ist der Grundgedanke des kaiserlichen Weltrechts durchaus angepaßt.

„Wer gegen einen andern einen falschen Rechtssatz anwendet, soll selbst nach diesem beurtheilt werden"; dies ist eine Regel des Rechtes jener Zeit. „Kein Mensch soll dem andern nachstellen", sagt Florentinus. „Verletze keinen", gebietet Ulpian, der getreuste Diener des edeln Kaisers Alexander.

[1] l. 3 dig. de just. et jure 1, 1.
[2] l. 1. § 15. dig. de ventr. in poss. mitt. 37, 9.
[3] Réville, a. a. O. S. 114. 258 ff.

Hiernach wird es wunderbar erscheinen, daß derselbe Ulpian in seinen Schriften die Christenverfolgungen anempfiehlt, ja vielleicht die Ursache davon war, daß sein Kaiser nicht schon zu einer Zeit zum Christenthume übertrat, in welcher dieser Schritt noch nicht ohne schwere Mißerfolge durchgeführt werden konnte. Daß der große Jurist ein so böser Gegner der Christen war, werden wir begreifen, wenn wir die Weltanschauung betrachten, zu der er sich offen und ehrlich bekennt.[1]

Man wandelt nicht ungestraft am Hofe eines Caracalla und Elagabal. So gehörte denn auch Ulpian allem Anscheine nach zu jenen Naturen, welche in den Schlammbädern unerfreulicher Beobachtungen von der Ueberschätzung der menschlichen Tugend gründlich geheilt zu sein glauben. Sein Ziel, die Menschen durch die Rechtspflege gut zu machen, konnte allerdings kaum höher gesteckt werden, aber in der Wahl der Mittel, auf welche er hierbei zählte, erwies er sich als ein echter Skeptiker. „Lohn und Furcht“ waren ihm die beiden Hauptworte einer echt phönizischen Weltsprache, deren Gemeinverständlichkeit mit gutem Grunde vorausgesetzt werden konnte. Auf eine Gesinnung, welche nicht um der Strafe willen, sondern um des Gewissens willen dem Rechte nachstrebt, schien er grundsätzlich nicht zu rechnen. Diese Meinung vertrat er übrigens ohne alle Entrüstung wie das Ergebniß einer Naturnothwendigkeit.

Daß eine solche Denkart in die Fehler der drakonischen Gesetzgebung zurückfiel, kann uns ebenso wenig wunderbar erscheinen, wie die spätere Beseitigung, welcher der allzu starke Staatszwang jener Tage unter der Herrschaft des Christenthums mehr und mehr verfiel.

Aber auch schon damals begann aus den Klagen der Mühseligen und Beladenen eine neue Weltordnung herauszuwachsen. Indem die Staatslenker dies übersahen, behielten sie zum Besten der Nachwelt ihre vollste Schaffensfreudigkeit und indem sie die Heilung wachsender Uebelstände vernachlässigten, ließen sie den gewaltigen Umschwung heranreifen, welcher die Religion der Liebe auf den Thron der Welt zu heben bestimmt war.

---

[1] in l. 1 § 1. dig. de just. et jure 1, 1.

# Dritter Theil: Der Aufschwung des Christenthums.

## § 43. Heidnische Rechtsungleichheit und Rechtsunsicherheit.

Während also Roms größter Jurist durch Lohn und Strafe die Menschen in allen ihren Lebensbeziehungen zum Guten hinzudrängen bemüht war, griff immer mehr die Lehre um sich, welche in ihren Grundzügen ihm sein Concept verdarb. Mit den Cynikern schalten die Christen den irdischen Lohn als nichtig und mit den Stoikern achteten sie die irdische Strafe nicht, da nach ihrer Lehre die völlige Liebe die Furcht austreibt. Ueberdies mag auch ihre Seligpreisung der geistlich Armen sicherlich den bildungsstolzen Deipnosophisten vor allen verletzt haben.

Diese geistlich Armen dürsteten damals vergeblich nach der Gerechtigkeit. Die gedankenreichen Schöpfungen der Rechtspflege wandten sich nicht an sie und drangen nicht bis in ihre Hütte. Das neue Weltrecht setzte nicht blos vorgebildete Richter, sondern auch kenntnißreiche Unterthanen voraus, und der Staat besaß vor der Erfindung der Buchdruckerkunst kein Mittel, um die breiten Massen auf diejenige Höhe zu heben, für welche die segensreichen Bestimmungen des tiefdurchdachten Weltrechts allein verständlich und darum allein werthvoll zu werden vermögen.

Es war nicht ein Mangel an Barmherzigkeit, sondern vielmehr eine Armuth an Bildungsmitteln, aus der die Ohnmacht der Herrscher gegenüber der Noth der Mühseligen und Beladenen hervorging. In dem Völkergewimmel war das Salz der alten Nationalerziehung dumm geworden, ein Ersatz wurde gesucht, aber lange nicht gefunden.

An einer Theilnahme an den Nahrungssorgen der niederen Stände ließ es der heidnische Kaiser nicht fehlen. Er war sich auch stets dessen bewußt, daß der Mensch nicht vom Brot allein leben kann. Jedoch die blutigen Spiele, deren Anblick man dem Armen als Ergänzung des Brotes darbot, mußten ihn mehr entmuthigen als erfreuen. Es waren die Mitglieder seines Standes, welche ausschließlich dazu bestimmt waren, vor seinen Augen zu seiner Belustigung und zur Belebung seines kriegerischen Sinnes in den Rachen des Löwen zu gerathen.

Jene Gräuel werden dann begreiflicher, wenn man bedenkt, daß die sittliche Erziehung immer mehr ein Luxusgegenstand der Reichen wurde. Insbesondere strömten aus den riesenhaften Miethshäusern, in denen man die Armen zusammenpferchte, moralische Miasmen der schlimmsten Art in die Welt hinaus.[1] Daß derartigen Krankheiten vorgebeugt, nicht aber durch Heilung entgegengetreten werden mußte, fühlte man nicht, oder wenn man es fühlte, so war man außer Stande zu helfen.

Durch einander wirbelte der Aberglaube des Ostens und des Westens, die philosophischen Schulen spalteten sich in Sekten. „Die Bettelmönche des Alterthums", cynische Philosophen mit staubigen Bärten und Mänteln,[2] verbreiteten mehr sittliche Ansteckungsstoffe, als sie solche vertilgten. Die Einheit der Erziehung fehlte; die Unwissenheit wich dem größeren Uebel der Unklarheit. Der alte Aberglaube blieb, aber die wahren Grundlagen aller Gewissenspflege verschwanden.

Hieraus erklärt sich, daß man am Hofe den abenteuerlichen Plan faßte, eine neue Weltreligion künstlich zu gründen, aber ohne Zwang wäre sie nicht durchzuführen gewesen. Woher hätte man aber die erforderlichen Zuchtmeister nehmen wollen? Die römischen Formelkrämer und die orientalischen Götzenpriester waren dazu ebenso untauglich, wie die Neuplatoniker, welche in den alten Olymp neue tiefsinnige Lehren hineindeuteten und dadurch dem gemeinen Mann das bittere Gefühl einflößten, daß er selbst in der Erkenntniß der Gottheit hinter den begünstigteren Volksklassen zurückstehen mußte.

So wird denn in dieser Zeit im Heer wie im Volke der Strafzwang gerade um ebenso viel grausamer, als der Erziehungszwang erlahmt. Der Kaiser Aurelian ließ zwei Bäume zum Boden herunterbiegen, je ein Bein eines Uebelthäters wurde an jeden von beiden gebunden, dann mußten die Stämme vor den Augen des Heeres in die Höhe schnellen.

Allein noch furchtbarer, als die Mittel des Staates, war die Un-

[1] Vgl. Friedländer, Darstellungen aus der Sittengeschichte Roms in der Zeit von August bis zum Ausgang der Antonine. 5. Aufl. Th. 1. Leipzig, 1881. S. 24 ff

[2] Vgl. Friedländer, a. a. O. Bd. 3. S. 637.

gleichheit, mit der er sie anwendete.[1] Nachdem die Macht des alten Adels verschwunden war, hatte sich ein neuer Geldadel gebildet, welcher barbarische Emporkömmlinge in sich schloß. Man unterschied immer mehr die bessern Stände (honestiores) von den niedern (humiliores). Zu diesen gehörten alle Aermeren und zwar sind die Anforderungen an den Geldbeutel als das Kennzeichen der Ehrbarkeit sehr groß. Nach Duruy's Berechnung würde[2] heutzutage ein Drittheil der über 20 Jahre alten Franzosen zu der niedern minderberechtigten Klasse gehören, welche von der Befugniß, Anklagen zu erheben, ausgeschlossen war, wenn daselbst das Recht jener Zeit noch gälte.[3]

Diese Unterscheidung hatte die wichtigsten rechtlichen Folgen. Daß erst im byzantinischen Rechte die arme Frau die Möglichkeit erlangte, von einem Senator geheirathet zu werden,[4] mag man wohl damals noch am Mindesten als Härte empfunden haben. Das Strafrecht jener Zeit aber kann auch schon damals schwerlich ohne Bitterkeit von den ärmeren Klassen ertragen worden sein.

Es herrschte, wie wir sahen, jene Lehre, welche bei der Bestrafung vornehmlich den Abschreckungszweck in das Auge faßt und die Schranken übersieht, welche diesem durch das Wohl der Gesammtheit gesteckt sind. Auch der Verbrecher ist ein Glied des Ganzen und seine übermäßige Schädigung durch das Strafrecht verbreitet nicht das Gefühl der Sicherheit im Volke, sondern die gemeinschädlichen Empfindungen der Wildheit und der Rachsucht. Weil man dies im Hinblicke auf die Werthlosigkeit des arbeitsscheuen Pöbels übersah und die Macht der Strafdrohung überschätzte, so ließ man auch alle die Umstände, welche eine mildere Auffassung der Strafthat rechtfertigten, außer Betracht. Dem gefährlicheren Verbrecher legte man die strengere Strafe auf und so wurde denn der arme Frevler ganz anders beurteilt als der Vornehme, welchen eine grillenhafte Laune in die unschickliche Bahn des Verbrechens getrieben hatte.[5] Nicht ohne Grund nannte Justinian die

---

[1] Duruy, mémoire sur la formation historique des deux classes de citoyens Romains désigné dans les pandectes sous les noms d'honestiores et d'humiliores. Mémoires de l'institut national de la France, tome 29. 1877. S. 253—276.

[2] a. a. O. S. 273.

[3] l. 10 dig. de accusationibus et inscriptionibus 48, 2.

[4] Vgl. c. 7. Cod. de incestis et inutilibus nuptiis 5, 5.

[5] Vgl. Padelletti, Röm. Rechtsgeschichte. Cap. 36. Anm. 21.

Bücher, in denen er das Strafrecht sammelte, welches dieser Zeit entsprang, die schrecklichen. Die großen Diebe behandeln sie mit der Liebenswürdigkeit eines feinfühligen Hofcavaliers, die kleinen mit der vollen Grausamkeit eines phönicischen Götzenpriesters. Der wohlhabende Brandstifter kommt mit Verbannung davon, der arme wird den Bestien vorgeworfen. Die vermögenslosen Einbrecher steckte man unter die Bergwerkssträflinge, für die reichen Urheber desselben Verbrechens darf der Richter über die Strafe der Verbannung nicht hinausgehen. Ein römischer Ritter, welcher einen Einbruch begangen hatte, um Geld zu stehlen, wurde von Marc Aurel nur dadurch bestraft, daß er auf fünf Jahre von seiner Heimathsprovinz Afrika und von Italien ausgeschlossen wurde.[1] Der junge Herr wird vermuthlich inzwischen in dem berühmten großen Vergnügungsgarten von Antiochia einen Ersatz für die ihm auferlegte Entbehrung gesucht und gefunden haben.

Welche entsittlichende Wirkung solche Zustände im Herzen der Bevorzugten haben mußten, liegt auf der Hand, und das bekannte Bild von dem Kamel und dem Nadelöhre mochte allerdings jenem Zeitalter entsprechen.

Allein die Verbrechen konnte der Arme immerhin meiden, nicht jedoch die frechen Beschimpfungen des Uebermüthigen und Grausamen. In dieser Hinsicht waren die unteren Stände damals beinahe rechtlos. Der Arme wurde geprügelt, wenn er den Reichen beleidigte, ihm selbst war der Rechtsschutz verkürzt. Der Vornehme, der den Geringen mißhandelte, welchen man den ehrlosen Klassen zuzählte, war nicht des Gerichts schuldig; dem Verletzten blieb nichts übrig als geduldig den linken Backen hinzuhalten, wenn man den rechten schlug.

Dies wurde schließlich das Schicksal aller Christen; denn sie alle wurden nach Tertullians Bericht infam. Der edelste Patricier, der sich dem neuen Glauben zuwandte, durfte öffentlich straflos von jedem unwissenden, aber reichen Barbaren ausgepeitscht werden. Schlimmer als der Thierfraß mußte solche Schmach die Angehörigen derer drücken, welche sie erlitten. Am Meisten aber duldeten die unbegüterten Bewohner der Provinzen, in welchen es vielfach an Arbeitsgelegenheit fehlte. Der Hungersnoth der Hauptstadt beugte man vor; für die Provinzen sorgte man schwerlich in ausreichender Weise. Obdachlos und arbeitslos

---

[1] Vgl. l. 1. § 2. dig. de effractoribus et expilatoribus 47, 18.

mußten die Hilflosen, welche nicht wußten, wo sie ihr Haupt hinlegen sollten, die Sorge für den nächsten Tag unbedingt in die Hand des Höchsten legen.

Das Reich kannte eben so wenig wie es eine einheitliche Pflichtenlehre besaß, ein wirklich einheitliches Recht. Jedes Volk lebte in rechtlicher Hinsicht in der alten Art weiter. Die Klammern, mit denen das Römerreich die überwundenen Völker zusammenhielt, faßten sie nur an der Außenseite, denn Roms Diener reichten nicht dazu aus, die Welt innerlich einheitlich umzubilden. Die Folge hiervon war, daß jeder Statthalter mehr oder weniger ein vornehmer Herr von der Art des Pontius Pilatus war, der seine Hände in der Unschuld seiner Rechtsunkenntniß waschen durfte; seine Berather aber waren die Notabeln des Landes, an welche er sich unbedingt hielt, unfähig selbst in das Recht seines Amtskreises einzudringen, dessen Sprache er nicht kannte. Bevor die christliche Staatskirche begründet wurde, fehlte es an einem Leitungsapparate, der die Klagen des armen Barbaren bis an das Ohr des Herrschers trug. Justizmorde aus politischen Gründen, vollstreckt von einem unwissenden Gewalthaber, mochten überall in den Provinzen an der Tagesordnung sein und den armen Opfern der Zöllner jeden Lebensmuth rauben.

Diese Zustände mußten sich immer mehr verschlimmern, seitdem sich die Nationen in gegenseitigem Mißtrauen mengten und der Glückliche auf den leidenden Fremdling mit demselben Rassendünkel blickte, mit welchem der Pharisäer den kranken Samariter am Wege liegen ließ.

Es ist daher kein Zufall, daß gerade die menschheitseinenden orientalischen Kaiser die Christen verschonten, während dagegen Decius, der zum alten Römerthum zurückstrebte, ihnen die volle Grausamkeit bewies, von welcher das aussichtslose Hindrängen zu einer für immer verloren gegangenen früheren Bildungsstufe begleitet zu werden pflegt.[1]

Neben der Rechtsungleichheit zwischen Reich und Arm stand die Rechtlosigkeit des Sklaven. Wohl verbot das Recht ihre Mißhandlungen, allein der Ermordete konnte nicht klagen, uud wo kein Kläger ist, da ist kein Richter. Sicherlich fehlte es nicht an Herren, welche

---

[1] Vgl. Maaßen, „Ueber die Gründe des Kampfes zwischen dem heidnisch-römischen Staat und dem Christenthum". Inaugurationsrede vom 14. October 1882. Wien, Selbstverlag der k. k. Universität. S. 24 ff.

gleich Plinius in ihren Sklaven Unterthanen sahen, für deren Wohl zu sorgen sie sich verpflichtet fühlten, allein gerade derartige Ausnahmen ließen das Loos derjenigen Knechte, welche unter der Grausamkeit eines unedeln Gebieters litten, um so unerträglicher erscheinen, und nur unter einem christlichen Herrn konnte sich der Knecht auf die Worte des Briefes an Philemon berufen. Daß es für den Sklaven „keinen unsittlichen Herrenbefehl gab", dieses Dichterwort kennzeichnete zur Genüge seine Lage.[1]

Auch die Cyniker, deren überaus einflußreiche Weltverachtungslehre dem Evangelium den Weg bahnte, konnten nur einen werthlosen Trost gewähren. Der Einwand, den ein reicher epikuräischer Römer einem Cyniker machte, daß dieser, wenn er irdische Güter hätte, sie sicherlich nicht verachten würde, mochte nur gar zu oft den Nagel auf den Kopf treffen.[2]

Um so mächtiger mußte die Lichtgestalt des Heilands, wie sie im Evangelium den Mühseligen und Beladenen entgegentrat, die Angehörigen aller Nationen rühren. Der Erlöser, welcher die Knechtsgestalt eines Angehörigen der mißachtetsten Provinzialen nicht verschmäht hatte, vereinigte die Herzenswärme des Orientalen und ihr Streben nach Menschheitseinigung mit der Selbstbeherrschung des Römers und der milden Demuth des hellenischen Weltweisen. Seine Lehre, dem Räuber des Rockes auch den Mantel hinzugeben, mußte für die unglücklichen und rechtlosen Opfer ihrer hochmüthigen und genußsüchtigen Peiniger der einzig richtige Rath erscheinen, seine Seligpreisung des Sanftmüthigen und Friedfertigen der süßeste Trost in einem Leben voller Qualen.

Allein auch die Geschichte seines Duldens mußte der gesammten Welt das Bild des Leidens ihrer Zeit mit überwältigender Kraft vor Augen stellen und die Hoffnung auf eine bevorstehende Offenbarung der göttlichen Herrlichkeit neu beleben.

Die Gestalten des Evangeliums waren jedermann im Reiche wohl vertraut. Der grausame Hohepriester, welcher den unschuldigen Dulder an das Kreuz schlagen läßt, aus Furcht davor, daß die christliche Lehre den auswärtigen Feinden die Macht geben werde, das Land fortzu-

---

[1] Vgl. **Maaßen**, a. a. O. S. 41.

[2] Vgl. **Friedländer**, a. a. O. S. 630 ff.

nehmen, erinnerte an den Hauptvorwurf der Heiden gegen die Christen, daß sie das Reich wehrlos machten. Jene Aeltesten, die gleich den römischen Senatoren dem Oberpriester unbedingt gefügig sind, der Statthalter, welcher wohlmeinend aber unwissend ist und sich selbst nur ungern zum Werkzeuge eines Justizmordes machen läßt, die barbarischen Söldner, die in ihrer Heimath an Menschenopfer gewöhnt, für den Unglücklichen nur grausamen Hohn haben und an seinem Gewande einen Anlaß sehen, die niedrige Leidenschaft des Würfelspiels zu befriedigen, die verzweifelten und wehrlosen Frauen, die das Werk der Henker umstehen, der schwache Freund, der seinen Kopf aus der Schlinge zu ziehen sucht, der bestechliche Anhänger, der seinen Wohlthäter verkauft, der senatorische Pharisäer, der, wie Ulpian, die Zöllner verachtet und dennoch ihr Wirken duldet, der saducäische Epikuräer, der dem Unglücklichen den Unsterblichkeitstrost vergällt, und ihn aus Furcht vor seiner Lehre in Hochverrathsprocesse zu verstricken sucht, der cynische Essäer, der Wechsler im Tempel, alle diese Gestalten mußten jedem Provinzialen des Reiches lebendige, wohlbekannte Größen sein. Das Elend Palästinas hatte sich über die ganze Welt verbreitet, und sein unschuldiges Opfer gab den Verzweifelten ein erlösendes Vorbild in der Noth. Jene Christenverfolgungen aber, welche der ganzen Welt das Schicksal des Heilands immer wieder veranschaulichten, glichen blutigen Passionsspielen, die jedes fühlende Herz auf das Tiefste erschüttern mußten.

Nur diese höchste gemeinsame Noth vollbrachte das Wunder, welches der Verstand des Staatslenkers und die Macht seiner Heere nicht erzwingen konnten, welches die Weisheit der alexandrinischen Lehrer der Naturreligion nicht zu erzielen vermochte. Sie ließen mit dem Gefühle einer innern Einheit des Menschengeschlechts ein wohlgegliedertes Priesterheer entstehen, das mächtiger war, als die heidnische Weltkirche.

Wohl besaß auch diese eine einheitliche weltumspannende Gliederung, in dem Kaisercultus einen gemeinsamen Kern, in den Provinzialversammlungen ihrer Geistlichen eine geordnete Verwaltung und in dem Kaiser als dem pontifex maximus ein Oberhaupt, dessen Erlasse man neuerdings mit den päpstlichen Hirtenbriefen verglichen hat.[1]

---

[1] Vgl. Mommsen, röm. Geschichte. 2. Aufl. Bd. 5. S. 322; vgl. auch Hatch, die Gesellschaftsverfassung der christlichen Kirchen im Alterthum, übersetzt von Harnack. Gießen, 1883. S. 29. 30.

Allein die Gewalt der volksthümlichen Predigt war eben so wenig auf ihrer Seite wie die Armenpflege, und ihr Empfinden wie ihr äußeres Gebahren war von dem Geiste des asiatischen Götzendienstes erfüllt. Die Träger der hellenischen demüthigen Selbsterkenntniß und der altrömischen Achtung vor der weiblichen Würde und dem Gebote der Aufrichtigkeit mußten bei den Anhängern des Evangeliums weit mehr Anklänge an ihre eigene Denkart finden, als in dem heidnischen Formelwesen und in der Ueppigkeit orientalischer Culte.

Solchen Gräueln gegenüber vertrat das Christenthum durchaus nicht die Rolle eines Feindes der altrömisch-hellenischen Art, sondern war vielmehr geeignet, sie in mehr als einer Hinsicht wieder zu beleben. Nur in Zeiten des Verfalls hat die christliche Kirche diese Stellung zu dem classischen Alterthume, welche ihren Grundlehren durchaus entspricht, vergessen und verleugnet.

## § 44. Die Ursache der Christenverfolgungen.[1]

Eine seltsame Erscheinung ist die dauernde blutige Verfolgung, mit welcher die duldsamste aller Regierungen die friedfertigste Gemeinde peinigte.

Allein auch hier war nur eine unbegründete Furcht die Mutter der Grausamkeit. Wenn man die Christen als Staatsfeinde (publici hostes) bezeichnete, so geschah es, weil man glaubte, daß sie den innern Zusammenhalt des Reiches und seiner Wehrkraft gefährdeten.

Es geschah dies nicht ohne äußern Anlaß.

Das Bild des Herrschers ist jedem Kaiserreiche ein mächtiger Kitt zur Vereinigung der Staatsgenossen. In einer Zeit, welche weder eine Presse noch vervielfältigende Künste besaß, war der Gottesdienst die einzige Form, in der die Erscheinung des Herrschers in die Seele des Unterthanen eindringen konnte. Ihm zu opfern mochte um so unbedenklicher scheinen, als man ja darüber einig war, daß Gott unsichtbar und der Kaiser ein Mensch war, den man als Sinnbild der göttlichen Gnade verehrte, welche in ihm wie in Allem waltete. Die Ausführungen Marc Aurels können über diesen Punkt keinen Zweifel übrig lassen

[1] Vgl. Maaßen, a. a. O. S. 20 ff.

Der Kaiserkult hielt das Reich zusammen, an ihn lehnte sich vielfach sogar der Wortlaut des Eides an. Vor einigen Jahren wurde eine solche kleinasiatische Schwurformel entdeckt, welche lautet: „Ich schwöre bei Jupiter dem Erlöser, dem erhabenen Kaiser und der heiligen Jungfrau Vaterland.“ [1]

Da nun die Staatslenker nur das Opfer vor dem Kaiserbilde verlangten,[2] nicht aber ein innerliches Abstehn vom Christenglauben, so setzt uns das ablehnende Verhalten der Christen und die Hartnäckigkeit ihres Widerstandes zunächst in Erstaunen. Allein zwei Dinge erklären es vollkommen. Zunächst der Umstand, daß der Bilderdienst überhaupt bekämpft wurde, um die unwürdigen Culte und die aus ihnen quellenden Fetischdienereien zu tilgen. Sodann ist zu beachten, daß die Vergötterung des Kaisers vielfach als Ausdruck seiner sittlichen Unverantwortlichkeit galt. Es wird uns berichtet, daß Caracalla Bedenken trug, ob es erlaubt wäre, die eigene Mutter zu heirathen. Diese soll ihm erwidert haben: „Du bist Kaiser, Du darfst alles.“ Diese Geschichte ist, wenn sie nicht wahr ist, gut erfunden; denn sie vermag darzuthun, warum die Christen den Kaiserkult ablehnten. Sie wollten dem Kaiser geben, was des Kaisers ist, dazu rechneten sie aber nicht seine Unverantwortlichkeit vor seinem eigenen Gewissen. Es war weniger Trotz als ein Gebot des Pflichtgefühls, unter Herrschern, welche in ihrem Auftreten dem Könige Belsazar glichen, wenigstens ihrerseits nicht das Mene-Tekel des göttlichen Zorns mit heraufzubeschwören.

Aber neben dem Kaiserkulte waren es zwei andere Lehren, durch welche die Christen die Vornehmen mit Furcht erfüllten.

Das eine war ihre Mißachtung des Handels. Durch syrische Verschmitztheit mochte der Verkehr damals vielfach einem „Giftbaume“ gleich und das Sammeln von Schätzen ohne einen unerlaubten Mammonsdienst unmöglich geworden sein. Allein dieser Handel füllte die Kriegskassen, seine Lähmung brachte Hungersnoth und Unfähigkeit, die Söldnerheere zu bezahlen. Seine Schwächung hemmte also die Wehrkraft der Legionen, welche sich bereits mit den spätern Ueber-

---

[1] Bruns, fontes juris Romani antiqui. ed. quinta cura Theodori Mommsen 1887. S. 237.

[2] Vgl. Maaßen, a. a. O. S. 35.

windern Roms, den gewaltigen Gothen, herumschlagen mußten. Die Römer kannten die germanischen Helden aus den Gladiatorenspielen nur zu gut. Sie sahen den Tag vor Augen, an dem diese Riesen die Lust verlieren würden, sich für Feiglinge zu schlagen, die einen Platz in der Walhalla nach ihrer Meinung nicht verdienten. Am Meisten waren die Großen des Reiches darüber ergrimmt, daß die Christen wider den Kriegsdienst predigten und die Hoffnung äußerten, den Feind durch Gebete abzuwenden. Solche Lehre mochte um so bedenklicher erscheinen, weil sie Anklang fand, und weil die allgemeine Wehrpflicht nur thatsächlich, nicht aber rechtlich aufgehoben war.[1]

Die Römer zitterten vor den steinernen Opfermessern ihrer auswärtigen Feinde und bemühten sich ihre Truppen mehr und mehr aus den Schaaren der Barbaren zu ergänzen. Dies System mußte schließlich zur Vernichtung führen. Wie die Syrier durch ihre Truppen den Thron erlangt hatten, so mußten die Germanen ihn auch später erreichen.

Die Christen mochten dies alles wohl zum Theile selbst einsehen. Als eine Vorahnung der Völkerwanderung, nicht als Aufreizung zum Aufruhr dürfen wir die Worte des Jacobusbriefes betrachten:

„Wohlan nun, ihr Reichen, weinet und heulet über euer Elend, das über euch kommen wird. Ihr habt wohlgelebet auf Erden, und eure Wollust gehabt und eure Herzen geweidet als auf einen Schlachttag."

Schon schauten gierige Blicke über den Grenzwall, die von der Erde jede höchste Lust forderten. Im Angesichte so böser Nachbarn, füllte die Seligpreisung der Friedfertigen die bedrohten Römer mit Entsetzen, und darum riefen sie bei jeder Gelegenheit: „Christianos ad leonem!" „Werft die Christen den Löwen vor!"

Und doch ist es wohl begreiflich, daß die Anhänger der verbotenen Lehre sich von einem Stande abwandten, der sie zu Henkersknechten ihrer Glaubensgenossen entwürdigte. Daß es nicht Feigheit, nicht Ungehorsam war, welche sie vom Kriegsdienste fortscheuchten, haben sie durch ihre Martyrien genugsam bewiesen.

Und doch war es gerade der Soldatenstand, aus dessen Mitte den

---

[1] Vgl. Mommsen, Staatsrecht. Bd. III, 1. Leipzig, 1887. S. 299. Anm. 1. L. 6. § 8. dig. de excusationibus 27, 1.

Bedrängten die Erlösung nahte. Er war es, der in allen Wendepunkten der römischen Rechtsgeschichte die entscheidende Rolle spielte. Das Plebejerheer, die Schaaren des Marius, die Hilfstruppen der Bundesgenossen, die syrischen Söldner, sie alle waren die Hebel gewaltiger Umwälzungen gewesen.

So waren es denn auch jetzt Roms Heerschaaren, welche der neuen Menschheitsreligion den Weg bahnten.

## § 45. Der Sieg der Verfolgten.[1]

Daß es den Christen vergönnt war, durch blutige Opfer den Sieg ihres Glaubens zu erkämpfen, ohne das Schwert zu ziehen und die friedfertige Natur ihrer Lehre zu verleugnen, verdankten sie der Kurzsichtigkeit ihres grausamsten Feindes Diocletian.

Dieser Mann war ein Soldat, welcher die Wirksamkeit der Mannszucht kannte, nicht aber die Grenzen, welche ihr durch die Beschaffenheit der menschlichen Natur gesteckt sind. Die Abhängigkeit des menschlichen Willens von unbestimmbaren Verhältnissen scheint dem kraftvollen Manne verborgen geblieben zu sein. Wie er es für möglich hielt, durch sein Machtwort die Marktpreise festzunageln, so hielt er sich auch für gewaltig genug, um den zerfallenden Staat mit eiserner Faust zusammenzuhalten.[2] Er vergrößerte sein Heer so sehr, daß „mehr Soldempfänger vorhanden waren als Steuerzahler". Die Quelle des Soldes, den Handel, lähmte er jedoch, indem er unwissende Kriegsknechte zu Richtern machte. Die Reichen waren also seine Freunde sicherlich nicht. In mancher Hinsicht war der Soldatenkaiser zur Rolle jener späteren Feldhauptleute herabgesunken, welche für die reichen Auftraggeber Kriegsdienste leisteten, der Berufsgenossen des Othello. Diese Stellung gefiel Diocletian nicht. Er verlangte von jedem die-

[1] Vgl. Rothe's Vorlesungen über Kirchengeschichte und Geschichte des christlich-kirchlichen Lebens. Herausgegeben von Weingarten. Erster Theil. Heidelberg, 1875. S. 278 ff. Baur, Kirchengeschichte der drei ersten Jahrhunderte. 3. Ausgabe. Tübingen, 1863. S. 449—471.

[2] Vgl. Bethmann-Hollweg, Der Civilprozeß des gemeinen Rechts. Bd. 3. Bonn, 1866. § 127. S. 9 ff. Karlowa, röm. Rechtsgeschichte. Bd. 1. § 95. S. 822 ff.

selbe Anrede, welche der Sklave seinem Herrn gab, und residirte im Oriente in den Formen eines echten Despoten. Indem er also alle Unterthanen zu Sklaven machte, zerstörte er die letzten Reste nationalen Selbstbewußtseins und mit ihnen die Hauptwaffe gegen das Christenthum. Andererseits war er nicht ohne Wohlwollen; denn er verbot den Beamten, eine Arbeitslast auf das Hilfspersonal abzuwälzen; er schützte nothleidende Verkäufer gegen Ausbeutung und sorgte für eine gute Verpflegung der Volksmassen.[1]

Um so mehr mochte der selbstbewußte Mann sich dadurch gekränkt fühlen, daß die Anhänger des Evangeliums seine wohlmeinenden Absichten nicht würdigten. So erklärt sich, warum er ihre völlige Vernichtung befahl und jene entsetzliche Tragödie heraufbeschwor, deren schauerliche Motive jedem Freunde der mittelalterlichen Malerei als das blutigste Blatt der Weltgeschichte wohl bekannt sind.

Es ist durchaus begreiflich, daß die Unlust an der unausgesetzten Menschenschlächterei den Hauptanstoß gab, gerade den tapfern germanischen Krieger für die Denkart seiner standhaften Opfer innerlich zu gewinnen. Den Sohn des Waldes hat die bunte Pracht des orientalischen Cultus sicherlich nicht angelockt, er fühlte wohl, daß die gelehrten Herren nicht an die Götter glaubten, denen sie Menschenopfer darbrachten. Was ihm cynische oder stoische Wanderprediger vordemonstrirten, das mag ihm wenig eingeleuchtet haben, wohl aber verstand er die Lehren derer, zu deren Mißhandlung man seinen treuen Gehorsam mißbrauchte.

Man übersehe nicht, daß damals gerade das alte Testament das einzige religiöse Volksbuch war, das einerseits die Vielgötterei verwarf und andererseits den schlichten Ton einer einfachen Bildungsstufe traf. Nicht ohne Grund ward es später ein Lesebuch der Truppen Gustav Adolfs, der puritanischen Helden und der preußischen Grenadiere. Es entspricht an mehr als einer Stelle dem Sinne eines kraftbewußten Kriegers. Der Held, welcher Mauern umblasen läßt, der starke Feind der Philister, welcher die Gegner mit dem Eselskinnbacken erschlägt, der kecke David, der sich an den Riesen wagt, sie mußten Leute nach dem Herzen des germanischen Kriegers sein. Hier wehte in der

---

[1] Vgl. Bethmann-Hollweg, a. a. O. § 127. Anm. 9.

verpesteten Großstadt die frische Luft der schlichten Heimath, und wenn man damals lehrte, daß es deutsche Krieger waren, welche im Morgenlande den Gottessohn gekreuzigt hatten, und zwar auf den Befehl eines abhängigen und schwachen Statthalters und auf den Wunsch ränkevoller Priester, tugendstolzer Pharisäer und ungläubiger Genußmenschen, so mußten sie sich die Frage aufwerfen, warum man denn sie selbst über die Alpen gerufen hatte.

Allein nicht blos vom Norden kamen die Söldner, die im Innern auf Seiten der unschuldig Verfolgten standen. Die Massenaushebungen des Kaisers mußten auch heimliche Christen in Menge in die Legionen hineinziehen. Ueberdies schuf die neue Größe des Heeres wirthschaftliche Nothstände; um es zu ernähren, mußte man es zersplittern, seine Beaufsichtigung wurde erschwert, die Gefahr soldatischer Gegenkaiser gesteigert, und schon drohte mit dem Heere das Reich zu zerfallen.

Die Klugheit Constantins erkannte wohl, daß derjenige herrscht, welchem das Heer folgt. Durch die Duldung des Glaubens, welchen er selbst nicht theilte, sucht er die Treue seiner Untergebenen zu festigen.

Die Folgen dieser Duldung der bisher verfolgten Lehre mögen wohl alle Welt überrascht haben. Als sich die neue Gemeinde nicht mehr zu verbergen brauchte, tauchte sie in erstaunlicher Größe und noch erstaunlicherer Geschlossenheit aus den Katakomben hervor. Was den Befehlen der Kaiser nicht gelungen war, eine durch einheitliche Lehre verbundene volksthümliche Priesterschaft herzustellen, dies hatten sie wider ihren Willen durch ihre blutigen Verfolgungen bewirkt. Unter der Erde hatten Noth und Todesgefahr die natürliche Sinnesverschiedenheit der Völker so weit gebändigt, daß des Kaisers Gnade ein weltumspannendes Priesterheer aus der Erde stampfte. Gleich einem Riesennetze umspannte es das Reich, seine Maschen liefen an einem Punkte zusammen, wer es ergriff, hatte den Zügel der Welt in der Hand, er war der erste Kaiser, der in der Lage war, durch das Sprachrohr der Kirche zu den letzten Unterthanen zu reden, wie einst die zwölf Tafeln zu den Römern gesprochen hatten. Man vergesse nicht, daß die Geistlichkeit damals die Pflege alles dessen, was wir Kunst und Wissenschaft nennen, in sich vereinte und auch vereinigen mußte; sie ersetzte vor der Erfindung der Buchdruckerkunst die Volksschule wie die Presse; sie war die Schöpferin und Trägerin der öffentlichen Meinung und jeder Erziehung. Mit dem christlichen Priesterbunde war also mitten in dem verworrenen und zerfallenden Völkergewimmel eine Großmacht ersten Ranges entstanden, wie sie die Welt noch nicht erblickt hatte. Wer ihre Zügel ergriff, war mächtiger, als je ein Sterblicher vor ihm es war. Wenn Constantin nicht zugriff so that es ein anderer.

So sicherte er sich den Namen des Großen, da er die kühne That wagte. Als Pontifex maximus, der das Recht hatte, Religionen zu befehlen und zu verbieten, erhob er das Christenthum zur Staatsreligion.

Drei gewaltige Bedürfnisse waren es, welche seit lange zu solchem Schritte drängten: das Aufsichtsbedürfniß gegenüber den Gewalthabern und Sklavenhaltern, welche die Menschenwürde des Armen mit Füßen traten, das Unterstützungsbedürfniß gegenüber den Bedrückten, welche das Recht auf sittliche Erziehung dringend geltend machten, endlich das Einheitsbedürfniß auf allen Gebieten der Bildung, der Sprache, der Sitte, des Rechts, der Gewissenspflege, der Kunst und der Wissenschaft. In dem Durcheinanderwogen der Völkerströme war die alte Nationalerziehung längst versunken, jetzt endlich klärte sich die wirre Gedankenmasse zu einer neuen einheitlichen Weltanschauung ab. Im Weltreiche gab es nunmehr einen Hirten und eine Heerde unter dem Zeichen dessen, der das Mitleid mit dem Armen und Geringen auch von dem Mächtigsten verlangte. Das Opfer des schimpflichsten Justizmordes prangte auf der Fahne des Kaisers als eine Gewähr dafür, daß nunmehr der ärmste Reichsbewohner seiner Menschenwürde sicher sein sollte, welche er einst als Bürger seines Nationalstaates besessen hatte, die ihm aber im Weltreiche verloren gegangen und nun endlich wiedergeschenkt war. Als Richter über die Lebenden und die Todten hatte die Lichtgestalt des Heilands die Weltherrschaft angetreten.

Wir dürfen uns nicht dadurch irre machen lassen, daß im Laufe der Jahrhunderte die Diener des Evangeliums ihr Amt nicht immer in dem Sinne verwaltet haben, in welchem es geschaffen war. Die einheitliche Erziehung der Menschheit war damit nicht vollendet, daß die Fahne des Kaisers das Zeichen des Heilands trug, sondern erst begonnen. Diese Aufgabe wurde nicht gelöst — sie ist es noch heute nicht — sondern nur gestellt; wer aber würde wohl leugnen, daß ihre Stellung eine segensreiche war?

Durch Constantins Einsicht wurde das neue Reich gestaltet. Nach dem Vorbilde einer Schlachtordnung und in Anlehnung an Bestimmungen Diocletians spannte er von der neuen Hauptstadt aus einer Spinne vergleichbar ein Beamtennetz über das Weltreich, dessen Fäden in seiner Hand zusammenliefen, ein Seitenstück und Gegengewicht der Priesterschaft. Die Garden, welche gewohnt waren, Kaiser zu ernennen und zu ermorden, beseitigte er. Der Erpressung der Beamten machte er vor Allem ein Ende. „Die räuberischen Hände werde ich abhauen lassen", so begrüßte der Kaiser Constantin seine Diener. Es war dies mehr die Sprache eines „revolutionairen Tribunen" als eines Kaisers.[1]

Constantin wußte wohl, warum er so schroff zu ihnen redete, und welche Massen hinter ihm standen. Aber durch eine andere nicht minder wichtige Neuerung kam er den Bedürfnissen der Zeit entgegen. Er trennte das Heer von der Civilverwaltung. Die Strenge des Prätorianerführers sollte nicht mehr den Grundton der Gerichtsverhandlungen bilden. Aber er sorgte noch besser für die Armen. Er befahl den Richtern, nicht in stummer Gleichgiltigkeit die Verhandlungen vor sich abrollen zu lassen.

Nicht auf Machtentfaltung und kluge Berechnung, sondern auf Menschenliebe und Menschenachtung sollten sich von jetzt ab die Ziele und die Mittel der Staatsweisheit gründen. Allein nicht blos die Erhebung des Christenthums zur Weltherrschaft bewirkte der Kaiser, seine That gab vor allem auch im Christenthum derjenigen Richtung die Oberherrschaft, der es seine Erfolge verdankt. Drei Hauptströmungen, die ihre Quellen im Norden Afrikas hatten, fand er vor. Im Westen entwickelte sich ein furchtbarer Communistenaufstand. In der Mitte der afrikanischen Nordküste, der Heimath Augustins, überwog eine der Wehrkraft des Staates gefährliche Weltverachtung.[2] Im Osten aber, wo die Weltuniversität Alexandria Kenntnisse und Einsicht ausstrahlte, blühte eine gemäßigte Richtung, welche geneigt war, sich mit der hellenischen Bildung und der römischen Staatsklugheit zu vertragen.[1] Je weniger diese den Schwärmern gefallen mochte, um so mehr mußte sie dem Kaiser zusagen.

---

[1] Vgl. Révillont, a. a. O. S. XIV.

[2] Vgl. Harnack, Lehrbuch der Dogmengeschichten. Bd. I. 2. Aufl. Freiburg, 1888. Cap. 3. S. 353 ff.

Ueberhaupt kam der Umstand, daß Constantin selbst zunächst kein Christ war, der Entwickelung der Weltreligion sogar zu Gute. Er legte ihre Grundlagen mit Maß und Besonnenheit und machte sie dadurch um so fester. Er wollte das Christenthum nicht an die Stelle des Heidenthums treten lassen, sondern beides sollte nebeneinander bestehen. Neben der Menschenliebe des Evangeliums sollte die Kunstpflege des hellenischen Cultus, das Fortarbeiten an der alexandrinischen Wissenschaft, das Wohlleben des Orients, die Blüthe des Handels und Gewerbes andauern. Das neue Weltreich sollte das römische Recht, die hellenische Bildung, die jüdisch-christliche Gedankenwelt und die rücksichtsvolle Lebensart der altorientalischen Fürstenhöfe zu einer höhern Einheit verschmelzen.

Diese großartige Aufgabe, welche Constantin der Welt gestellt hat, ist noch heute nicht voll gelöst, um so weniger, als ihr inzwischen durch die Aufnahme der Germanen in die Weltkirche neue Schwierigkeiten entstehen mußten. Aus dem Gährungsprocesse, welchen die Verbindung so verschiedenartiger Gedankenmassen erzeugte, hat sich heute nach anderthalb Jahrtausenden noch immer nicht ein völlig reines Endergebniß abgeklärt. Der Gedanke aber, diesen unvermeidlichen Proceß anzubahnen, war von einer wahrhaft übermenschlichen Größe. Der Bedeutung des Mannes entsprachen seine Erfolge. Sein Reich bestand über 1100 Jahre, es trotzte nach allen Seiten den wildesten Barbaren, es war lange Zeit der Sitz der höchsten Bildung, es war das Vorbild des päpstlichen Roms und aller neueren Staaten. Nicht eher brach es zusammen, als bis sich im Hinterlande die europäische Cultur so weit gefestigt hatte, daß die Schaaren der Türken an ihr als einem festen Damme abprallten. Constantin erbaute also den Wall, der uns die deutsche Frau und die deutsche Sitte erhalten hat.

Weil nicht Schwärmerei, sondern Berechnung den Sonnenanbeter Constantin leitete, so erkannte er auch die Gefährlichkeit seines Schrittes. Seine Vorsicht vermied Cäsars Schicksal; er begriff, daß er unter den Großen der verpesteten Weltstadt nicht verweilen durfte. In reinerer Luft, am Bosporus, an einer Stelle, welche die Balkanhalbinsel nicht minder beherrscht als Kleinasien, erspähte sein Feldherrnblick einen Platz, von dem aus die Welt zu lenken war. Hierhin flüchtete er vor den Ränken der Römer, wie später Peter der Große vor dem Dünkel der Moskowiter, in eine neue Hauptstadt. So ward es ihm möglich, auch der Rechtsentwickelung einen Ausgangspunkt zu schaffen, der von dem Altüberlieferten nur so viel übernahm und festhielt, als sich noch jetzt als brauchbar herausstellte.

Das Zeichen, in dem er siegte, prangt auch auf der deutschen Kaiserkrone und auf den Helmen der Wehrmänner unseres Vaterlandes. Die Botschaft des Begründers unseres neuen Reichs und die Ziele seiner Gesetzgebung haben klargelegt, was es bedeutet. In ihm erblicken alle Mühseligen und Beladenen die sicherste Gewähr für die Anerkennung ihrer Menschenwürde und den höchsten Sporn zur Vertheidigung des Vaterlandes, das sich dem Schutze dieses Gutes widmet.

Was von Constantins Fahne galt, kommt auch jedem Streben zu, welches gleich dem seinen treu zu dem Gebote der Menschlichkeit hält, dessen Sinnbild er aus einem Meere von Blut siegreich heraushob. Es ist dasselbe, welches auch unserm Vaterlande den Glauben einflößt: „In diesem Zeichen wirst Du siegen!“

## Fünfter Abschnitt.

# Das christliche Weltreich.

## Erster Theil: Lichtseiten des byzantinischen Reichs.

### § 46. Die Eigenart des byzantinischen Reichs.

Das Reich Constantins wird in unserm Vaterlande mehr gescholten als bewundert. Das Wort „Byzantiner“ ist sogar bei uns zum Scheltnamen geworden; an Schmeichelei und Willensschwäche mahnt sein Klang. Doch nicht blos das Wort mißfällt, auch an dem Reiche, an welches es erinnert, haftet unverkennbare Mißgunst. So redet man in Deutschland auch da von der Aufnahme und Geltung des römischen Rechts, wo byzantinische Schöpfungen in Frage sind. Die Rechtsgeschichte, welche zum großen Theile in Byzanz verläuft, wird immer nur die römische, niemals die byzantinische genannt. Man will sein Gesetzbuch lieber den römischen Welteroberern verdanken, als dem schlichten Sohne Bulgariens, der seinen barbarischen Namen Upranda mit dem wohlklingenden Justinianus vertauschte.

Diese Abneigung des Deutschen wider das Ostreich läßt sich vielleicht nicht entschuldigen, aber doch erklären. Der jugendliche deutsche Stamm konnte schwer die richtige Empfindung für ein alterndes Volk gewinnen. Die Freude an Ausprägung und Bewahrung der eigenen Art erzeugt überdies in unserm Vaterlande oft eine unüberwindliche Abneigung gegen ein Gemeinwesen, das alles in feste Regeln zu pressen gewohnt war, die Berufszweige in Kasten einzwängte[1] und keinen frisch

[1] Vgl. v. Bethmann-Hollweg, a. a. O. Bd. 3. S. 21.

aufstrebenden Geistessprößling von der Gartenscheere des Zwanges unberührt ließ. Dazu kam, daß die strenge byzantinische Regel, vor allem der religiöse Lehrzwang des Ostreichs gerade dort die schlimmsten Erscheinungen hervorrief, wo er mit der Gründlichkeit des Nordländers gehandhabt wurde, während das Fortleben der hellenischen Bildung da, wo er entstand, ihm sicherlich ein gewisses Maß aufnöthigte, welches ihn so lange Zeit hindurch erträglich machte. Bedenken wir namentlich, welche Form die Einrichtungen der milden Kaiser Constantinopels annahmen, als man sie aus dem Bereiche der griechischen Sonne in die russische Steppe verpflanzte, so wird uns begreiflich werden, daß manche Schroffheit, welche durch das Nachahmen der byzantinischen Unterordnung, Kirchenverfassung und Leibeigenschaft in Deutschland entstanden ist, an dem Vorbilde nicht zu finden war, welches bei uns nicht immer mit Geschicklichkeit benützt wurde.

Allein alle Mängel des Ostreichs würden nicht entschuldigen, daß die Nachwelt ihm den Dank für Einrichtungen verkürzt, welche nach seinem Vorbilde theils unmittelbar, theils mittelbar über Rom oder Paris bei uns aufgenommen worden sind und auch nach unserm eigenen Wunsche nicht wieder fortgeworfen werden sollen.

Wir können hiebei sogar von dem Privatrechte absehen. Es ist nicht blos das Gesetzbuch Justinians, welches die Welt dem byzantinischen Reiche verdankt. In diesem Gemeinwesen liegen vielmehr die Quellen und die Vorbilder jedes fest geordneten Verwaltungskörpers und aller europäischen Höflichkeit und Gesittung.

Gewaltige Baumeister hatten im Osten ein Riesenwerk errichtet, das gleich einer Pyramide in altägyptischer Festigkeit den Zeitstürmen trotzte. Sowohl die äußere Form der christlichen Gotteshäuser auch die innere feste Fügung verdankt die Welt diesem Reiche. Dort erfolgte die Feststellung der giltigen Texte, der ergänzenden Lehrsätze, der Abstufungen in der Geistlichkeit und in der Gemeinde, die Gestaltung der Gebräuche, welche im Gottesdienste wie im kirchlichen Leben üblich sind.[1] Aber nicht nur die Kirche, auch der Staat, der sich damals noch mit ihr zur untrennbaren Einheit verschlang, wölbte sich in gleicher Planmäßigkeit zu einem Riesenbaue empor, in dessen Theilen alles

[1] Vgl. Sohm, Kirchengeschichte im Grundriß. 2. Aufl. S. 32 ff.

wohlabgemessen und in festem Maße abgegrenzt war. Ein bestimmter Stil, welcher freilich oft genug zur Schablone ausartete, giebt nunmehr der Gesetzessprache wie den Schriftstücken des amtlichen Verkehrs gewisser Maßen ein festes Rückgrat. Fromme Patriarchen sammeln sich um den Herrscher, um durch unanfechtbare Lehrsätze die Zweifelsfragen des religiösen Gewissens endgiltig zu lösen. Selbst in den Dingen des täglichen Lebens, in dem Tone der Unterhaltung wie in den Begrüßungsformen, strebt jetzt alles nach einer dauernden Gestaltung und nach einer freundlicheren Art, als sie die klassische Deutlichkeit älterer Zeiten besaß. Ueberall sucht man aus dem verworrenen Schwanken des verfallenen Heidenthums feste Grundlagen für alle Ewigkeit herauszuheben.

Da über dem Kaiser wie über dem Reiche das Bild des Gekreuzigten schwebt, der die Menschheit zu einer Heerde zu einigen befohlen hatte, so müssen die unzähligen Völker des Reiches ihre Eigenart auf dem Altare der Menschheitseinigung opfern.

Von einer einzigen Stelle empfängt die Welt ihre Richtung und ihr Vorbild. In der Mitte des Reiches steht die Erscheinung des Herrschers, zu welcher die Menschheit emporblickt, auf dem Goldgrunde orientalischer Pracht. Selbst das Gebot der Demuth bedurfte so blendender Umhüllung, weil es ohne sie im Herzen der unwissenden Volksmassen keine Achtung gefunden haben würde. Der Kaiser aber, der inmitten dieses Glanzes herrscht, wird dabei nicht müde zu versichern, daß es nicht sein Verdienst ist, sondern Gottes Gnade, welche ihn erhoben hat, und seine Gesetze zeigen vor allem ein deutliches Ziel: Hilfe für die Bedrängten und Schwachen. Und doch ist gerade diese selbe Zeit, welche also von aufrichtiger Demuth und Menschenliebe erfüllt ist, in ihrem Wirken rücksichtslos genug, um das eigene Auge, sobald es ein Aergerniß giebt, unbarmherzig auszureißen. Dasselbe Reich, welches den Einzelnen so hoch schätzte, daß ihm die Erhaltung des Armen und Schwachen als das höchste Ziel vorschwebte, kannte doch für berechtigte Eigenthümlichkeiten des Einzelnen da, wo das Gesammtwohl in Frage kam, keine Schonung.

Die Gedankenwelt der Menschheit glich damals einem Walde, in dem die Bäume sich gegenseitig mit den Wurzeln und Zweigen in's Gehege kamen. Die Kaiser mußten als erbarmungslose Forstleute manchen ehrwürdigen kräftigen Stamm fällen und ausroden, wenn nicht die ganze Pflanzung zu Grunde gehen sollte. Ja, gerade das mächtigste Gehölz fiel oft zuerst, um dem schwächeren Nachwuchse Raum zu geben.

Wir werden die Nothwendigkeit solcher Härte begreifen, wenn wir nicht blos daran denken, was jenes Reich uns ist, sondern vor allem auch daran, was es seiner Zeit war.

Wir wenden uns zunächst zu dem Begründer des neuen Reiches, Constantin. Weitsichtige Naturen übersehen leicht den nahen Feind, und so mochte auch er nicht ahnen, daß die zelotischen Erzieher, welche er seinen Söhnen gab, diese dazu treiben würden, die Duldsamkeit Preis zu geben, welche ein Grundzug seines Wirkens war. Der neue Glaube wurde jetzt der Welt aufgezwungen und mit der Zerstörung von Tempeln und Götzenbildern der Ernst dieser neuen Wendung bethätigt. Constantins That war freilich eine halbe Maßregel, so bald die alte Verwirrung blieb, und die Mühseligen und Beladenen ermangelten der Erquickung, so lange als das Gebot der Demuth nur für sie, nicht aber auch für ihre mächtigen Peiniger galt. Die sittliche Erziehung der Gebieter, von welchen jemand abhängt, ist ihm nicht minder wünschenswerth als seine eigene.

Da man also dem Baume des Heidenthums die Axt an die Wurzel legte, mußte auch das bisherige Recht mit betroffen werden. Constantins Söhne wußten, wo das Heidenthum auf dem Rechtsgebiete am Meisten verwundbar war. Der heidnische Anwalt war des schlichten Mannes unentbehrlicher Berather, so lange die Formeln der Prozesse und der Rechtsgeschäfte galten. Der Bauer war aber ohnehin der neuen Lehre abgeneigt, welche die kleinen Localgötter verfolgte, von deren Gunst er seine Ernte erhoffte, und den Gegensatz zwischen Reich und Arm abzuschwächen schien. So geschah es, daß lange Zeit dasselbe Wort den Bauer und den Heiden bezeichnete. So erklärt es sich aber auch, warum Constantins Söhne die Masse der Landleute von dem Einflusse der heidnischen Juristen loslösten. Sie thaten es, indem sie für alle Rechtsgeschäfte die Nothwendigkeit bestimmter Formeln beseitigten. Die Pracht des neuen pretiösen Hofstils zeigt sich bereits in den Worten, in welche die Kaiser diese volksthümliche Anordnung einkleiden.[1] „Die festen juristischen Ausdrucksformen, welche wie Vogelsteller auf Silben lauernd im Hinterhalte liegen, sollen mit ihrer Wurzel aus den Geschäften aller herausgeschnitten sein.“ Dieser Schnitt entsprach der kurz vorher erfolgten Aufhebung der Prozeßformulare, die man vielfach Diocletian zuschreibt, welcher trotz aller seiner Christenverfolgungen doch durch sein Wohlwollen gegen die Armen mit einem Fuße im Lager der Verfolgten stand. Die neue Formfreiheit zerriß das Gängelband, an welchem der gebildete Patron bisher den unwissenden Clienten geleitet hatte. Seine Geschäfte und seine Schriftsätze macht nunmehr der Arme selbst ohne gelehrte Beihilfe und in der heimathlichen Sprache. Die Zwanglosigkeit des Gerichtsverfahrens hat sich als verderblich erwiesen und nicht erhalten, die Freiheit der Geschäfte von bestimmten stilistischen Formen aber blieb bestehen, obwohl mancher überflüssige Zweifel und mancher zwecklose Streit aus den formlosen Vertragsschlüssen unbeholfener Parteien entstanden ist und noch entstehen wird.

Wir sehen hier mit Klarheit dem neuen Reiche seine Aufgabe vorgezeichnet. Byzanz ist das classische Land der kleinen Leute, der Hort der Menschheitserziehung. Jenes unheilige Volk, das der römische Hochmuth verachtete und die punische Grausamkeit in Todesangst hetzte, sollte im Ostreich unter allen Umständen gebildet und mündig gemacht werden. Dafür durfte kein Preis zu hoch sein; die Erweiterung der Bildung auf eine größere Zahl sollte für wichtiger angesehen werden als die Erhaltung ihrer bisherigen Höhepunkte. Die Massen stiegen empor und unterwühlten die Gipfel der Gesittung, bis sie zusammenstürzten; der Verlust war groß, aber nicht vergeblich; die breite Menge gewann hundertfach wieder, was die bisher bevorzugten Einzelnen verloren.

Daß die heidnische Partei, zu der die Mächtigen im Reiche und die Masse der Bauern gehörten, sich nicht ohne Widerstand verloren gab, ist begreiflich. Ebenso begreiflich aber ist es, daß der abtrünnige Julian, der Vorkämpfer dieser Bewegung, das Heer nicht für die Dauer gewinnen konnte. Für Niemand war die Religion der Menschenliebe so bedeutsam, wie für den Soldaten, der

---

[1] c. 1. Cod. de formulis et impetratione actionum sublatis. 2, 57 (58).

sich wohl der Rolle erinnern mochte, welche die Heidenzeit ihm zuzumuthen pflegte.

Allein mit der endgiltigen Beseitigung des Heidenthums war das neue Reich nicht befestigt. Die verschiedenartigen Massen, welche die Kirche in sich aufnahm, erzeugten in ihrem Innern Gährungen, welche die Fortentwickelung des neuen Weltreichs ernstlich gefährdeten.

## § 47. Der Einfluß religiöser Nothstände.

Die Schrecken der Inquisition haben gegen den kirchlichen Lehrzwang eine solche Erbitterung erzeugt, daß darüber die Fähigkeit, seine Entstehung ohne Leidenschaft zu erörtern, vielfach völlig verloren gegangen ist. Auch hierin wird der Werth des Ostreichs unterschätzt.

Wer die Kaiser auf dem Throne Constantins richtig würdigen will, muß freilich nicht blos in den Wortlaut der Rechtsvorschriften, sondern in die Geschichte blicken. Nach dem Gesetzesbuchstaben waren sie allmächtig und fähig, durch einen leisen Wink Millionen in beliebiger Richtung zu bewegen. Allein die allgemeine Weltgeschichte klärt uns darüber auf, wie sehr die scheinbare Unbeschränktheit ihrer Wünsche durch ihre stete Nothlage sich in das Gegentheil verwandelte.

Die Begründer des Reiches standen Jahrhunderte hindurch unter einem doppelten starken Drucke. Von außen zog der gewaltige Anprall der Barbaren einen beengenden Ring um das Reich, der seinen Handel lähmte, und von innen her drohte der Zerfall der allzu schnell errichteten Kirche und des mit ihr geeinten Staates.

Vergleichen wir die weise Zurückhaltung, mit welcher heutzutage die Mehrheit der Gebildeten den Streitigkeiten der Gottesgelehrten gegenübersteht, so sind wir leicht geneigt, die heißen Religionskämpfe jener Zeit auf einen blinden Fanatismus zurückzuführen. Indessen dürfen wir nicht vergessen, daß die Männer, welche für dieses oder jenes Dogma gegen ihren Kaiser die Waffen ergriffen, im Grunde genommen für ein größeres Ziel stritten, als es zunächst den Anschein hatte. Es gab im Christenthume Strömungen, welche das Recht freier Lehre den Gemeinden oder doch wenigstens den Bisthümern erhalten wissen wollten, und wo man für die Ausübung dieses Rechtes das

Schwert zog; da führte man für das altgewöhnte Recht der Gedankenfreiheit einen ähnlichen Kampf, wie er später den abfallenden Niederlanden gelang. Die Redefreiheit oder Lehrfreiheit (um diese handelt es sich ja im Grunde nur, da Gedanken sich nicht verbieten lassen) ist für die Entwickelung ehrlicher Gesinnung und thätiger Denkkraft von so großem Werthe, daß sie auch damals nicht wohl anders, als nach harten Kämpfen Preis gegeben werden konnte.

Wir würden jedoch dem byzantinischen Kaiser Unrecht thun, wenn wir ihn mit dem finstern Philipp von Spanien vergleichen wollten. Der Staat war damals durchaus nicht der angreifende Theil, sondern sah sich zu einem Vertheidigungskampfe wider die drohende Vernichtung gedrängt. Sobald er die religiösen Dinge weiter gehen ließ, mußte er die schlimmsten Schäden befürchten.

Die unerläßliche innere Ausgleichung des Denkens und Empfindens in der ungeheuern Masse der Staatsgenossen konnte damals nicht so wie heute durch das aufgezeichnete Wort erreicht werden, da es an Vervielfältigungsmitteln, Spracheinheit und Kunst des Lesens überall gebrach. Die Kirche war die einzig denkbare Trägerin der neuen welteinigenden Gedankenwelt. Diese nach ägyptischem Vorbilde von der Volksmasse zu trennen und zu dem strengen Festhalten an den von höchster Stelle aus gebilligten Unterrichtsstoff zu zwingen, mochte nöthig scheinen, weil sie ohnedies von den unwissenden Volksmassen aufgesogen und mit den verschiedenartigsten Weltanschauungen erfüllt worden wäre. Bedenkt man, wie viel heidnischer Aberglaube ohnehin der christlichen Priesterschaft in jener Zeit durch den Eigensinn des Volkes aufgezwungen ist, so sieht man ein, daß nur eine strenge durchgreifende Beschränkung der geistigen Selbständigkeit der Einzelnen dem Ganzen den innern Kitt wider Zersplitterung gewähren konnte. Erst seitdem das gedruckte Wort die Massen zum christlichen Bekenntnisse eint, ja eigentlich erst, seitdem die Volksschule sie vor den gröbsten Mißverständnissen dieses Wortes schützt, wurde es überhaupt denkbar und möglich, die Freiheit des Glaubens zu gewähren, ohne den festen Grund, der da gelegt ist, zu erschüttern. Die damalige Zeit war dagegen für solche Freiheit noch nicht reif. Es ergiebt sich dies aus der Mannigfaltigkeit ihres Sektenwesens, vor allem aber aus der großen Gemeingefährlichkeit einzelner dieser Sekten, namentlich der Vorfechter des mosaischen Rechtes und der Vertreter eigenthumsfeindlicher Gedanken.

Jene Zeit krankte noch immer an dem Fehlen einer Geschichtswissenschaft, welche Urkunden vergangener Zeiten in den Rahmen ihrer Entstehungsbedingungen setzt und so dasjenige, was an ihnen vergänglich und vergangen ist, von dem bleibenden Werthe unterscheidet. Eine solche Wissenschaft entstand erst als eine Tochter der nordischen zähen Mönchsgeduld und der Buchdruckerkunst. Von geschichtlicher Auslegungskunst wußte man in Byzanz noch nichts, und mancher wurde auf das Höchste durch diejenigen biblischen Anforderungen in seinem Gewissen beunruhigt, welche nach unserer heutigen Ansicht lediglich auf vergangene Zeiten berechnet waren.

Zu ihnen gehörten namentlich die Gebote des mosaischen Rechts. Der Einfluß des alten Testaments war im Osten erheblich größer als im Westen.

Das jüdische Volk hatte in der allgemeinen Zerstörung aller nationalen Culte allein Gnade gefunden, da der Geist seiner Helden es war, der in dem großen Zerstörungskampfe als Vorbild diente. Die Freude am Kriege und am Besitze, an der Familie und am Vaterland, welche in den alttestamentarischen Schriften mehr hervortritt, als in der ernsten Wehmuth des Evangeliums, gedieh besser in der Sonne Griechenlands, als im Herzen der Nordländer. In diesem lebte die Erinnerung an die frühere Gewohnheit, die Götter im düstern Walde und im Dämmerlichte des Mondscheins zu verehren, und durch den Ernst ihrer Wohnsitze wie ihrer freudlosen Vergangenheit fühlten sie sich dahin gedrängt die geheimnißvolle Traurigkeit der evangelischen Leidensgeschichte als den eigentlichen Grundzug des irdischen Jammerthals anzusehen. Wie sie in jedem Nebelstreifen, der durch den Wald glitt, das Walten eines bösen Dämons vermutheten, so glaubten sie durch eine allzu heitere Lebensauffassung die Gottheit zu beleidigen. Von derartiger Romantik weiß der nüchterne Byzantiner nichts, sein Empfinden, wie es aus Justinians Gesetzbuch herausleuchtet, ist zufrieden und hausbacken. Namentlich läßt er sich durch die Hoffnung auf das Jenseits nicht in der Sorge für das Diesseits stören.

Im Westen wirkte also die Kirche mit ihren Ueberlieferungen, deren Ursprung den germanischen Einwanderern unerforschlich scheinen mußte, wahrhaft überwältigend, im Osten entwickelte sie sich in und mit dem Volksleben. Während später die gothischen Dome mit geheimnißvollen Wölbungen zum Himmel strebten, wurzelt der Bau ihres Vorbildes, der byzantinischen Basilika, fest im Erdengrunde und bietet seinen Gästen das behagliche Gefühl der Zusammengehörigkeit, durch welches das Ostreich die verschiedensten Völker zu einen wußte. Die byzantinische Abneigung gegen die sentimentale Richtung der westlichen Kunst mag schließlich auch einen Hauptanlaß zu dem Bildersturme gegeben haben, welchen der Kaiser selbst mit Erbitterung durchführte.

In diesem Gegensatze zwischen dem Westen und dem Osten birgt sich bereits ein Keim zu der spätern Spaltung der christlichen Denkart in eine katholische und eine protestantische Richtung. Diese letztere ist in mancher Hinsicht die Erbin der byzantinischen, und auch sie stützt sich vorwiegend auf die Schriften des alten Bundes. Man denke nur an die schwungvolle und unnachgiebige Kraft eines Josua, Gideon oder Judas Maccabäus, wie sie aus den Tonschöpfungen Händels ebenso deutlich herausklingt, wie aus den Befehlen Friedrich Wilhelm des Ersten. So kennt denn auch die begeisterte kirchliche Schriftstellerei von Byzanz für das christliche Weltreich, „das neue Israel“,[1] keine passendere Ruhmesbezeigung, als seine unausgesetzte Vergleichung mit alttestamentarischen Erscheinungen. Bald ist es „die Arche Noahs“, welche mit den geretteten Seelen „auf den wilden Wassern des stürmischen Meeres dieser Welt“ schwimmt,[2] bald der Tempel Salomos oder das neue Jerusalem, bald die Königin von Saba oder Eva, die Mutter der Menschen. Daß das Gesetzbuch, welches einem solchen Reiche entsprang, bei uns neuerdings mehrfach öffentlich als „heidnisch“ verketzert wird, ist auffallend genug.

In der That waren die Fürsten wie die Unterthanen des neuen Reiches gottesfürchtig und kampfesfreudig, wie die Eroberer des gelobten Landes. Es mußten daher in diesem neuen Israel die Gedanken des alten mehr und mehr emporkeimen und nicht blos die hellenische Kunst gefährden, sondern auch das römische Recht, dessen Verdrängung durch die einfacheren und volksthümlichen Vorschriften des mosaischen Rechtes nahe lag.[3]

---

[1] So Hatch, a. a. O. S. 187.

[2] Hatch, a. a. O. S. 187. 188.

[3] Vgl. Karlowa, a. a. O. S. 968.

Dieses Recht, das durch seine große Menschlichkeit und Fürsorge für die Armen auf die ungebildeten Massen eine hohe Anziehungskraft auszuüben geeignet war, war jedoch für die Kaiser völlig unannehmbar. Es entstammte der schlichten Culturstufe eines einfachen Landvolkes, das weder Handel noch Gewerbe, weder Kunst noch Wissenschaft kannte. Nun und nimmermehr hätte sich der Italiener und der Hellene dieses Recht anders als nach einem erbitterten Verzweiflungskampfe aufdrängen lassen. Das Reich bestand aber zum größten Theile aus unwissenden Leuten, denen die schlichte Gedankenwelt des alten Testaments weit besser einleuchtete, als die tiefsinnigen Lehren des Römerbriefes und des Johannesevangeliums. Durch den Arianismus, welcher diejenigen Lehren wegleugnete, die nach der Meinung des Ungebildeten das Christenthum vornehmlich vom Judenthum unterschieden, mußte sich diese Gefahr sogar noch steigern.

So waren denn die kostbaren Schätze Jahrhunderte langer Erfahrung, das Recht, aus welchem die Pracht und Herrlichkeit der weltbeherrschenden römischen Kaiserstadt erwachsen war, ernstlich bedroht, sobald die Massen und ihre priesterlichen Führer nicht von oben her in strengster Zucht gehalten wurden.

An einer Nachwirkung dieses Zwiespalts hat auch die spätere Zeit vielfach gekrankt. Jeder Religionsunterricht sollte auch, indem er Gehorsam gegen die Obrigkeit predigt, in den Verhaltungsmaßregeln, welche er verbreitet, sich an die Gedanken des geltenden Rechts anpassen. Soweit aber die Gedankenwelt der religiösen Erziehung vorzugsweise aus morgenländischen Quellen entspringt, diejenige der juristischen dagegen auf römischen Gedanken ruht, wird immer wieder aufs Neue ein Zwiespalt in die Seele des Volks hineingetragen.

Allein die Gefahr, welche von Seiten des alten Testaments drohte, war die geringere. Eine andere viel entsetzlichere stieg herauf. Nicht in den spätrömischen Unruhen, sondern erst unter der Regierung Constantins finden wir die ersten wahrhaft communistischen Bewegungen. Der Satz, daß der Buchstabe tödtet, bewährte an seiner eigenen Quelle seine furchtbare Wahrheit. Jede Auslegung hängt von dem Bildungsstande dessen ab, welcher sie vornimmt, und daher ist kein Buch in der Hand des Unwissenden vor Mißdeutung sicher. Diese blieb auch in jener Zeit nicht aus. Die Gräuel der Wiedertäuferzeit haben schon unter Constantin entsetzliche Vorläufer, denn im heißen Norden Afrikas unter den Donatisten entsprang damals aus dem Buchstabenglauben eine furchtbare Sekte der Circumcellionen. Wanderprediger, welche „circum cellas rusticorum vagabantur“, d. h. um die Bauernhöfe herumstreiften, gaben dieser neuen Gemeinde ihren Namen. Nicht ungestraft hatte man den wilden Wüstenbewohnern das Selbstbewußtsein des römischen Bürgers geschenkt, nachdem sie durch die drückende Provinzialverwaltung erbittert worden waren, nicht ungestraft gab man ihnen das Evangelium in die Hand. Die leidenschaftlichen Söhne der Wüste deuteten es nach dem Drange ihres Herzens und folgerten aus dem Verbote, Schätze zu sammeln, die rechtliche Gleichheit Aller und die Gütergemeinschaft. Durch das ganze vierte Jahrhundert führten sie einen unerbittlichen Räuberkrieg wider die Weltkirche und den Staat. Trotz der rücksichtslosesten Strenge, welche die Macht des Weltreichs und der Vandalen gegen die Eiferer ausübte, hielten sie sich vier Jahrhunderte lang, bis die Sarazenen sie vernichteten. Jeden Augenblick waren sie bereit, die Welt aufs Neue in Brand zu stecken. Ihr Auftreten beweist uns, welchen Werth für die Sicherheit unseres Lebens und unseres Vermögens die freie Wissenschaft hat, welche dafür eintritt, daß nicht der Buchstabe, sondern der Geist des Gotteswortes gilt.

Wenn unter solchen Umständen die Lehrfreiheit beschränkt wurde, so kann man darin schwerlich einen Act der Herrschsucht sehen. Nicht auf der Seite der Unterdrücker, sondern auf derjenigen der Unterdrückten lag die größere Grausamkeit und die rücksichtslosere Beschränktheit.

Freilich ließ auch der Zwang des Staates es an Stärke nicht fehlen. In der ersten Stelle der Justinianischen Kaisergesetzsammlung befehlen Gratianus, Valentinianus und Theodosius, daß jedermann sich nach derjenigen Auffassung des Glaubens zu richten hat, welche der Papst Damasus und der Bischof Petrus von Alexandria für die richtige hielten. Den Ungehorsamen werden strenge Strafen angedroht.

Dadurch wurden zunächst die Wissenschaft und die Kunst nicht bedrängt, sondern vor der Vernichtung durch buchstabengläubige Zeloten gerettet, in deren Massen sich sicherlich oft genug die Mißgunst des Pöbels in den Schafpelz des frommen Eifers hüllen mochte.

Ueberall, wo der Hochmuth der Großen vor dem Fall kommt, pflegt er dem noch gemeingefährlicheren Neide der Kleinen Platz zu machen. Wie der Pöbel von Alexandria die feinfühlige Hypatia in Stücke gerissen hatte, so würden schließlich viele Vertreter der Bildung und Gesittung zerrissen worden sein, wenn nicht der kirchliche Lehrzwang sie geschützt hätte.

Die Verhältnisse lagen damals genau so, wie bei uns zur Zeit der Wiedertäufer. Während in England der Buchstabenglaube die puritanische Rebellion erzeugte, schützten die deutschen Consistorien nach dem byzantinischen Vorbilde durch den Glaubenszwang die Wissenschaft und Bildung gegen die Schwarmgeister. Wir wissen aber freilich aus der byzantinischen wie aus der deutschen Geschichte, daß schließlich hierbei der Teufel doch nur durch Beelzebub ausgetrieben wurde. Dieselben Priester, die noch zur Zeit des großen Theodosius und zur Zeit Melanchthons die Beschützer der Wissenschaft waren, wurden später ein empfindlicher Hemmschuh der erforderlichen Weiterentwickelung. Weder der byzantinische Herrscher noch der deutsche unternahmen es, nach dem Vorbilde der Vandalenkönige die Reden, welche der Prophet des alten Bundes gegen den Herrscher führt, von dem Gottesdienste auszuschließen.[1] In Byzanz bewirkte der Druck, den der Zwang der Kirche ausübte, schließlich dem Türken gegenüber dieselbe Wehrlosigkeit, wie sie den allzu wohl gezähmten Leuten anhaftete, welche auch dem Landesfeinde gegenüber die Ruhe für die erste Bürgerpflicht hielten.

Zunächst freilich war das byzantinische Reich von hellenischer Bildung und römischem Rechte so sehr durchtränkt, daß die Einsicht der Juristen und die Mannszucht der Truppen das mächtige „neue Israel“ lange genug dagegen schützte, sich alles Ernstes in ein wehrloses Palästina zu verwandeln. Noch zu Justinians Zeit wagte es sein Minister Tribonian, in einer Dichtung die höfische Befürchtung auszusprechen, der edle Kaiser können eines schönen Tages gleich Romulus und Elias gen Himmel fahren. Diese poetische Gleichstellung hätte an einem deutschen Hofe des 17. Jahrhunderts nicht leicht ein Dichter gewagt. Allerdings war Tribonian des Heidenthums verdächtig,[2] und späterhin

[1] Vgl. Dahn, Die Könige der Germanen. München, 1861. S. 251 Anm. 8.

[2] Vgl. überhaupt über ihn Gibbon, the history of the decline and fall of the Roman empire. London, 1838. vol. 5. S. 374. 375.

steigerten sich die Anforderungen an Rechtgläubigkeit so sehr, daß selbst der kirchliche Justinian, dessen Bild in Ravenna in San Vitale zum Ruhme des Höchsten zugleich mit demjenigen seiner Gattin in der Nähe des Hauptaltars angebracht ist, von der byzantinischen Nachwelt ketzerischer Gedanken verdächtigt wurde. Allein nicht in den Maßregeln, durch welche man die christliche Gesittung vertheidigte, liegt die Hauptgröße dieses Abschnittes der Rechtsgeschichte. Bei weitem bedeutsamer sind diejenigen Bestimmungen, welche die Ziele des Christenthums in die Form von Gesetzen kleideten, deren Verbreitung späterhin die Rechtspflege der Welt zu beeinflussen bestimmt waren.

## § 48. Christliche Gesetzgebungsziele.[1]

Die Unabhängigkeit des Rechts von der Religion ist zu allen Zeiten nicht blos von denen behauptet worden, welche die eine dieser beiden Mächte von der andern frei und die andere ihr unterthänig machen wollten. Daß „das Recht, wenn auch nie unsittlich sein, so doch auch nie die idealen Vorschriften zum Inhalt nehmen darf, welche in der christlichen Sittenlehre gepredigt werden," ist selbst in der Praxis ausgesprochen worden.[2] Wer dagegen an der Gesetzmäßigkeit des menschlichen Denkens festhält und aus ihr einen innern Zusammenhang zwischen allen Zweigen des geistigen Lebens folgert, wird schon hieraus entnehmen, daß starke religiöse Einflüsse auf den Inhalt der Gesetze und der Lebensgewohnheiten einen bestimmenden Einfluß ausüben müssen.

So war es im alten Rom, so ist es immer. Die Priester der Fides wirkten auf die sittlichen Grundlagen des alten Rechts nicht minder ein als die alexandrinischen Naturphilosophen, welche wahrer Religiosität näher standen als die heidnischen Götzenpriester ihrer Zeit, auf den Inhalt des Weltrechts. So mußten denn auch jetzt die Lehren des Christenthums, in welchen die Gesetzgeber des neuen Reichs erzogen wurden, einen bemerkbaren Einfluß ausüben.[3]

---

[1] Vgl. Uhlhorn, die christliche Liebesthätigkeit in der alten Kirche, S. 239 ff.

[2] Vgl. Seuffert's Archiv. Bd. 28. Nr. 136.

[3] Vgl. jedoch auch Kuntze, Cursus des römischen Rechts. Leipzig, 1879, § 965 und Padelletti a. a. O. Cap. 58. Anm. 1.

Der Geist des neuen Testaments wirkte hierbei, wie wir sahen, nicht stärker ein als derjenige des alten. Aber nicht blos Glaubenseifer strömte dieser letztere von sich aus, sondern auch den Gedanken der Berufspflicht, in welchem die Geistlichkeit durch ihre höhere Aufgabe nach dem Vorbilde der jüdischen und der ägyptischen Priesterschaft aus der Masse sich heraushob, und welchen sie schließlich auch auf die Staatsdiener überleitete. Indem sie dem Heere der Beamten zur Seite stand, und mehrfach dieselben Pflichten ausfüllte,[1] mußte sie unwillkürlich den opferfreudigen Geist gemeinnützigen Wirkens, welchen die früheren Zeiten als ein Vorrecht der orientalischen Priesterschaften ansah, auch dem Beamtenthume einflößen. Ein eigentliches Beamtenthum in unserm Sinne ist erst hier an die Stelle der heidnischen Gewalthaber getreten. Das Streben, dem Gemeinwohl ohne Menschenfurcht und Eigennutz sich zu opfern, hängt so eng mit der Christenlehre zusammen, daß wir erst in ihr die Quelle des allgemeinen Pflichtbewußtseins sehen können, ohne welches ein großer Staat eine wohlwollende Regierung nicht durchführen kann. Wohl hatte der Heide Ulpian das echt christliche Wort ausgesprochen, daß der Rechtspfleger ein Priester der Gerechtigkeit sein soll. Allein dieser Gedanke, der in ihm aus seiner erhabenen Stellung erwachsen sein muß, konnte wahrlich nicht durch seine beiden Mittel „Zwang und Lohn“ in die unteren Stufen der Reichsverwaltung hineingetragen werden, welche auf eine herzlose Ausbeutung der Provinzen zu Gunsten des herrschenden Italien geradezu hinzielte. Erst die neue Weltreligion erzog durch das Gebot der Menschenliebe die Männer, welche ein würdiges Staatsbeamtenthum als Vorbild aller europäischen Gemeinwesen darzustellen vermochten. Das vorzügliche Postwesen des Reichs war nur eine der vielen Blüthen an diesem neuen triebkräftigen Stamme.

Das Gebot allgemeiner Menschenliebe war aber ebenso wie der Hang zur Weltflucht vorwiegend eine Folge neutestamentlicher Einwirkungen. Daß uneigennützige Freude an dem Wohle des Nächsten dem Alterthume fremd war und alle menschenfreundlichen Thaten der vorchristlichen Zeit auf Eitelkeit oder Eigennutz zurückzuführen

[1] Vgl. nov. 79. 83. 123

sind,[1] ist eine Behauptung, welche bei unparteiischer Einsicht in die Quellen schwerlich aufrecht erhalten werden kann. Der weltbürgerliche Sinn[2] der Kaiserstadt hatte hier vielmehr dem Christenthum so sehr vorgearbeitet, die alexandrinische Weltphilosophie hatte diese Strömung so sehr verstärkt, daß, wie wir sahen, der Inhalt der Pandekten von dem echten Geiste der Menschenliebe durchdrungen und nur insoweit mit sich selbst im Widerspruche ist, als seine Verfasser noch nicht wagten, die Vorrechte der gebildeten Classen anzutasten. Es war natürlich, daß auch dieser letztere Schritt geschehen mußte und Constantins Umwälzung that ihn. Seitdem bewegt sich die Gesetzgebung um so mehr in einer mildherzigen Richtung. Die Armen werden gegen Ausbeutungen geschützt, Ausstattungen und Schenkungen erleichtert, milde Stiftungen und Verfügungen durch Vorrechte begünstigt.[3]

Weit wichtiger aber als solche Gewährung irdischer Güter war die feste Gestaltung des Bildungs- und Unterrichtswesens, welche der Staat nunmehr im Vereine mit der Kirche auszubilden begann. Mag die Disciplin der byzantinischen Hochschulen noch so wenig der akademischen Freiheit entsprechen, deren Begünstiger Kaiser Barbarossa wurde, mag der Geist freier Forschung in den Hörsälen des Ostreichs noch so sehr durch den kirchlichen Lehrzwang beeinträchtigt worden sein, das ehrwürdige Alter dieser Anstalten sollte sie vor Verachtung schützen. Aber mehr als in den oberen, bewährte in den unteren Schulen das neue Reich seine bildende Kraft. Nicht als die Erzeugerin der Gebote der Menschenliebe und der Menschenachtung dürfen wir die christliche Lehre betrachten, wohl aber als ihr gewaltiges Verbreitungsmittel. Die opferfreudige Gesinnung, welche bisher als eine seltene Speise die Tafel bevorzugter Glückskinder schmückte, sollte nunmehr zum täglichen Brote des gemeinen Mannes werden. Mochte dies Streben auch oft genug nichts erzeugen als den bekannten Tribut der Heuchelei, welchen das Laster der Tugend zollt, so war doch selbst dies eine Verbesserung im Vergleiche mit dem Dunkel, in welchem der Provinziale in der heidnischen Zeit wandelte.

Mit geringerer Billigung als diese Wohlthätigkeitsbestrebungen wird

---

[1] Vgl. Uhlhorn, S. 1 ff. und auch Wundt, Ethik. S. 195.
[2] Vgl. Cicero, de legibus. 1, 18. Gellius, noctes atticae. XIII, 17 (16).
[3] Vgl. Dernburg, Pandekten § 211. Anm. 2.

der Staatsmann unserer Zeit die Gunst betrachten, welche dem Streben nach Weltflucht damals erwiesen wurde. Das Klosterwesen war in Byzanz eine ebenso wichtige Angelegenheit, wie der Clerus.[1]

Auch hier dürfen wir aber das Recht nicht anders als im Lichte seiner Entstehungszeit betrachten.

Zunächst mußte der Staat eine Zufluchtsstätte für diejenigen schaffen, welche ihr Gewissen über eine buchstäbliche Auslegung der heiligen Schrift nicht hinauskommen ließ. Es ist merkwürdig genug, daß später gerade aus der Klosterzelle der mächtigste Anstoß zum Wegfall der wörtlichen Textesdeutung ausging, welche ursprünglich das Mönchsleben, wenn nicht erzeugt, so doch gefördert hatte.

Sodann beweist uns ein Bericht, dem zufolge die Kaiserin Theodora die Straßendirnen der Hauptstadt in ein Kloster sperren ließ, daß die heiligen Zufluchtsstätten auch zur Unterstützung der Sittenpflege Verwendung fanden.

Schließlich dürfen wir nicht übersehen, daß die Gebote der Armuth und der Keuschheit nicht zu allen Zeiten auf das Staatswohl denselben Einfluß ausüben. Das Reich war damals von Barbaren umringt, mit Menschen überfüllt, ohne die erwünschte Menge von Arbeitsgelegenheiten und Lebensmitteln. Hier mochte dieselbe Form der Weltflucht gemeinnützig erscheinen, welche in späteren Zeiten dem Staate unentbehrliche Arbeitskräfte entzog.

Allein nicht blos von vorübergehendem Nutzen, sondern auch von bleibendem Vortheile für die Nachwelt war der Einfluß der asketischen Bestrebungen des Christentums auf das Recht jener Zeit. Sie setzte sich in den bewußten Gegensatz zu den unsittlichen Ausschweifungen der orientalischen Culte und betonte auf das Schärfste die Würde des Menschen, vor allem die Würde des Weibes. So weit das uns überlieferte Kaiserrecht in dieser Richtung eingeschritten ist, können wir ihre Spuren klar verfolgen. So verpönt z. B. Justinian die körperliche Untersuchung als Mittel zur Feststellung der Mündigkeit und beseitigt mit einem Schlage das kunstvolle Recht der schimpflichen Kindererzeugungsprämien, welche Augustus eingeführt hat. Den Wittwen befiehlt er nicht nun nicht mehr die Wiederverheirathung, sondern er

[1] Vgl. z. B. nov. 123.

begünstigt sogar Verfügungen, welche sie davon abhalten sollen, den Wittwenschleier mit dem Schleier der Braut zu vertauschen.

Was aber noch außerdem in dieser Rücksicht geschehen sein mag, wie viel heidnische Schamlosigkeiten, namentlich in den östlichen Provinzen, schon durch die ältere christliche Kaisergesetzgebung fortgeräumt sein müssen, das können wir nur dann ermessen, wenn wir die sittlichen Zustände zur Zeit Elagabals mit dem Inhalte des Justinianischen Rechtsbuches vergleichen. Dieses hat das „classische" Recht im Sinne der neuen Lehre gesäubert. Was ihr an heidnischen Satzungen widersprach, ist der Nachwelt meist gänzlich vorenthalten worden, und wir können seinen ungeheuern Umfang nur ahnen und nicht wissen.

Diese unsichtbare Wirkung der neuen Weltreligion müssen wir also noch höher veranschlagen, als diejenige, welche wir aus zweifellosen Ueberlieferungen schöpfen können.

---

# Zweiter Theil: Die Vollendung des Weltrechts.

## § 49. Der Vollender des Weltrechts.[1]

Justinian ist einer der fruchtbarsten und erfolgreichsten Gesetzgeber der Weltgeschichte. Durch die Dauer seiner Schöpfungen zeichnet er sich eben so aus, wie durch die Gründlichkeit, mit welcher er im Widerspruche mit den Gewohnheiten der Vorwelt seine Maßregeln rechtfertigt. Für die grundsätzliche Trennung der allgemeinen Weltgeschichte von der Rechtsgeschichte und für die Gleichgiltigkeit der Massen gegen die letztere ist nichts bezeichnender, als die Mißachtungsbezeugungen es sind, mit welcher man einen so wirksamen Herrscher mehr und mehr zu überschütten für gut findet.

Die übergroßen Wohlthaten, mit welchen er die Kirche überschüttet hat, sind ihm, wie wir sahen, von dieser nicht gedankt worden und haben sein Bild überdies in den Augen der Nachwelt verdunkelt, in deren

---

[1] Vgl. Gibbon, a. a. O. S. 44 ff.

Mitte sich die Zweckmäßigkeit dieser Zuwendungen überlebt hatte. Da die Kirche schon damals nicht ungefährlich war und der friedfertige Kaiser die Schwäche besaß, den Frieden von seinen Gegnern lieber zu erkaufen als zu ertrotzen, so kann seine übergroße Freigebigkeit nach dieser Richtung ihm nicht als Ruhmestitel dienen.

Andererseits verdient er aber auch nicht den herben Tadel, durch welchen die Erinnerung an ihn entstellt zu werden pflegt. Der Kampf wider die Aufrichtigkeit, welchen Justinian als Kind seiner Zeit dadurch führte, daß er die Athenische Philosophenschule zur Freude der Geistlichkeit schloß,[1] hatte einen Geist der Lüge begünstigt, der an des Kaisers eigenem Andenken seine Macht bethätigen sollte. Der doppelzüngige Lobredner des Kaisers, Procop, schrieb eine Geheimgeschichte, welche dessen öffentliche Verherrlichung entwerthet, ohne damit den verborgenen Tadel glaubwürdig zu machen.[2] Der Umstand, daß Justinian ein Gegner germanischer Helden war, hat seinem überaus ungermanischen Biographen auf dem Boden unseres Vaterlandes mehr Anerkennung verschafft, als er verdiente. Allein auch von der Hauptstadt des Nachbarreichs her wandelt in unsern Tagen ein abschreckendes Zerrbild des wohlmeinenden Herrschers über die Bühnen Europas.

In einem solchen Augenblicke ist es nicht unzeitgemäß, die Vorzüge eines Mannes hervorzuheben, in dessen Gedankenwelt der bedrängte deutsche Fürst am Ende des Mittelalters eine Bundesgenossin fand, welche die Noth des Faustrechts und die Schrecken des Bauernkrieges bändigte, ja dessen Schaffen den Gesetzbüchern aller gesitteten Staaten unvertilgbare Spuren aufgedrückt hat. Wir müssen hierbei vor allem auch die Gesetzeswerke reden lassen, welche ihm nachfolgten; denn Procop kann gelogen haben, des Kaisers Anordnungen vermögen aber über seine Denkart nicht zu täuschen.

Justinian brachte in die Hauptstadt die frische Empfänglichkeit des Bauernsohnes mit sich, welcher alle Veranlassung hatte, mit den unerwarteten Wendungen des irdischen Glückes zufrieden zu sein. Justinians Onkel Justinus, welcher ebenso schreibensunkundig war, wie sein Nebenbuhler Theodorich, war mit dem Sack auf der Schulter in die Haupt-

---

[1] Vgl. Gibbon, a. a. O. S. 121. v. Ranke, Weltgeschichte IV, 2. S. 3 ff.
[2] Vgl. jetzt übrigens Ranke, Weltgeschichte, a. a. O. S. 305 ff.

stadt gekommen und hatte sich durch Kriegsdienste schließlich auf den Herrscherthron geschwungen. In der Nähe der jetzigen Hauptstadt Bulgariens erblickte Justinian unter den bescheidensten Verhältnissen das Licht der Welt.

Man vermuthet neuerdings, daß er ein Slawe war.[1] Die Namen seiner Eltern: Istock und Bigleniza, stellen außer Zweifel, daß der Verfasser des Weltgesetzbuchs jedenfalls keiner römischen Familie entstammt. Das Evangelium hatte die Welt so weit umgestaltet, daß ein Mann seines Standes nicht durch Kriegsdienst, sondern durch seine hoch gerühmte Liebenswürdigkeit und juristische Tüchtigkeit den Thron erlangte.

Für den Glanz dieses Thrones war er durchaus nicht unempfänglich. Auch er rühmt sich in altrömischer Art seiner Triumphe, aber unrömisch war der Zusatz, daß er sie nicht für ein Ergebniß eigener Kraftentfaltung, sondern für ein Geschenk des Höchsten halte, eine Bemerkung, gegen welche übrigens auch ein alter Römer nichts eingewendet haben würde; denn die Siegeslorbeeren des Kaisers Justinian wurden grundsätzlich in seiner Abwesenheit durch den treuherzigen Helden Belisar und den verschlagenen Eunuchen Narses gepflückt.

Im Uebrigen war die Demuth des Kaisers eine aufrichtige. Die Wahl der Braut gilt bekanntlich als die beste Charakterprobe, und nicht blos die Eheschließung mit der Tochter des Bärenführers Acacius aus Cypern, welche früher im Circus Pferde gehalten hatte und als Schauspielerin ehrlos gewesen war, bewies den demüthigen Sinn des Herrschers, sondern mehr noch die zärtliche Verehrung, welche er seiner Gattin entgegentrug. Diese verdankte ihrer wilden Vergangenheit eine ungewöhnliche Nichtachtung der Gefahr und eine ebenso große Kenntniß der menschlichen Schwächen, zwei unzarte, aber für den gefährdeten Herrscherthron werthvolle Eigenschaften, welche dem weichherzigen Gatten die aufrichtigste Bewunderung einflößten, ja sogar in einer verzweiflungsvollen Lage ihn und seine Getreuen zu neuer Kampffreudigkeit aufrüttelten.[2]

An der Weichherzigkeit Justinians darf uns seine Grausamkeit

---

[1] Vgl. Ranke, a. a. O. S. 8.
[2] Vgl. Gibbon, a. a. O. S. 70.

wider die Aufrührer nicht irre machen. Der schwanke Thron eines Kaisers, welchem die Erblichkeit seines Rechts fehlte, war ohne ungewöhnliche Mittel der Nothwehr kaum zu halten.

Am Besten erkennt man die Milde des Kaisers aus dem Tone seiner Erlasse. Eine beinahe naive Freude durchleuchtet seinen Bericht, sobald er auseinandersetzt, wie mangelhaft die Vortheile waren, welche das alte Recht seinen Unterthanen gewährte, und wie herrlich weit er selbst es als Wohlthäter des Volks gebracht hat. Mit Bedauern erwähnte er, daß man den jungen Studenten der Rechtswissenschaft einen Spottnamen anhing. Man nannte sie „Zweipfünder" nach dem Gewichte ihres Wissens. Dafür giebt er ihnen zum Troste seinen eigenen Namen, so daß jeder Jünger der Themis im Anfange seines Studiums ein „neuer Justinian" heißen sollte. Mit Sorgfalt streicht er veraltete Ausdrücke, indem er als echter Menschenkenner bemerkt, daß die Gemüther junger Leute durch die Besorgniß, etwas Unnöthiges lernen zu müssen, von der Wissenschaft abgeschreckt werden können. Daß er die Berufsarbeit des Juristen durch Vereinfachung erleichtert habe, ist ein Selbstlob, dessen er nicht müde wird. Ueberall bemüht er sich, sie nicht blos den Bedürfnissen seiner Beamten, sondern auch denjenigen seiner Unterthanen anzupassen.

Eine werthvolle Ueberwindung der Ulpianischen Lehre vom „Lohne und Zwange" ist der Ausspruch Justinians, er würde unverzeihlich handeln, wenn er nicht die göttliche Milde so viel als möglich nachahmte und die Schwächen seiner reuigen Unterthanen durch Nachsicht zur Besserung hinüberführte.[1]

Vor einigen Jahren pflegte ein Beifallssturm das Theater der Porte St. Martin in Paris zu durchrauschen, wenn der Darsteller Justinians stieren Blicks den Truppen zurief: „Sclaven, wollt Ihr nicht für Euern Herrn sterben!" Diese eindruckvollste Stelle in Sardous Theodora beruht jedoch sicherlich nicht auf einem Studium der Justinianischen Gesetze. Sie widerstrebt durchaus dem Tone milden Wohlwollens, welchen der Herrscher durchweg gegenüber seinen Unterthanen anschlägt. Die Mönche werden immer mit dem Beiworte der „sehr frommen Klosterbrüder" benannt, bei der Erwähnung des Bischofs wird

[1] Vgl. c. 23. pr. Cod. de nuptiis 5, 3.

niemals ein Beiwort vergessen, das ihn als „Gott überaus theuer" oder als „im höchsten Grade Gott liebend" bezeichnet.[1] Aber selbst die Benennung der gewöhnlichen Proceßpartei erhält einen gnädigen Zusatz. Zwei Frauen, welche Maria heißen, werden z. B. vom Kaiser als die beiden „ruhmreichen Marien" bezeichnet.[2]

Ueberhaupt kennt Justinian kein höheres Streben, als den Schutz der weiblichen Würde, ein Charakterzug, welcher zu der Vermuthung seiner slawischen Abkunft sehr wohl passen würde. Während die Unzartheiten des heidnischen Roms selbst den Schriften der Juristen ihre Spuren aufgedrückt haben,[3] weht jetzt ein anderer Wind.

Des Kaisers Frau, deren Bild die Geistlichkeit in Ravenna zur Verzierung des Gotteshauses für geeignet hielt', hat sicherlich auf dem Throne den früheren Lebenswandel nicht nur nicht fortgesetzt, sondern geradezu auszugleichen gesucht. Wir erfahren, daß sie mit Vorliebe Ehen stiftete und in jeder Weise ein geordnetes Familienleben begünstigte, dessen Werth zu erkennen ihr der Rückblick auf die frühere Lebensweise eine ganz besondere Veranlassung gegeben haben mag. Daß ihr großer Einfluß auf den Gatten zum Theile die außerordentlichen Bemühungen erklärt, welche dieser zu Gunsten des weiblichen Geschlechtes bethätigt hat, kann wohl nicht zweifelhaft sein. Justinian lebt sich in die Rolle des Beschützers der weiblichen Würde so sehr hinein, daß er in Entrüstung geräth, sobald er von den Völkern spricht, bei welchen sich die Männer ihre Frauen käuflich erwerben.[4] In seinen Gesetzen hat er aber für die Frau so sehr gesorgt, daß man ihn den „gesetzgeberischen Pantoffelheld" (legislator uxorius) genannt hat.[5]

Die in unserm Vaterlande neuerdings geplante Verleihung der „elterlichen Gewalt" an die Mutter, ist eine Rechtsfortbildung, deren Vorahnung den Kaiser Justinian mit hoher Befriedigung erfüllt haben würde.

Woher aber dieser demuthsvolle Mann zu seinen weltbewegenden

---

[1] Vgl. nov. 83.

[2] Vgl. nov. 159. cap. 2.

[3] Vgl. z. B. l. 1 § 3 dig. de just. et jure 1, 1. l. 43 § 2. dig. de ritu nuptiarum 23, 2; l. 27, § 1. dig. de her. pet. 5, 3.

[4] Vgl. praef. nov. 21. Dernburg, Pandekten III. § 131.

[5] Vgl. Padelletti, a. a. O. Cap. 58.

Schöpfungen den erforderlichen Antrieb erhielt, das vermögen nicht seine Gesetze zu erklären, sondern nur die allgemeinen Zeitverhältnisse, unter deren Druck sie entstanden.

## § 50. Justinians politische Stellung.

Als ein Neuling trat Justinian in die Hauptstadt des Reichs, gleichsam aus einer andern Welt. Seine Eltern waren durch ihre Unwissenheit außer Stande gewesen, ihn zu bilden, aber darum konnten sie ihm auch nicht die herrschenden Vorurtheile einflößen. Mit unbefangenem Blicke konnte er selbst die Richtung seiner Lebenswege bestimmen.

Von allen Ständen scheinen ihn die reichen Familien der Hauptstadt am Wenigsten angezogen zu haben. Die grundsätzliche Begünstigung der Armen und Schwachen im neuen Reiche hatte den Uebermuth der Mächtigen nicht gebeugt, welche bei der Loslösung des Hofes von dem römischen Boden die edle Patriciergesinnung völlig verloren zu haben scheinen. Die reichen Circusreiter der Hauptstadt waren ein verschlimmertes Nachbild der Freunde des Commodus, sie waren im Stande, den Sieg der feindlichen Farbe als Veranlassung eines blutigen Aufstandes zu betrachten. Wenn er selbst diese Partei nicht durchschaut hätte, so würde er von seiner ehelichen Beratherin die eingehendste Auskunft über ihre Denkart haben erlangen können.

Diesen gegenüber stand nur die priesterliche Partei mit ihrer Vorliebe für das mosaische Recht und dem Anhange der Armen, welche für ihre Wohlthäter durch das Feuer gingen, und daneben die gelehrten Schöngeister, welche von römischen Erfahrungen und alexandrinischer Wissenschaft nicht abließen und aus deren Mitte die tüchtigsten Staatsbeamten herrührten.

In Justinians Person vereinten sich diese beiden sonst feindlichen Strömungen. Als Bauernsohn und gläubiger Christ hing er an der Priesterpartei, als Neffe des Kaiser und praktischer Jurist wußte er die Gelehrten und die Schriften, aus denen sie schöpften, zu schätzen.

Unter diesen Bildungsfreunden ragte der spätere Minister und Leiter des Gesetzgebungswerkes Tribonian hervor, ein vielseitiger Schriftsteller, der über Astronomie ebenso zu schreiben wußte wie über hellenische Dichtung und nicht nur als Staatsmann von höchster Nützlichkeit war, sondern sich auch als Hofpoet angenehm zu machen wußte. Gibbon vergleicht den vielseitigen Mann mit Bacon, auch hinsichtlich des Vorwurfs der Bestechlichkeit, welcher beiden nicht erspart blieb.[1]

Es war sicherlich keine geringe Aufgabe, zwischen den heidnischen Nachwirkungen und der starken christlichen Bewegung als Vermittler aufzutreten, und doch gelang es Justinian, der Träger einer solchen Richtung zu werden. Bezeichnend ist, daß er in seinem Rechtsbuche an die Stelle der heidnischen „natura" die göttliche Verehrung setzte, in ähnlicher Weise wie man die alten Götterbilder in Heilige umgewandelt hatte. Also blieb auch bei ihm die Verehrung zu dem umgestalteten Sinnbilde göttlicher Gnade unter dessen neuem Namen bestehen.

Diese vermittelnde Richtung war nur durchführbar, wenn beiden Theilen Zugeständnisse abgezwungen wurden. Die hellenische Partei verlor die athenische Hochschule und diejenigen Bestandtheile der römischen Rechtslitteratur, welche nicht in das neue Gesetzbuch hineingelassen wurden. Die priesterliche Partei verlor ihre Hoffnung, das mosaische Recht zum allein zulässigen gemacht zu sehen, und wurde mit irdischen Gütern reichlich abgefunden.

Nur so kann man es erklären, warum Justinian Veranlassung nahm, gleich im Beginne seiner Kaisergesetzsammlung mit besonderer Schärfe sich gegen das Judenthum zu kehren, welches geduldet und überdies ohne erheblichen Einfluß war. Von den Leugnern der Wunder des neuen Testaments heißt es wiederholt, daß sie in „verwerflicher und jüdischer Art"[2] reden. Im Munde des Urhebers eines Werks, welches gegen das Vordringen des mosaischen Rechts einen Riesendamm aufthürmte, kann eine solche Sprache nicht wunderbar erscheinen.

Ein unbedingter Gegner war der Kaiser nur gegenüber den mächtigen Großen des Reiches, welche als die Herren bedeutender Sclavenheere und als Pfleger körperlicher Gewandtheit und Willenskraft im Schutze althergebrachter Rechtssätze den Glanz ihrer Familien noch immer wahrten. Diese feindselige Gesinnung ist seinem großen Werke

[1] Vgl. Gibbon, a. a. O. S. 373. 374.

[2] Vgl. c. 8. § 21. Cod. de summa trinitate 1, 1.

in unverkennbarer Weise aufgeprägt. Sie richtet sich gegen die Ueberreste des alten Geschlechterstaats und trifft die Gewalt der Hausherren in mehr als einer Hinsicht noch weit tödtlicher, als es schon das frühere Recht gethan hatte. Daß das neue Gesetzbuch überdies mit einer Menge althergebrachter Vorrechte aufgeräumt haben muß, ist gewiß, und die Bemerkung des Kaisers, er wolle nicht gänzlich als ein Verächter des Althergebrachten dastehen, verräth ein unruhiges Gewissen.[1]

Der blutige Aufstand, welcher den Kaiser mitten in seiner Gesetzgebungsarbeit störte, giebt zu denken. Neben dem nichtigen Vorwand, den er zum Deckmantel nahm, vielleicht um die ärmere Masse mit in den Kampf hineinzuziehen, mag er wohl noch tiefere Gründe gehabt haben. Wenigstens fehlte es nicht an solchen für die Großen, welche althergebrachte Rechte schützen wollten.

## § 51. Die Form des Weltrechts.

Den Inhalt der Gesetze des Kaisers erklären die politischen Verhältnisse seiner Zeit, die merkwürdige Form seiner Rechtssammlung ist nur aus einer Betrachtung der Juristenwelt des byzantinischen Reiches zu begreifen. An sie, nicht an die Masse wendet sich der Kaiser. Allerdings ist der entgegengesetzte Grundsatz von Valentinian und Marcian ausgesprochen,[2] auch zur Kritik des Entwurfs eines bürgerlichen Gesetzbuchs für das deutsche Reich verwendet worden,[3] allein Justinian hat ihn wohl anerkannt, nicht aber danach gehandelt. Daß der byzantinische Kleinbürger sich in dem Gesetzeswerke zurecht gefunden hat, an dessen Auslegung sich seit Jahrhunderten der Verstand der Verständigen abmüht, ist unglaublich, und wir können auch nicht glauben, daß Männer von der Bedeutung Justinians und Tribonians dies erwartet haben.

Es steht fest, daß die große Unwissenheit der Rechtslehrer und der Beamten einen Hauptanstoß zu Justinians Werk gab. Diesen Uebelstand aus Gewissenlosigkeit zu erklären, liegt nahe, allein diese wohlfeile Erklärung kann nicht befriedigen.

---

[1] Vgl. c. 22. § 13. Cod. de jure deliberandi 6, 30. Kuntze, a. a. O. § 966.

[2] Vgl. c. 9. Cod. de legibus I, 14.

[3] Vgl. Dr. Ludwig Goldschmidt, Kritische Erörterungen zum Entwurf eines bürgerlichen Gesetzbuchs. Leipzig, 1889. S. 9.

Vielmehr war es die große wirthschaftliche und geistige Verarmung des Volkes, welche einerseits die Menschheitseinigung erleichterte, andererseits aber die Rechtspflege auf einen niedern Standpunkt zu sich herabzog. Die Rechtskenntniß ist dem Volke nicht angeboren. Es erlangt sie nur, wenn es ein Lernbedürfniß hatte und geeignete Lehrer findet; beides war aber damals nicht der Fall. In den öden Reichsprovinzen waren die römischen Anweisungen zur rechtlichen Behandlung eines blühenden Verkehrslebens nur Caviar für's Volk. Auch fehlte es an einer Vermittelung zwischen ihren Quellen und den Reichsunterthanen. Nicht ohne schweren Schaden hatten sich die Rechtspflege und die Religion getrennt. Die neuen Priester wollten von der heidnischen Weisheit nichts wissen, sie erzogen die Menschheit entweder für den Himmel oder für die entschwundenen Rechtszustände Palästinas. Wenn aber das Volk das Recht nicht mehr kennt, so wird auch der Richter allmählich gezwungen, es unbeachtet zu lassen. Ein Richter welcher aus unbekannten Büchern überraschende Urteile schöpft, ist kein Landpfleger, sondern eine Landplage. Es ist hart, durch Urtheilssprüche Vorschriften anzuwenden, auf welche der von ihnen betroffene Volksgenosse sich bei dem besten Willen nicht gefaßt machen konnte. Die wirthschaftlichen Folgen der Rechtsunwissenheit und Noth waren aber um so trauriger, als mit dem Handel auch die Großgrundbesitzer ihr Absatzgebiet verloren; weite Strecken lagen wüst und die Hungersnöthe mehrten sich. Hätte man nicht die ungeheuern Besitzungen mit Leibeigenen bevölkert, so wäre ihre Nährkraft gänzlich verloren gegangen. Die Menschheit sehnte sich um so mehr nach dem Jenseits, als sie nicht mehr von ihren Priestern lernte, wie sie sich im Diesseits verhalten sollte, und zahlreiche Visionen, die unvermeidliche Folge einer Verbindung von entkräftendem Hunger und grübelnder Denkthätigkeit, schienen die Nichtigkeit der Erdenwelt zu bestärken.

Diese geistige Verarmung erleichterte jedoch dem Staate in hohem Grade seine Aufgabe, mit den vielen Provinzialrechten aufzuräumen. So fanden die Kaiser freie Bahn, um allmählich die Gedanken des römischen Rechts auch den Provinzen als ein neues Lebensblut einzuflößen.[1] Wenn man über die Kümmerlichkeit der Rechtssammlungen

---

[1] Vgl. z. B. nov. 21.

klagt, welche sich damals bildeten, so übersieht man, daß sie nicht Ueberreste einer versinkenden Rechtskenntniß sind, sondern die ersten Anläufe zu einem neuen gewaltigen Unternehmen, der Verbreitung des römischen Rechts über die außeritalische Welt. Natürlich mußte die neue Nahrung der geringen Verdauungskraft des Zöglings angepaßt und ihm in kleinen Dosen allmählich beigebracht werden. Dabei lebten die alten Provinzialrechte doch noch fort und vereinten sich mit den zuströmenden römischen Sätzen zu seltsamen Rechtszuständen, von denen uns das syrische Rechtsbuch des fünften Jahrhunderts ein anschauliches Beispiel giebt.[1] Wie Deutschland das römische Recht nur allmählich aufnahm, so auch das außeritalische byzantinische Reich. Auch hier spielen die Universitäten eine große Rolle. Aber wir erfahren, daß der geistige Gesichtskreis der Rechtslehrer gering war. Selbständige Schriftstellerei auf heidnischer Grundlage war lebensgefährlich, der römische Stoff war von überwältigendem Umfange, durch Unkenntniß des Volkes unanwendbar geworden und mit religiösen Zuthaten der verpönten Lehre vermengt. Nur einige römische Schriftsteller hatten gesetzliche Autorität erlangt, aber auch diese beherrschte Niemand, der Rest schimmelte in den Bibliotheken.

Die Rechtspflege hatte inzwischen die volle Langweiligkeit und Schwerfälligkeit erlangt, welche überall eintritt, wo ein unwissender Richterstand auf dem Boden unbekannter Vorschriften thätig wird. Justinian kannte diese Uebelstände und erstrebte ihre Heilung nach einem Plane, der schon dem zweiten Theodosius vorgeschwebt hatte. Aus der Masse der altrömischen Litteratur sollte ein brauchbarer Ueberrest herausgeschnitten und in einem Gesetzbuch zusammengestellt werden. Die Lösung dieser Aufgabe sind Justinians Pandekten.

Jede geschichtliche Arbeit zerfällt bekanntlich in drei Haupttheile: Stoffsammlung, Ordnung, Verarbeitung. Von diesen drei Arbeiten ist eigentlich nur die erste gelöst worden, an den andern haben später Jahrhunderte weiter gearbeitet und auch heutzutage hält man diese Arbeit noch nicht für völlig abgeschlossen.

In einer unverkennbaren Eile, welche sich aus den politischen Verhältnissen erklären läßt, sammelte man Auszüge, welche von Advocaten

[1] Vgl. Bruns und Sachau, Syrisch-römisches Rechtsbuch aus dem fünften Jahrhundert. Leipzig, 1888.

und Professoren gemacht waren. Jene mochten wohl dazu berufen sein, das Veraltete zu tilgen, diese dazu, dasjenige zu retten, was man zum Verständnisse des Fortlebenden brauchte.

Diese Auszüge sind nicht verarbeitet, sondern — abgesehen von kleinen Aenderungen — wörtlich mitgetheilt. Justinians Pandekten sind also keine Darstellung des erhaltenen Weltrechts der heidnischen Zeit, sondern nur schätzbares Material zu einer solchen, eine halbe Arbeit, welche nach einem bekannten Worte nur von Einsichtigen gewürdigt werden kann.

Wenn man aber die Frage aufwirft, warum man nicht auch das Gesammelte umgestaltet hat, so erklärt sich dies wohl am Besten dadurch, daß die Kräfte der Sammler hierzu nicht ausreichten. Sie hatten das Werk des Ausziehens gruppenweise besorgt; das Ganze übersah keiner von ihnen, es war zu gewaltig. Jahrhunderte lang hat in späterer Zeit der Westen diese Arbeit vergeblich unternommen, bis sie endlich einigermaßen gelang; wie hätte wohl Tribonian mit seinen Gehülfen sie vollführen können?

Darum ist auch die Ordnung der Sammlung so überaus mangelhaft. Hadrians Edict gab hier ein Vorbild für die Bücher und die Titel, bei denen auch Ueberschriften von Monographien benutzt worden sein mögen. Innerhalb der Titel sind aber die einzelnen Bruchstücke so durcheinander geworfen, daß man an den Inhalt eines Möbelwagens erinnert wird, auf welchen bei einer Feuersbrunst mit Eile die verschiedensten Dinge durcheinander geworfen sind.

Tribonian war sicherlich kein Systematiker, ein Mangel, welchen wir bei schöpferischen Geistern häufig finden; der eigene Ideenfluß hemmt leicht die Geduld zur ungestörten Betrachtung fremder Gedankenmassen. Auch kann Niemand einen Stoff ordnen, den er nicht völlig übersehen kann. Tribonian mußte sich sagen, daß weit eher eine Räthselsammlung als ein Gesetzbuch geschaffen war. Aber in überaus geistvoller Weise gab er einen Schlüssel zu dem geheimnißvollen Sinne des Ganzen. Er vermerkte bei jeder Stelle, aus welchem Werke sie genommen war. Nun konnte er gewiß sein, daß die Rechtslehrer, welche das Werk auslegen mußten, zum Verständnisse der aus dem Zusammenhange gerissenen Stellen zu den Büchern greifen würden, aus welchen sie genommen waren, ein vortrefflicher Hebel zur Rechtsgelehrsamkeit

Man scheint jedoch befürchtet zu haben, daß die absichtlich geschaffene Unbequemlichkeit eines solchen Verfahrens bald abgewälzt werden könnte und der Gedankenreichthum der Sammlung im Geiste jener Zeit bald in kleine Auszüge zusammenschrumpfen würde. Darum verbot man auch jede freie wissenschaftliche Behandlung und verstopfte somit einen Hauptcanal, durch welchen der Inhalt des Werks allenfalls in die Massen hätte dringen können.

Darum hat sich das Gesetzbuch aber auch niemals in das Volk eingelebt. Vergeblich übersetzte man es ins Griechische; man machte Auszüge aus Auszügen, schließlich blieb ein kleines Büchlein übrig (der „Harmenopulus"), das noch jetzt in Griechenland als Gesetz gilt.[1]

Wo der Verkehr daniederliegt, da zerbricht man sich über seinen Schutz nicht den Kopf; wo die freie Wissenschaft fehlt, da gebricht es an der unentbehrlichsten Beihilfe zum Rechtsunterrichte, und wo endlich ein formloses Verfahren die höhere Instanz außer Stand setzt, die untere genau zu beaufsichtigen, da fehlt der gehörige Nachdruck zur gewissenhaften Beachtung des geschriebenen Worts.

Erst der italienische Handel des Mittelalters, die Freiheit der Bologneser Hochschule und der päpstliche Prozeß haben das schwere Werk vollbracht, den von Tribonian gesammelten Gedankenreichthum zum vollen Leben zu entwickeln.

Freilich war die Arbeit dort eine viel schwierigere geworden, und ist es noch jetzt. Der Schlüssel der Pandektenräthsel, der Inhalt der byzantinischen Bibliotheken ist verbrannt. Wo der Professor des Ostreichs nachschlug, da müssen wir Vermuthungen anstellen. Hierdurch vornehmlich hat unsere Wissenschaft die ganz unnatürliche Schwierigkeit ihrer richtigen Behandlung erlangt.

Aber auch dieser Uebelstand war nicht ohne Werth. Die Mühen, welche die Aufgaben der Rechtspflege veranlaßten, gaben ihren Hilfswissenschaften, der Philologie und der Philosophie, einen mächtigen Anstoß und eine segensreiche Blüthe.[2]

So ist denn auch die mit Recht oft beklagte mangelhafte Form der Sammlung Justinians nicht ohne Vortheil für die Menschheit geblieben.

---

[1] Vgl. Rudorff, römische Rechtsgeschichte. Bd. 1. § 130. Anm. 9 u. 10.

[2] Vgl. Leonhard, die Universität Bologna im Mittelalter. Leipzig, 1888. S. 36. ff.

## § 52. Familienbund, Weltstadt und Weltreich.

Drei Culturschichten hatten sich über einander gelagert und gaben dem Gesetzbuche der Welt seine Grundlage. Zuerst schuf das altrömische Recht einen Geschlechterstaat, der die sittlichen Grundbedingungen der Rechtsbildung auf das Schärfste ausprägte. Sodann errichteten die bevorzugten Geister der ganzen Menschheit den Bau des heidnischen Kaiserrechts, der den höchsten Gedankenreichthum in sich schloß. Endlich schaffte das christliche Weltrecht Klarheit und Gerechtigkeit in diesen Bau hinein, indem es seinen Inhalt vereinfachte und auch den Mühseligen und Beladenen einen Eintritt in seine Schutzmauern gewährte.

Diese Eigenart der drei Perioden beschränkt sich nicht auf das Rechtsgebiet; in allen Zweigen des Geisteslebens tritt sie hervor. Wie die rechtlichen Zustände sich wandelten, so änderten sich auch die sittlichen Anschauungen.

Der alten Zeit galten Sittenstrenge und Zuverlässigkeit als die höchsten Tugenden; Gedankenreichthum und Gefühlsverfeinerung sind das Ziel der zweiten Periode; die ausnahmslose Menschenliebe und Menschenwürde hat jedoch erst die dritte zu ihrem Grundgedanken gemacht.

Selbst in äußerlichen Dingen prägte sich die Eigenart dieser drei Epochen aus. Zur Zeit des Geschlechterbundes stand das Herrenhaus inmitten des väterlichen Gutes, die Kaiserzeit stellt den von Gold und Marmor strahlenden Palast neben die baufällige Miethskaserne, welche dem Einsturze entgegenschwankt, als zwei anschauliche Bilder des Gegensatzes der Honestiores und der Humiliores. Das byzantinische Reich spannt über die geeinte Menschheit das ehrwürdige Haus, in welchem nur eine Gottesverehrung gilt.

Im Unterrichtswesen zeigt sich der gleiche Gegensatz. Ursprünglich liegt die Erziehung im Hause, später sammeln sich die Bevorzugten um die Weltweisen von Athen und Alexandria, während die verdummten ägyptischen Bauernmassen sich in der Nähe der Weltuniversität gegenseitig die Köpfe einschlagen in Veranlassung der Frage, ob dem Ibis vor der Katze der Vorrang gebührt.[1] Auch hier schafft das ein-

[1] Vgl. Mommsen, röm. Geschichte. Bd. 5. S. 580.

heitliche byzantinische Schulwesen einen Ausgleich der allzu schroffen Bildungsgegensätze.

Noch auf vielen andern Gebieten läßt sich der gleiche Gedanke durchführen. Doch wollen wir zum Rechte zurückkehren und nochmals daran erinnern, welches wichtige Vorbild das Ostreich unserm Beamtenthum geworden ist. Selbst an den Namen unserer Aemter erkennen wir seinen Einfluß. So hatte z. B. der Oberstkämmerer jedenfalls darum in Byzanz eine besonders bevorzugte Stellung, weil die Schlafkammer des Herrschers der Schauplatz war, auf welchem sich die Palastrevolutionen vollendeten.

Eine feste Ordnung der Titel und Würden entstand und mit ihr die Rangliste. Daß auch sie dem Ordnungsbedürfnisse und der Nothwendigkeit einer äußeren Veranschaulichung der thatsächlichen Machtverhältnisse dienlich ist, ist mit Unrecht oft genug bezweifelt worden. Die Vergeßlichkeit und Unachtsamkeit der Menschen verlangt auf wichtige Dinge in sinnfälliger Weise aufmerksam gemacht zu werden.

Insbesondere aber liegen im Ostreiche die Vorbilder unseres vortrefflichen Subalternbeamtenthums. Vergleichen wir unser heutiges Bureau-, Kanzlei- und Botenwesen mit den meisterhaften Schilderungen derselben Zustände im byzantinischen Reiche bei Bethmann-Hollweg,[1] so können wir nicht zweifeln, daß im letzteren die Wurzeln dieses wichtigen Staatszweiges liegen. Indem der Sklave und der räuberische Zollpächter durch ein zuverlässiges Unterpersonal ersetzt wurde, welches auch den Aermeren in seine Mitte aufnahm, wurde nach zwei Seiten hin die Hauptaufgabe des Reiches Constantins, die Herstellung eines menschenwürdigen Daseins für die unteren Klassen, in glücklicher Weise gelöst.

Ehe wir uns dem Privatrechte zuwenden, wollen wir noch hervorheben, in welcher Weise die Gesetzgebung dieser Epoche sich zu derjenigen früherer Zeiten verhält.

Wenn die zwölf Tafeln klar und schroff waren, wie die Menschen, zu denen sie redeten, wenn die Schriften der juristischen Denker des Kaiserthums sich an einen auserwählten Kreis wenden, so will jetzt der Kaiser zu einem nach Abstammung und Bildung überaus gemischten Volke reden. Es gelingt ihm dies aber nicht, weil das Fehlen der

[1] Vgl. a. a. O. Bd. III. S. 133 ff.

freien Wissenschaft und des aus ihr erzeugten Lehrerstandes die Volksbildung nicht über einen ziemlich niedrigen Grad emporsteigen läßt. Soweit die Gesetzgebung ältere Schöpfungen sammelt, wird sie unwillkürlich dunkel und widerspruchsvoll, weil sie das Geeinte nicht völlig beherrscht, so weit sie aber Neues schafft, strahlt sie die volle kaiserliche Macht aus und schafft Ordnung und Einheit in der bisher zersplitterten Menschheit. Der Inhalt der neuen Schöpfungen mag zum Theile aus den verschiedensten Sonderrechten des Reiches entlehnt worden sein. So wissen wir aus dem erwähnten Rechtsbuche Syriens, daß auch in dieser Zeit vielfach aus der genannten Provinz juristische Gedanken zum Kaiserthrone aufstiegen. Auch von Griechenland's Einflusse gilt dasselbe.[1] Die Einigung verschiedener Rechte, welche der römische Kaiser begonnen hatte, wurde sonach vom byzantinischen fortgesetzt, nur begnügte sich dieser nicht mit der Sammlung des überall Vorgefundenen, sondern scheut sich nicht, einen Einigungszwang auszuüben, und bemüht sich, alle seine Gesetze für die Ewigkeit zu schaffen und zu verkünden.

Der Grundzug des Gesetzesinhalts entspricht aber ebenfalls den Zeitverhältnissen, wie dessen Form. Eine andere Menschenklasse tritt in den Zielpunkt des Gesetzgebers und auch hier sind es die Bedürfnisse der Staatserhaltung, welche sich unabweislich geltend machen. Da die Völkerwanderung den Handel lähmte und es folgeweise an Geld fehlte, so konnte man den Schwerpunkt der Landesvertheidigung nicht mehr in die Söldnerheere legen. Darum machte man den Soldatenstand zu einer erblichen Kaste. Damit verloren aber auch die Reichen, deren Steuerkraft ohnehin mehr und mehr erlahmte, ihren überwiegenden Einfluß. Das Christenthum vertrieb auch hier die Wechsler aus dem Tempel des politischen Einflusses. Die Priesterschaft, welche allmächtig war, lenkte auch das Heer, und sie stützte sich vor allem auf die ärmere Masse, für deren Wohl sie sorgte.

Während also das Bild, welches dem altrömischen Gesetzgeber vorschwebte, das Haus des Landedelmanns war, während ferner der Jurist der Kaiserstadt für den Palast und die Miethskaserne arbeitete, ist jetzt

[1] Vgl. Zitelmann, Das Recht von Gortyn, herausgegeben und erläutert von Franz Bücheler nnd Ernst Zitelmann. Frankfurt a. M., 1885. S. 115. 135 u. sonst.

das friedliche Dasein des bescheidenen Kleinbürgers der Hauptgegenstand staatlicher Fürsorge. Nirgends zeigt sich dies so sehr wie in dem Familienrechte dieser Periode.

## § 53. Das byzantinische Haus.[1]

Wo der Antheil des Bürgers am öffentlichen Leben erlahmt, da wendet sich das Maß des uneigennützigen Empfindens, dessen er fähig ist, mit besonderer Stärke dem häuslichen Heerde zu, und die nach außen hin gehemmte Kraft vertieft das Gefühl, welches er seiner nächsten Umgebung widmet.

So erklärt es sich, daß die byzantinische Familie, ebenso wie jetzt die russische, es an Herzenswärme nicht fehlen läßt, und daß auch die Gesetzgebung diesem Umstande Ausdruck giebt. Die Umwandlung der altrömischen häuslichen Strenge in die sanfte Milde des deutschen Hauses ist auf dem Boden unseres Vaterlandes nur vollendet, nicht neu geschaffen worden. Die Anbahnung dieser Richtung ist ein klar erkennbarer Grundzug der byzantinischen, zum Theil schon der römischen Rechtsgeschichte.

In der Stellung der Frau bewährte sich zu Justinians Zeit, wie zu derjenigen des Kaisers Septimius, das Wort, daß dem Haupte die Glieder entsprechen. Wie Theodora an Einfluß auf den Gatten die Kaiserin Julia Domna noch überbot, so sorgte ihr Gatte dafür, daß auch im Privathause die letzten Spuren an die Hausabhängigkeit der altrömischen Matrone verschwanden.

Das Heirathsgut der Frau wird zwar noch jetzt nicht als ihr Eigenthum bezeichnet, allein Justinian meint, das sei nur eine juristische Redeweise, vom natürlichen Standpunkte müsse die Frau als Herrin gelten, also der Mann als ein bloßer Verwalter. In der That wurden die Herrschaftsrechte des Mannes an der Mitgift arg verkümmert. Auch bewegliche Sachen durfte er nicht mehr veräußern, weil die Frau sie zurückverlangen konnte. Seine Schulden aber können ihr das Ehegut darum nicht rauben, weil ein Pfandprivileg sie wider die Gläubiger des Mannes schützt.

---

[1] Vgl. Kuntze a. a. O. § 975 ff.

Aber mehr noch als für die begüterte Gattin sorgt der Kaiser für die arme. Seine eigene Ehe mußte ihn hierzu anregen. Eine Vorschrift, welche zweifellos dazu beitrug, die Geldheirathen zu mindern, war der merkwürdige Satz, daß der Mann bei dem Tode der Frau die Mitgift seinem Schwiegervater unverkürzt zurückgeben muß, ohne auch nur Erziehungsgelder für seine Kinder zurückbehalten zu dürfen. Während früher die arme Frau während der Ehe keine Wittwenversorgung erhalten konnte und nach dem Tode kein Pflichttheilsrecht besaß, somit also von der Gnade ihres Gatten in hohem Grade abhing, gewährt jetzt Justinian der Gattin Erwerbsrechte aus gewissen Schenkungen des Mannes und der unversorgten Wittwe einen Notherbrechtsanspruch.

Daß in dieser Zeit besonders hohe Scheidungs- und Wiederverheirathungsstrafen die Würde des Weibes zu wahren suchten, entspricht durchaus der christlichen Gesetzgebungspolitik. Dieser entstammt auch das Streben, die Lage der Concubinenkinder zu bessern und namentlich es zu ermöglichen, daß die Ehe mit der Mutter den Makel solcher Sprößlinge durch den Mantel christlicher Liebe verdecken kann. Freilich beweist eine sonderbare Vorschrift Justinians,[1] welche er der „Schamhaftigkeit selbst" widmen zu müssen glaubte, daß damals nicht blos die Vergangenheit der Kaiserin, sondern auch das Vorleben mancher Damen der besten Gesellschaft einer schützenden Hülle dringend bedürftig war.

Daß die thatsächliche Macht der Kinder im Hause, welche schon zu Caracallas Zeit bestand, nunmehr auch die vollste reichliche Anerkennung fand, ist nicht verwunderlich. Die Möglichkeit eines freien Herrschaftskreises, welche unter den heidnischen Soldatenkaisern ein militärisches Vorrecht gewesen war, wird jetzt in einem ähnlichen Umfange auch andern Hauskindern gewährt, so daß der Sohn unter Umständen dem ärmeren Vater als der Mächtigere entgegentreten kann. Freilich bleibt als Regel dem Vater die Nutznießung am Kindeserwerbe, aber auch hier, wie bei der Frau und bei dem Mündel, wird der Schützling wider eine Mißwirthschaft des Schutzherren durch weitgehende Pfandrechte geschützt.

Während dem Vater die Erbeseinsetzung seiner Kinder nunmehr erleichtert wird, ist ihm die Enterbung erschwert. Der Richter darf

---

[1] Vgl. c. 5. § 1. Cod. ad. S. C. Orphit. 6, 57.

keine andern Enterbungsgründe mehr beachten, als solche, welche der Kaiser ihm vorschreibt. In dem gleichen Sinne wird der Pflichttheil erhöht und seine Einforderung vereinfacht und erleichtert. Der stillschweigenden Verkürzung einzelner Kinder, welche willensschwache Eltern in der Form allzu reichlicher Ausstattungen oder Schenkungen zu vollziehen pflegen, beugt das Recht dieser Zeit gleichfalls vor, indem es Geschwistern, die neben einander erben, eine weit reichende Ausgleichungspflicht auflegt, und erweist sich also auch hier als Freund der Bedrängten.

Dem Schutze eines innigen Familienlebens dient auch die neue Erbfolgeordnung Justinians, welche vorzugsweise das Elternhaus begünstigt. Leben die Eltern nicht mehr, so treten die nächsten Abkömmlinge an ihre Stelle, wie sie auch im Leben die Eltern zu ersetzen pflegen. Der Neffe ist bevorzugt, nicht aber sein Sohn, vermuthlich deshalb, weil Kinder eines Neffen in der Regel erst geboren werden, wenn die Eltern des Onkels todt sind, also auch nach damaligem Rechte nicht mehr in demselben Hause aufwachsen, in dem er lebt.

Für Ungleichheiten, welche den Kindern znm Besten des Familienglanzes auferlegt werden, hat der kaiserliche Sohn des schlichten bulgarischen Landmannes nicht das geringste Verständniß. Mit Kapitalien darf der Notherbe nicht mehr abgefunden werden, er kann verlangen, bei der Verwaltung und der Veräußerung eines jeden Nachlaßgrundstückes als Erbe mitzureden. So wird es schwer, das Gut in derselben Familie festzuhalten.

Diese Vorschrift Justinians richtete sich wahrscheinlich gegen die Großgrundbesitzer seiner Zeit und hat in Deutschland vielen Widerspruch gefunden, wie ja auch seine Beschränkung von Familienfideicommissen auf vier Geschlechter in unserem vaterländischen Rechte durchbrochen wurde. Oft genug konnte man in neuerer Zeit das Pflichttheilsrecht Justinians als eine Ausgeburt des „heidnisch-römischen" Rechts schelten hören, während es in Wahrheit eine Folge der byzantinisch-christlichen Politik war.

Als eine noch entschiedenere Feindseligkeit gegen den Adel mochte es aber empfunden werden, daß der Kaiser die Familie der Frau derjenigen des Mannes erbrechtlich den Kindern gegenüber völlig gleichstellte und überdies den Frauen volle Erbrechte gab. Auch die wesentliche Beschränkung der Adoption beweist, wie wenig der Kaiser den Wünschen alter Familien, ihren Glanz künstlich zu erhalten, entgegen kam. Alles dies wird uns nur daraus verständlich, daß einem Kaiser, der selbst kein erbliches Recht hat, die Macht alter Geschlechter nicht erwünscht war.

Daß das Auge des byzantinischen Gesetzes auch die Vormünder mit besonderer Schärfe bewachte, kann uns nicht verwundern. Das Verbot selbständiger Veräußerungen von Mündelsachen wird in dieser Zeit erheblich verschärft, und mit vorsorglicher Aengstlichkeit verlangt Justinian, daß das Geld des Mündels nicht mehr auf Zinsen, sondern nur in Grundstücken angelegt werden soll.

Als eine Förderung des Familienlebens dürfen wir auch die Gunst betrachten, welche den Gesammtvermächtnissen in dieser Zeit erwiesen wurde. Bei ihnen wandert die Erbschaft durch die Hand einer Mittelsperson, welche sicherlich oft genug dazu berufen war, dieselbe Rolle zu spielen, die im Deutschen Rechte dem Testamentsvollstrecker zukommt.

Wenn endlich die Hochverräther, Ketzer und andere Uebelthäter vom Erbrechte ausgeschlossen wurden, so wollte man sie offenbar aus ihrem Familienkreise herausdrängen, um ihre Angehörigen vor den Folgen eines gefährlichen Umganges zu schützen.

Vor allem aber ruht in dieser Zeit darum ein erhöhter Hausfrieden über der geeinten Welt, weil jetzt jeder Reichseinwohner an seinem Grundstücke wahre Eigenthumsrechte haben kann, während in früherer Zeit das Besitzrecht des Provinzialen von dem Schutze und also von der Gnade der Statthalter abhing.[1]

## § 54. Verkehrsleben und Gerichtswesen in Byzanz.

So sehr sich die Fürsorge für die Schwachen auf dem Familienrechtsgebiete bewährt, so bedenklich war sie in ihrer Wirkung auf das Verkehrsrecht. Indem man Ausbeutungen der Armen allzu gründlich vorzubeugen suchte, untergrub man den Reichthum des Staates.

Wir finden hier eine planvolle Wuchergesetzgebung im weitesten Sinne des Wortes schon seit Diocletian. Anastasius beschränkt den

[1] Vgl. hierzu oben S. 126 und A. S. Schultze, Privatrecht und Proceß in ihrer Wechselbeziehung. Th. 1. Freiburg, 1883. § 38 ff.

habsüchtigen Ankauf von Forderungen, Justinian giebt den Schuldnern eine Rechtswohlthat über die andere.

Im Widerspruche mit dieser Richtung, welche durch eine überaus anschauliche Schilderung in den weitesten Kreisen bekannt geworden ist,[1] hat das deutsche Handelsgesetzbuch dem Verkehre die byzantinischen Fesseln abgenommen und zwar mit unverkennbaren günstigen Erfolgen, allein die leidenschaftliche Bewegung gegen den Wucher, welche seitdem sich in weiten Kreisen unseres Vaterlandes entwickelt und Beachtung gefunden hat, beweist, daß die byzantinischen Kaiser auch hier nur in ihren Mitteln, nicht in ihren Zielen fehlgegriffen haben.[2]

Wir dürfen übrigens auch hierbei nicht übersehen, daß die Gesetzgebung den Handel wohl befördern und lähmen, nicht aber erzeugen und erhalten kann, wo seine politischen Vorbedingungen fehlen oder wegfallen. Ein solcher Wegfall wurde aber gerade damals unvermeidlich. Die Ueberfüllung des Reiches mit Menschen, die Religionskriege, endlich die Völkerwanderung mußten den Handel völlig lähmen. So erklärt es sich denn, daß seine Bedürfnisse nicht mehr die volle Beachtung des Gesetzgebers fanden. Nachdem freilich die verkehrshemmenden Vorschriften erlassen waren, mußten sie dem Wiederaufleben dieses erstorbenen Wirthschaftszweiges allerdings schädlich sein.

Wenn wir bedenken, daß das Verkehrsleben es ist, welches dem Richter seine Aufgaben stellt und daher die zu ihrer Beurtheilung erforderliche Gedankenwelt in ihm hervortreibt, so wird man begreifen, daß auch das Gerichtswesen in dieser Zeit Manches zu wünschen übrig ließ. Freilich liegt auch auf diesem Gebiete ein erheblicher Fortschritt. Der Richter steht in dieser Zeit auf dem erhabenen Sitze des Mannes, der durch seine wissenschaftliche Bildung die Möglichkeit erlangt hat, weiter zu sehen, als die Menge, deren Beurtheilung er sich allmählich durch die unmerkliche Einführung des geheimen Verfahrens entzieht. Die Selbsthilfe erscheint daher bei dem wohlgezähmten byzantinischen Volke dem Kaiser als „wahnsinnige Frechheit“. Andererseits ist aber auch der Richter nicht mehr ein Gewalthaber mit nahezu königlichen Rechten, vielmehr sucht eine strenge Oberaufsicht dafür zu

[1] Vgl. v. Jhering, Der Kampf um's Recht. 9. Auflage. Wien, 1889. S. 81 ff. besonders S. 83 Anm.

[2] Vgl. Hartmann im Archiv f. civilist. Praxis Band 73 S. 353—356.

bürgen, daß er ein echter und wahrer Freund des Bedrängten ist. So erklärt es sich, daß er und der Notar bei allerhand Geschäften eine neue Rolle zu spielen beginnen und die äußeren Förmlichkeiten der Rechtsgeschäfte sich steigern, während die Wortfassung erleichtert wird. Allerdings finden wir im Testamentsrechte auch einige Erleichterungen der äußeren Errichtungsweise, welche für Nothlagen berechnet sind; doch auch diese Ausnahme erweist sich als eine echte Folge des byzantinischen Gesetzgebungszieles, den Bedrängten zu helfen.

Diese gerichtlichen und notariellen Geschäfte konnten erst möglich werden, nachdem eine Schaar pflichttreuer Beamter auf der ganzen Reichsfläche entstanden war. So wurde denn auch erst dem Kaiser Justinian eine Neuerung möglich, deren mildthätige Kraft ihn mit gerechter Freude erfüllt, die Einführung des Erbschaftsinventars, eines notariellen Verzeichnisses der Erbschaftsmasse, welche den Nachfolger wider deren Ueberschuldung schützt und zugleich die Gläubiger dagegen sicher stellt, daß er einzelne Stücke betrüglicher Weise bei Seite schafft.[1]

Die gerichtliche und notarielle Beihilfe bei Rechtsgeschäften erinnert unwillkürlich an das preußische Recht. In noch höherem Grade ist dies jedoch hinsichtlich einer wichtigen Vorschrift der Fall, mit welcher Constantin dem Grundgedanken des neuen Reiches Ausdruck giebt. Genau wie Friedrich der Große befahl auch er, daß der Grundsatz richterlicher Zurückhaltung, welchen man unpassender Weise die Verhandlungsmaxime zu nennen pflegt, wegfallen und daß der Richter in dem Proceßdrama gleichzeitig die Rollen des Richters und des Parteianwaltes spielen sollte.[2] Die schlimmen Folgen, welche dieser Grundsatz in Preußen anrichtete, hatten auch schon im Ostreiche ein entsprechendes Vorspiel gehabt. Auch hier zog des Richters Gewissenhaftigkeit die Streitigkeiten in eine außerordentliche Länge auseinander und die Ungunst, welche den Anwälten erwiesen wurde, kam den falschen ungelehrten Freunden der Armen zu Gute, gegen welche sich unser Reichsproceßrecht kehrt. Dabei mag auch der lähmende Druck der allzu strengen Oberaufsicht eine Rolle gespielt haben.[3]

---

[1] Vgl. Windscheid Pandecten. III. § 606.

[2] c. 9. Cod. de judiciis 3, 1. A. M. v. Bethmann-Hollweg a. a. O. III. § 129 A. 6.

[3] Vgl. Bethmann-Hollweg a. a. O. Bd. III. S. 33.

Eine besonders unerfreuliche Erscheinung dieser verarmten Zeit sind die vielen falschen Zeugen. Dieser Gefahr trat man durch eine künstliche Steigerung der Beweiskraft von Urkunden entgegen. Andrerseits war gerade zum Schutze der Aermeren dies Beweismittel besonders wichtig und Justinians Einführung eines allgemeinen Zeugnißzwanges sowie einer weitgehenden Pflicht zur Urkundenvorlegung beweisen, wie stark der Staat gegenüber seinen Unterthanen geworden war. Daß dieser Staat aber auch auf dem Proceßgebiete die Milde nicht völlig vergaß, zeigt eine geradezu schwächliche Nachsicht gegen die Säumigen, sowie das Vollstreckungsrecht, das nicht mehr wegen jeder Schuld das ganze Vermögen angreift, die Schuldhaft in Privatgefängnissen aufhebt und den Gläubiger bei seinen Auspfändungen an eine gewisse Reihenfolge der Pfändungsstücke bindet.

Die strenge heidnische Behandlung der Ehrlosen weicht einer mildern christlichen Auffassung.[1] Wenn endlich damals das Verfahren vor Gericht ein geheimes wurde, so erklärt sich auch dies vielleicht aus einer Schonung, welche der Partei es ersparen wollte, ihre schmutzige Wäsche vor aller Welt waschen zu müssen. Wenigstens verwarf die christliche Kirche aus einem solchen Grunde in Byzanz die öffentliche Beichte.[2]

## § 55. Keime des Verfalls.

Wie der Adel hellenischer Körperformen auf den byzantinischen Gemälden zu steifen Formen erstarrt ist und schließlich selbst die verkommene Kunstpflege den Bilderstürmen widerstrebte, so weist der Gang der byzantinischen Geschichte nach einem ursprünglichen Aufschwunge eine langsam aber rastlos fortschreitende Erstarrung auf.[3] Dieselben Ursachen, welche die Blüthe des Reiches ermöglichten, und welche die Schöpfungen hervortrieben, deren unvergänglichen Werth wir genießen, drängten es schließlich in ein völliges Siechthum. Mit seinen Einrichtungen sind auch seine Krankheitskeime in unser Vaterland eingedrungen, aber der frische Körper des deutschen Volkes vermochte glücklicher Weise dieselben giftigen Stoffe von sich auszustoßen, an welchen das alternde Ostreich zu Grunde ging.

[1] Vgl. Kuntze a. a. O. § 962.
[2] Vgl. Rothe a. a. O. S. 471.
[3] Vgl. Dernburg, Pandekten. § 200. Anm. 11.

Schon die Art der strengen Sitte, durch welche es glänzte, erwies sich gegenüber den Anschauungen des alten Patricierhauses als ein Rückschritt. Es fehlt ihr das Natürliche und Ungezwungene. Schablonenhaft wie die Gemälde jener Zeit war das Gebahren ihrer Urbilder. Der Werth der alten Familien war unterschätzt worden. Man beachtete nicht mehr, daß nur eine solche Form eine edle ist, welche zwanglos und natürlich erscheint und der Eigenart dessen, der sich in ihr bewegt, einen freien Spielraum zur Bethätigung übrig läßt. Daran fehlte es dem byzantinischen Gebahren und sogar der byzantinischen Redeweise. Die schwülstige und gezierte Gesetzessprache dieser Zeit verhält sich zu den kraftvollen Wendungen der zwölf Tafeln wie ein französischer Park zum deutschen Walde. In der That war es gerade Frankreich, welches später hierin Byzanz nachahmte und Deutschland, welches solche Gewohnheiten aus zweiter Hand übernahm, nicht nur in den Gebräuchen des höfischen Lebens, sondern mehr noch in dessen kleinstädtischen verunglückten Nachbildungen. Nur unser urwüchsiger Bauer ist vom Byzantinismus eher zu wenig als zu viel berührt worden.

Diesen Aeußerlichkeiten entsprach aber auch die innere Denkart. Die gelehrte alexandrinische Kleinkrämerei war eine nothwendige Folge davon, daß der Wissenschaft ihre Lebenskraft entzogen war. Ueberall, wo ein Druck der Großen oder die Gleichgiltigkeit der Massen die lebendige Schöpfungslust der Forscher entnervt, kehrt der Geist des sinkenden Alexandria wieder, von allen ängstlichen Gemüthern als die alleinige wissenschaftliche Denkart bewundert. Wo also jedes kühnere geistige Schaffen unmöglich wird, da fehlt dem Staate bald für die vielen außergewöhnlichen Aufgaben, welche ihm die Weltgeschichte stellt, der unentbehrliche Vorrath an außergewöhnlichen Menschen. In der byzantinischen Schablone konnten diese nicht gedeihen. Was über das Durchschnittsmaß ragte, mochte verdächtig scheinen, der Geburtsadel nicht minder als der Großhandel, die Kunst nicht minder als die Wissenschaft. Der Schutz der Kleinen war in Kleinlichkeit ausgeartet.

So finden wir denn im Reiche Constantins eine der Lähmung des Handels durchaus entsprechende stete Geldverlegenheit, welche dahin trieb, Staat und Kirche immer mehr zu Großgrundbesitzern zu machen, damit sie aus den Zinsen, welche die Erbpächter zahlten, ihren Aufgaben genügen konnten. Die bettelnden Landstreicher mußte man als

Leibeigene an die Scholle binden. Die Gewerbesteuer konnte sich nicht halten, selbst die Erbschaftssteuer mußte der Kaiser in der geldarmen Zeit trotz der Noth der Staatskasse fallen lassen. In den wüsten Einöden, in denen die zweijährige Bebauung eines verlassenen Ackers mit Eigenthumserwerb belohnt wird, mehrt sich die Gefährlichkeit des Verbrechers und die Strenge der Strafe.

Das Amt des städtischen Beamten wird in dieser Zeit geradezu verzweiflungsvoll, da seine Inhaber für die einzutreibenden Steuern haften. Der fortgelaufene Stadtrath wird wie ein Sklave im Wege der Klage zurückgeholt. Schließlich machte man diese Würde erblich, woraus später im Westen ein mächtiger Adel entstand. Ursprünglich aber war diese Stellung so wenig lockend, daß der Kaiser Concubinenkindern die Ehelichkeitsrechte dadurch gewähren ließ, daß man sie zu Stadträthen machte oder mit Stadträthen verheirathete. Hieraus ergiebt sich, daß die unglücklichen Häupter der städtischen Verwaltung sogar als Brautwerber eine beklagenswerthe Rolle spielten.

Derartige sonderbare Erscheinungen haben aber auch eine sehr ernste Seite. Sie bekunden die Lähmung der Wehrkraft und der staatsmännischen Einsicht. Wie gering die erstere war, das zeigte sich bei dem Zusammenstoßen mit den Kreuzrittern, von denen jeder Einzelne seine Eigenart im Kampfe wie im täglichen Leben in höchster Freiheit entwickelt hatte und daher für sich allein viele wohlerzogene Byzantiner aufwog. Den Verfall der politischen Weisheit aber kennzeichnet der unnatürliche Einfluß, welchen die Geistlichkeit mehr und mehr auf die Staatsgeschäfte erlangte und deren Folge der Sieg der Türken wurde. Aus einfachen Verhältnissen herausgewachsen, im weltlichen Verkehre ungeübt und durch eine stets wachsende Zahl unantastbarer theologischer Lehrsätze bei allem Beobachten und Denken an unüberschreitbare Schranken gebunden, mochten diese Leiter des Reichs so ziemlich aller Vorbedingungen baar sein, aus welchen allein sich die politische Klugheit entwickelt. Ohne das würde man kaum erklären können, wie es möglich war, daß sie vor dem Falle Constantinopels die Hilfstruppen der christlichen theologischen Gegner zurückweisen und das Reich in die Knechtschaft der Türken gerathen ließen, in welcher dessen Unterthanen, als „Rajah" verhöhnt, die schwersten Mißhandlungen haben erleiden müssen.

Dieser Ausgang eines altehrwürdigen Staates war die unvermeidliche Folge davon, daß man in die verworrene Menschheit die Geister der Ordnung hineinbeschworen hatte und nicht wieder los werden konnte, als ihr Uebermaß schädlich wurde. So lange die strenge Zucht des geistigen und staatlichen Zwanges noch nicht die volle Arbeit der Menschheitseinigung verrichtet hatte, blühte das Reich und arbeitete in erfolgreichster Weise für die Nachwelt; als jedoch das Volk erzogen war, führte die Fortdauer derselben Fesseln zum Verfalle.

Wir aber haben durch dieses Reich ein Gesetzbuch erlangt, welches in seiner Geschichte an der Wende des Uebergangs von der Blüthe zum Verfall stand. Somit haben wir das Beste errungen, was das lange Leben dieses gewaltigen Gemeinwesens uns zu gewähren im Stande war.

---

# Vierter Theil: Das Ziel der Wanderung.

## § 56. Das Fortleben römischer Ereignisse.

Der Schluß des Buches soll daran erinnern, was der Anfang versprach. Es galt Rom und Byzanz zu schildern, nicht um die Vergangenheit, sondern um die Gegenwart zu erläutern. Daß hierzu die Wanderung durch die ganze durchmessene Strecke nöthig war, erkennen wir, sobald wir am Endpunkte auf sie zurückblicken. Dann sehen wir in ihr drei Höhepunkte, sowohl der Rechtsbildung als auch des allgemeinen Bildungsstandes: den frühesten in dem alten siegreichen Rom, den anderen im kaiserlich-römischen Weltreiche, den dritten am Throne Justinians. Auf jedem dieser Höhepunkte fanden wir ein Rechtsleben, das durchaus den Bedürfnissen seiner Zeit entsprang und entsprach.

Keines dieser drei Systeme vermochte jedoch ganz und voll der Nachwelt zu trotzen. Das päpstliche Mittelalter, das alte deutsche Reich, die Landesgesetzgebungen und das neue Reichsrecht haben die römisch-byzantinischen Sätze theils abgeschafft, theils gar nicht in Deutschland aufkommen lassen.

Und doch birgt jede dieser drei Gruppen Gedanken in sich, die für uns vom selben, ja vielleicht von noch höherem Werthe sind, als für die Zeiten, in denen sie entstanden. Indem die Menschheit sich dieser vergessenen Geistesschätze plötzlich wieder erinnerte, glich sie dem Schläfer, der aus bösen Träumen zu einem freundlichen Dasein allmählich erwacht. In wilder Faustrechtszeit schuf byzantinische Beamtentreue und byzantinische Höflichkeit Ordnung, und der byzantinische Schutz der schwachen Familienglieder wahrte den häuslichen Heerd vor Verwüstung durch seinen Herrn. Als aber ein neuer Verkehr und eine neue Gedankenwelt die Fesseln sprengte, welche man einst in Constantins Reich der Welt anlegen mußte, um sie zu einigen, da war es das milde Verkehrsrecht des kaiserlichen Rom, mit welchem der erstorbene Welthandel und die erstorbene Weltlitteratur in neuer Gestalt von den Todten auferstanden. Und als endlich ein fremder Eroberer unsere Heimath knechtete, da fand die altrömische Wehrpflicht einen Scharnhorst und die altrömische Selbstverwaltung einen Stein, welche sie neu belebten.

Die noch jetzt lebensfähigen Einrichtungen der ältesten römischen Zeit wurden bei uns gerade zuletzt lebendig. Und so hat auch in Deutschland die christliche Lehre den Gedanken des Weltrechts Bahn gebrochen, während in Rom die Rechtszustände dem Christenthume den Weg geebnet haben.

So schlummern oft triebkräftige Rechtsgedanken unter der Winterdecke der Vergessenheit durch lange Zeiten, bis ein unerwarteter Weckruf der Frühlingssonne sie neu belebt.

Daß altrömisches Rechtsgefühl, spätrömische Verkehrsfreiheit und byzantinischer Ordnungssinn in unserer Gedankenwelt fortleben, scheint mir zweifellos. Die altrömische Freude an der Rechtssicherheit und der Landesvertheidigung wird vorzugsweise in den Kreisen der Mächtigen gepflegt, der Gedankenreichthum und die Kunstliebe der Kaiserzeit gedeiht dagegen hauptsächlich in den gebildeten Kreisen der Großstadt, während der bescheidene Provinziale in dem sichern Schutze einer nach den Gedanken Constantins festgefügten Staatsgewalt ein behagliches Familienleben über alles schätzt. Was früher hinter einander giltig wurde, das besteht jetzt neben einander fort, so weit es seine Lebensfähigkeit im Geschichtsverlaufe zu bewährten vermochte.

Diese römisch-byzantinische Gedankenwelt bildet freilich nicht den vollen Inhalt des Schatzes, welchen wir unser Rechtsgefühl nennen. Ueberreste der altdeutschen Heidenzeit, die Kirche und die Wissenschaft des Mittelalters, der deutsche Lehnstaat, die Fürsorge der Landesfürsten, endlich die neue Gedankenwelt, welche von einer schöpferischen Wissenschaft und Dichtung auf dem Boden der wiedergewonnenen Redefreiheit ausgebildet worden sind, alle diese Mächte haben weiter gearbeitet, um dasjenige, was Rom und Byzanz schufen, zu vervollständigen und zu vermehren.

Ihre Wirksamkeit soll nicht verkleinert werden, aber hier ist nicht die Gelegenheit, sie zu schildern. Die Grenze des Buches ist ebenso fest gesteckt wie sein Ziel, die Erörterung des Werthes, welchen die Geschichte des römischen Staates noch jetzt für uns hat. Ihre Kenntniß erwies sich als ebenso nothwendig für das Verständniß der Gegenwart, wie ihre Ergründung sich nur unter dem kulturgeschichtlichen Gesichtswinkel als ersprießlich zeigte.

Es ist ein vielfach angefochtener Grundgedanke der geschichtlichen Schule, daß das Recht wie eine Pflanze wächst. Und doch ist dieser Satz nicht ganz verwerflich, es mischen sich vielmehr in ihm ein wahrer und ein falscher Gedanke. Die Gesetzmäßigkeit des Werdens hat das Recht wie jede andere Erscheinung des Geisteslebens mit der Pflanze gemein. Man irrt jedoch, wenn man ihm in jedem Volke ein in sich abgeschlossenes besonderes Leben zusprechen will, wie es eine Pflanze in der That besitzt. Nicht das Recht bildet ein lebendiges Wesen für sich, es gleicht vielmehr weit eher einem Geflechte von Pflanzenfasern, das sich mit andern Geflechten zu einem Ganzen verschlingt. Nur dies Ganze ist ein selbständiges Gewächs. Das Geistesleben der Menschheit, das ist der ungeheure Riesenbaum, in welchem die Gedankenwelt jedes Volkes nur ein Zweig, das Recht aber ein innerer Bestandtheil dieses Zweiges ist, der mit ihm und in ihm wächst.

Sitte, Kunst, Heerwesen, Religion, Wissenschaft, alle diese Größen sind daher in der Gegenwart wie in der Vergangenheit nicht für sich allein, sondern nur in ihrer Wechselwirkung verständlich.

## § 57. Römische Geschichte und heutige Weltanschauung.

Schon im Anfange des Buchs wurde die geschichtliche Schule der Rechtswissenschaft als eine Erscheinung hingestellt, welche nur eine Seite derselben Weltanschauung ist, die auch in Goethes Wirken sich bethätigt hat.

Ob diese letztere noch heute herrscht, mag wohl zweifelhaft sein. Immerhin muß es jedem unverwehrt bleiben, ihr vom Standpunkte seiner besondern Arbeiten aus seine Anerkennung zu zollen.

Daß sich gerade die Geschichte des römischen Staates hierzu eignet, kann nur erkannt werden, wenn man sich den Hauptinhalt jener Ansicht vom Weltverlauf nochmals vergegenwärtigt.

Jeder Mensch, mag sein Gesichtskreis noch so gering sein, trägt, in der Regel unbewußt, drei Bilder in seiner Seele, von deren Aussöhnung seine Zufriedenheit mit abhängt: einen Gesammteindruck von dem Walten der Natur, ein Einheitsbild der Weltgeschichte und einen Rückblick auf das eigene Geistesleben. Natur, Geschichte und das eigene Ich sind drei Größen, die jedem vorschweben. Das deutlichere und sorgfältiger gefeilte Bild ist dabei durchaus nicht immer das richtigere. Der schlichte Mann kann in seinem Geiste oberflächliche Skizzen der Natur, der Weltgeschichte und des eigenen Lebens tragen, welche in angemessenerem Ebenmaße gezeichnet sind, als die entsprechenden Abbilder, welche ein gedankenreicher, aber verworrener und überladener Kopf mit Leidenschaft und Sorgfalt in seinem Innern vollendet hat. Das Ebenmaß der Bilder ist es, welches sie zum freundlichen Dreiklange eint. Diese Harmonie ist jedoch so lange unerreichbar, als es uns nicht gelingt, in dem gesetzmäßigen Walten des Geschichtsverlaufes die Versöhnung zwischen der Unzulänglichkeit der großen Außenwelt und derjenigen des kleinen Inneren zu finden. Und doch ist es nicht die Größe des Bildes, welches hierbei in der Regel die Betrachtung lähmt, sondern die eigene Bitterkeit, welche die Lehren vergangener Zeiten als ein werthloses Buch mit sieben Siegeln verschmäht und die unausgesetzte Fortentwickelung der Menschheit leugnet.

Goethe selbst ist es gelungen, diesen Zwiespalt zu lösen. In der selbstlosen Arbeit für Ziele, welche von der Zukunft verhüllt sind, sah er schließlich die Aussöhnung aller Mißklänge. Er erkannte die Einheit der Macht, welche Wolken, Luft und Winde und zugleich menschliche Gedanken und Völkerschicksale lenkt. Er ersah, daß das Vergängliche zwar kein unbedingtes Vorbild der Nachwelt ist, aber doch ein belehrendes Gleichniß. Und wie der Staub und Moder der Natur sich für denjenigen in Harmonie auflöst, der von erhabenem Bergesgipfel herab ein gewaltiges Landschaftsbild als ein Ganzes anschaut, so schien auch dem Dichter, der am Lebensende Jahrtausende mit einem Schlage überflog, das Leiden der einzelnen Zeit nicht werth der Herrlichkeit des Ganzen, und die Qual des kurzen Erdenwallens nur als die Spannung von Dissonanzen, welche in der großen Symphonie sich immer wieder zu wohltönenden Klanggruppen auflösen. Die Unzulänglichkeit des Theiles dient schließlich doch der Vollendung des gewaltigen Gesammtereignisses, vor dessen Größe der Einzelne sich niederbeugt, vergleichbar dem Krieger, der für seine siegreichen Kampfesgenossen den Tod freudig entgegennimmt. Was den früheren Zeiten nur dämmergleich vorschwebt, ohne daß sie auch nur Worte dafür finden, wird durch die That glücklicherer Enkel vollbracht und der Grundzug des gewaltigen Schauspiels, das uns aus unserm engen Gesichtskreise zum Ewigen emporhebt, erscheint von einer wahrhaft weiblichen Milde.

Daß nun gerade die römische Geschichte eine solche hoffnungsfreudige Denkart zu verstärken vermag, das beweist uns ein Gesammtüberblick über die innere Planmäßigkeit ihres Werdens und über die Nützlichkeit, welche die Leiden einer jeden Epoche für das Wohl der folgenden haben, welche das Ganze für die Nachwelt hat. In ihr entwickelt sich die Menschheitseinigung, und ohne ihre Kenntniß bleibt der Sieg des Christenthums von Dunkel umhüllt. Gerade dieser Sieg wird durch sie als eine bedeutende Verbesserung des menschlichen Wohles hingestellt, nicht aber als dessen Verfall, wie diejenigen meinen, welche einige Lichtbilder des Alterthums in quellenwidriger Weise verallgemeinern und diesem eine Glückseligkeit aller Volksklassen andichten die in Wahrheit nur ein kleiner bevorzugter Kreis genoß.

In der Bekämpfung dieses letzteren Irrthums, welcher namentlich auf dem Rechtsgebiete noch immer eine nicht unbedeutende Rolle spielt, erblickt der Verfasser den eigentlichen Schwerpunkt seiner Untersuchung.

## § 58. Ein Abschiedswort.

Dem Verfasser sei am Schlusse seiner Arbeit vergönnt zu erzählen, was ihn zu ihr getrieben hat.

Der Ausgangspunkt aller seiner Arbeiten ist seit Jahren die unerschütterliche Ueberzeugung davon, daß die Gesetzmäßigkeit des menschlichen Denkens und Empfindens durch physiologische und psychiatrische Beobachtungen und Versuche mit derselben Sicherheit erwiesen ist, wie irgend eine andere naturwissenschaftliche Thatsache.

Diesen Grundsatz suchte er durch lange Zeit unausgesetzt auf die Behandlung der römischen Rechtsgeschichte anzuwenden.

Sobald man aber von dieser Grundlage aus zunächst die Einzelnen beobachtet, dann sie in ihrer Wechselwirkung sich gegenüberstellt und immer größere Gruppen in seinen Gesichtskreis hineinzieht, so kommt man schließlich zu der Einsicht, daß in dem einen großen Menschheitskörper ein gesetzmäßiges Leben waltet, welches den Gang der Weltgeschichte bestimmt, daß hiernach jede Einzelbetrachtung, welche über die Wiederholung fremder Berichte hinausgehen und den Zusammenhang zwischen den Ereignissen feststellen will, nur dann ersprießlich ist, wenn sie ihren Gegenstand im Rahmen des Ganzen beobachtet. Ein Bild des Ganzen muß daher als unentbehrliche Vorarbeit hergestellt sein, wenn die Beobachtung des Einzelnen fortschreitende Ergebnisse liefern soll. Dabei muß man sich jedoch, dies leuchtet sogleich ein, mit einem überaus unvollkommenen Ersatz für dasjenige, was erwünscht, aber unerreichbar ist, zufrieden geben und nothdürftig behelfen, denn jenes Ganze ist, genau genommen, noch weniger zu fassen, als das All der Natur. Nicht nur sein Inhalt, sondern auch seine Umrisse verschwimmen in das Meer des Unendlichen. So gleicht denn die Weltgeschichte einem mächtigen Bergzuge, der dem Wanderer im tiefen Thal durch Nebelmassen verhüllt ist. Allein der Schleier ist nicht völlig undurchdringlich, ein heftiger Wind durchwühlt ihn und legt bald diesen bald jenen Theil des Kolosses frei, der plötzlich und überwältigend in den Gesichtskreis des Wanderers hineintritt. Aus den einzelnen Stücken des Gesammtbildes sucht der Beobachter sich in seinem Innern das Ganze vorzustellen, das ihm als solches zu schauen verwehrt bleiben muß. Da aber der Wind nicht jedem Wanderer gleiche Gunst erweist, so sind die Erinnerungen an die Reise verschiedener Art. Als nun der Verfasser in vieljähriger Berufsarbeit durch die Ueberlieferungen altrömischer Größe wanderte, zeigte ihm ein freundlicher Luftzug ansprechende Bilder, die sich in ihm zu einem Gesammteindrucke der Schicksale Roms einten, der freundlicher war, als derjenige, welcher gewöhnlich berichtet zu werden pflegt. Er sah durch das ganze Werden des römischen Rechts eine unausgesetzte Besserung der allgemeinen Weltlage sich hindurchziehen und erkannte, daß die römische Staatsweisheit und die hellenische Kunst nicht dem Heldenmuthe des Germanen und noch weniger dem Zeichen des Kreuzes zum Opfer gefallen sind, sondern daß es die asiatische Wildheit war, welche den Henkersdienst an den hochmüthig und träge gewordenen Enkeln großer Ahnen verrichtete. So wurde es ihm selbst möglich, die Freude an dem hellenischen Zartgefühle und der altrömischen Gewissenhaftigkeit, an der germanischen Thatkraft und der Bruderliebe des Evangeliums ohne Mißklang gleichzeitig zu empfinden, da er erkannte, daß alle diese Mächte nicht, wie er früher geglaubt hatte, Feinde waren, welche mit einander rangen, sondern Geistesströme, welche sich in dem Meere unserer heutigen Weltanschauung zu einem erfreulichen Gesammtergebnisse friedlich geeint haben.

Da die Bilder, welche er so erblickte, bei näherer Prüfung durchaus Stand hielten, so schrieb er nieder, was er gesehen hatte, genau so, wie er es erblickte.

Nach zwei Richtungen steigerte sich freilich unausgesetzt in ihm das Gefühl der Unzulänglichkeit, indem er sowohl die Grenzen der menschlichen Fähigkeiten als auch die Schranken der eigenen immer mehr empfand. Alle geschichtliche Verknüpfung von Ursachen und Wirkungen beruht auf der Anwendung von Erfahrungssätzen, auf der Verallgemeinerung des immer wieder beobachteten Zusammenhanges zwischen gewissen Antrieben und nachfolgenden Handlungen. Diese Regeln aber hängen in ihrem Inhalte von der gesammten äußern und innern Lebensgeschichte dessen ab, in dem sie sich gebildet haben. Je größer nun das Gebiet ist, auf welches ein Blick geworfen wird, desto mehr weichen die Eindrücke verschiedener Beobachter von einander ab. Daß eine Schrift, welche einen kurzen Gesammtüberblick über dreizehn Jahrhunderte darzustellen sucht, zufälliger Weise den Grundanschauungen des Lesers durchweg entsprechen werde, konnte vernünftiger Weise schlechterdings nicht erhofft werden. Der kühnste Wunsch des Verfassers ist vielmehr, den Leser davon zu überzeugen, daß der angestrebte Erfolg zwar unmöglich, aber das Hinzielen auf einen solchen Punkt dennoch nothwendig war.

Minder entschuldbar als die Nichtbeachtung der Schranken, welche die Natur des Unternehmens seinem Gelingen setzte, wird sicherlich der Umstand erscheinen, daß der Verfasser sich nicht durch das Bewußtsein seiner besonderen eigenen Schwäche von ihm zurückschrecken ließ. Allein auch in dieser Hinsicht glaubt er nicht ohne Grund die Feder ergriffen zu haben. Obwohl sich nämlich bei seiner Arbeit mehr und mehr das Gefühl der Mangelhaftigkeit seiner Kräfte steigerte, so wuchs doch auch in gleichem Maße in ihm die Ueberzeugung, daß die Lösung der gestellten Aufgabe nicht blos nützlich, sondern sogar in mehr als einer Hinsicht nothwendig war.

Wo die besseren Kräfte feiern, da müssen die geringeren einspringen. Mögen tüchtigere Arbeiter die gestellte Aufgabe besser lösen!

# Berichtigungen.

Seite 22 Zeile 4 von oben lies „weniger" statt „mehr".
Seite 53 Zeile 11 von oben lies „für" statt „wider".
Seite 56 Zeile 17 von oben lies „Vertragsgenosse" statt „Vortragsgenosse".

Druck von August Pries in Leipzig.

Druck von August Pries in Leipzig.

FSC
www.fsc.org
MIX
Papier | Fördert
gute Waldnutzung
FSC® C083411

Kolibri 360 GmbH
Ferdinand-Jühlke-Straße 7
99095 Erfurt, Deutschland
produktsicherheit@kolibri360.de